野外生存指南

主编 孔令华 黄海松 张全礼

南京大学出版社

图书在版编目（CIP）数据

野外生存指南/孔令华,黄海松,张全礼主编. --南京：南京大学出版社, 2025.6
ISBN 978-7-305-28038-2

Ⅰ.①野… Ⅱ.①孔…②黄…③张… Ⅲ.①野外-生存-指南 Ⅳ.①G895-62

中国国家版本馆CIP数据核字(2024)第060211号

出版发行	南京大学出版社
社　　址	南京市汉口路22号　　邮　编　210093
书　　名	**野外生存指南** YEWAI SHENGCUN ZHINAN
主　　编	孔令华　黄海松　张全礼
责任编辑	黄隽翀　编辑热线　025-83597482
照　　排	南京新华丰制版有限公司
印　　刷	南京凯德印刷有限公司
开　　本	787mm×1092mm　1/16　印张　20.25　字数　360千
版　　次	2025年6月第1版　2025年6月第1次印刷
ISBN 978-7-305-28038-2	
定　　价	88.00元

网址：http://www.njupco.com
官方微博：http://weibo.com/njupco
微信服务号：NJUyuexue
销售咨询热线：（025）83594756

* 版权所有，侵权必究

* 凡购买南大版图书，如有印装质量问题，请与所购图书销售部门联系调换

编委会

主　编：孔令华　黄海松　张全礼

副主编：王伟才　田　东　巩　平　陈武生

参　编：潘　晨　周　华　韩满朝　蒋伟东

　　　　　邹一德　杜红光　梁海军　陈雷亚

　　　　　柴卓慧　刘国惠　刘永鑫　姬广茂

前 言

大自然哺育了人类，人类的祖先就是从大山、森林里走出来的，随着时代的发展，人们越来越热衷于野外探险，追寻祖先们与大自然斗争的足迹，探究野外生存的奥秘与真谛。但大多数人对野外未知环境中潜在的风险预估不足，而且缺乏相应的经验，出现意外时束手无策，轻则伤病缠身，重则危及生命。

野外生存不是理论知识储备的比拼，也不是专业技能经验简简单单的施展，而需融合个人基本的生存知识、高效的生存技能、强烈的生存意志。通过野外生存相关内容的学习训练，可以学会坚强、敬畏生存、感悟做人，丰富和完善个人的人生观、价值观。野外生存伴随着人类的诞生而产生，也随着时代的变迁而变化，我们借助现代科学知识，结合自身实践探索，编写了《野外生存指南》一书，能够为户外运动爱好者提供野外生存基本知识、基本方法、基本技能等专业指导，提升他们在野外活动中应对风险的能力。

该书既是一本应对突发情况的生存指南，又是一套户外探险必备的行动手册，凝聚了该领域专业团队的集体智慧和经验总结。全书共分十章，包括"野外生存概述""野外生存准备""野外行进""野生植物的采集与食用""野生动物的猎取与食用""取水与净水""取火与野炊""野外露营""野外避险与急救""野外制作工具"等，而且还有野外生存术语、天气预测、植物药材等附件。全书系统性、专业性、实用性强，而且创新性地设置了"野外生存心理调控"专题模块，使人们在面对意外情况时，懂得如何应对，能够从容镇定破解难题。为提升可读性，我们在编写过程中，始终坚持表述规范、通俗易懂的原则，配置了大量的图片帮助说明，便于读者理解、掌握、应用。

本书在编写过程中，参考了国内外许多相关资料，听取了各方面的宝贵意见，组织了相关领域专家进行了专项评审，得到了有关专家学者的指导与支持，在此一并致谢！由于编者水平能力有限，对野外生存认知的深度和广度还远远不够，难免会有一些疏漏不妥之处，敬请批评指正。

编 者
2023 年 8 于南京

目 录

第一章　野外生存概述

第一节　野外生存概念与意义……………………………………003
第二节　野外生存原则与要求……………………………………004
第三节　野外生存内涵……………………………………………007

第二章　野外生存准备

第一节　野外心理调控……………………………………………013
第二节　知识技能准备……………………………………………021
第三节　物资器材准备……………………………………………025

第三章　野外行进

第一节　野外行进基本原则和注意事项…………………………033
第二节　利用自然条件判定方位和导航…………………………035
第三节　各种地形行进基本方法…………………………………048
第四节　迷失方向后的处置………………………………………070

第四章　野生植物的采集与食用

第一节　野生植物的识别……………………………075
第二节　野生植物的食用……………………………079
第三节　主要可食用野生植物………………………083

第五章　野生动物的猎取与食用

第一节　野生动物的寻找……………………………111
第二节　野生动物的猎取……………………………122
第三节　野生动物的食用……………………………145

第六章　取水与净水

第一节　取水的方法…………………………………159
第二节　水的鉴别与净化……………………………168
第三节　水的储存……………………………………174

第七章　取火与野炊

第一节　取火准备……………………………………181
第二节　取火方法……………………………………184
第三节　野炊准备……………………………………194
第四节　野炊实施……………………………………197

第八章　野外露营

第一节　露营地的选择 ··· 210
第二节　帐篷的架设 ··· 211
第三节　临时庇护所的修建 ····································· 214

第九章　野外避险与急救

第一节　预防动物伤害及处理 ··································· 221
第二节　野外避险与救援 ······································· 236
第三节　野外求救与急救 ······································· 242
第四节　常见疾病及救治 ······································· 262

第十章　野外制作工具

第一节　野外应急武器制作 ····································· 277
第二节　野外应急工具制作 ····································· 279
第三节　基本绳结与捆绑技巧 ··································· 283

附　录

附件1　野外生存术语 ·· 293
附件2　野外天气预测 ·· 295
附件3　野生植物药材 ·· 305

参考文献 ··· 312

第一章

野外生存概述

现代条件下的野外生存,具有条件简陋、环境复杂,人员分散、指挥不便,威胁增大、防护困难等特点,野外生存技能具体可分为"防护"和"求生"两项知识技能。防护,即为避免或减轻自然环境危害因素、灾害性事故等造成的损伤和破坏,而采取的防备和保护的措施与行动;求生,即运用各种各样的能够借助的方法和技术,应对突发情况,维持和改善人员的生命状态。为了适应各种生存环境,降低意外情况危险系数,务必加强野外生存训练,循序渐进地增强应对意外突发情况的生存能力。

第一节 野外生存概念与意义

一、野外生存的概念

野外生存是指人在非生活环境下，最大限度地维持生命力的行为。野外生存训练即在远离居民点的山区、丛林、荒漠、高原、孤岛等野外环境中，在不完全依靠外部提供生存、生活的物质条件下，依靠个人、集体的努力保存生命、维持健康生活能力的训练。

野外生存行为一般分为主动性和被动性两种。主动性的野外生存活动，由受训者有准备、有计划地参加这项活动，提高野外生存能力。被动性的野外生存活动，往往由一些意外所致，如迷路、自然灾害、飞机失事等。学习和掌握必要的野外生存知识和技能是野外生存的基本要求。

二、学习野外生存知识的意义

（一）有利于完成任务

个人掌握足够的野外生存知识，具备野外条件下较强的生存能力，能够战胜自然环境的侵袭，将是保护自己并完成各种任务的关键。特别是在现代条件下的野外行动中，人员在无固定、可靠保障的情况下，掌握必备的野外生存知识和技能，对完成各种任务具有重要意义。

（二）有利于应对意外情况和避险

野外环境复杂多变，很多意外情况随时可能发生，如何应对意外情况是严峻考验。野外生存中，我们不仅要学会搭建庇护所、取火、取水、取食、打绳结、定向、救护等基本的野外生存技能，还要开动脑筋，发挥主动性、能动性，把个人能力和环境效能运用到最好。通过训练，学会分析判断环境，学会运用各类工具，学会如何避险，大大提高对各类复杂环境的应变能力，有利于应对突发性灾害事件。

（三）有利于团队建设

在野外生存训练中，拓展个人技能的同时，集体中的相互鼓励、相互帮助，可增进彼此信任，建立良好团队氛围，有利于培养融洽的内部关系。

（四）有利于自我拓展

经常参加野外生存训练，可使人员思维方式更加开阔，培养乐观、向上、大度、积极、勇敢的性格特点。与自然接触使人员变得胸怀宽广、大度、包容；危险使人员懂得生命的可贵，利益的渺小；恶劣的环境使人员必须积极、乐观、勇敢地面对困难。因此，一定强度和难度的野外生存训练可以磨炼人员意志，陶冶情操。

第二节　野外生存原则与要求

野外生存是有一定规律可循的，即须普遍遵守和执行的基本原则。这些基本原则通常以长期的实践和训练过程为基础，根据野外生存的特点、环境、手段等各种情况与信息，进行总结归纳而形成的行之有效的行动准则。优胜劣汰，适者生存。大自然的生物就是这样繁衍生息，亘古不变。面对突发意外情况，需要掌握丰富的野外生存知识，具备良好的野外生存技能，才可能在意外情况威胁下求得生存。

一、野外生存的基本原则

野外生存原则是进行野外生存的行动准则。它是根据野外生存的特点、生存的环境以及采取的手段等情况提出来的，是在实践中总结的经验，并被证明是行之有效的准则。以此来指导我们的野外生存，在同困难和大自然的斗争中，保存自己，完成任务。

（一）行之有术，省力为主

行之有术，是要求人员在野外生存的过程中学会行走。会走是野外生存中一个十分重要的因素，是人员提高野外生存能力的重要手段。野外条件下，人员很可能要经常涉足一些人迹罕至的地方，要想在地形险峻，现实威胁大的地区获取活动空间和行动自由，就必须掌握各种地形和各种情况下行走的方法，以求保持体力，提高战斗力。

行之有术，也要求人员要具备一定的识图、用图知识，掌握各种地形上行走的技能，能够在复杂、陌生的地形上，准确地判定方位，正确地选择行进路线，避免走错路和迷失方向。尤其是在粮食耗尽，体力消耗较大的情况下，在路线选择、行进时间计算、运动方式的确定上，要统筹安排，科学计划，寻求最省力的方法。

省力为主，是指要根据特定的生活环境和条件，充分考虑节省体力这个因素。野外生存环境险恶、条件艰苦、食宿无着、饥寒交加，无法得到补给和支援，如果体力消耗过多，短时间内难以恢复，不利于完成任务。

在这一原则中，一是应把行之有术和省力有机地结合起来，熟练掌握在各种地形上的运动方法；二是行之有术和省力为主既是野外生存中的一种方法，又是完成任务的一种手段。手段服务于目的，保持旺盛的体力，有利于任务的完成；三是不要把省力视为一种消极、单纯的休息，而应以完成任务为前提，注意节省和保存体力。

（二）食之储采，以采为主

人员野外生存，"吃"是基础。只有及时得到食物的补充和能量的摄入，才能保持旺盛的体力和精力，才能顺利地完成作战任务。解决不好这个问题，任何事情都无从谈起。因此，人员在执行任务的准备过程中，通常在"吃"的问题上要做认真准备，一般都要携带一定数量的食物。现实情况千变万化，有很多情况是始料不及的，如任务时间的延长，携带的食物丢失等。因此，缺粮断水是常有之事。那么，人员在执行任务时，如何在长时间内以数量有限的食物来维持自身的生存就成了关键的问题。

食之储采，实际上是指食物的储存与采集。携带的食物应保留一定的数量，以备急用。平时应以采集为主，边采边食，边采边储。即使在携带食品的情况下也要以采为先，只要能够采集到吃的就少吃携带的食物，不可随意地消耗所携带的食物，要留到最困难或是万不得已的情况下以备食用。

（三）择地设营，安全为主

野外条件下宿营，既可能是在寒风呼啸的冰天雪地，也可能是在酷热潮湿的山岳丛林，既可能是在坦荡无际的平原，或者是在海上孤岛，也可能是在风沙迷漫的沙漠。但不管在任何地形上，宿营都必须遵循"安全为主，舒适为辅"的原则。

安全为主，是指人员在选择宿营区域时，必须先考虑宿营区域的安全。一是在地形选择上要选择威胁顾虑较小的地点。通常选择便于隐藏行动企图，便于消除痕迹，便于转移的地点露营。二是还应考虑来自自然界的危害。自然界的危害因季节的不同，危害的方式和程度也不一样。在冬季应考虑防雪崩、避风口和防冻伤，露营地点应选择在避风雪的坡坎、岩洞等地方。夏季露营，要防山洪、雷击，应选通风、干燥处，尤其要注意防蛇和蚊虫叮咬。在海边和海岛还应注意防风和海潮袭击。

二、野外生存的能力要求

（一）具有敏捷的应变能力

人员在生存时，会受到来自各种情况和不同因素的影响，包括地形、气象、环境等因素。面对险恶的环境和复杂的、难以预料的情况，人员应能迅速做出反应，利用灵活的生存技巧使自己摆脱面临的困境。灵敏的应变能力能使人员提前对面临的威胁做出调整和部署，能迅速做出判断、快速反应，争取生存、完成任务。

（二）具有良好的适应能力

执行不同的任务，要求人员在不同的生存环境下求生存。不同的地形有不同的特点，不同的地形有不同的生存方法。因此，人员必须具备良好的适应能力，能够适应不同的生存环境，能在各种复杂的环境中求得生存，保持生命力。

（三）具有可靠的防护能力

人员执行任务时，通常无法及时得到各种有效的补给。生存环境险恶，情况复杂，随时可能面临来自生存环境和野生动物的威胁。可靠的防护能力能有效地帮助人员在很大程度上消除这两个方面的威胁。因此，一般情况下人员在选择生存方式时，应充分考虑生存环境的安全性。

（四）具有积极的求生能力

野外生存除了要求人员具备生存者的基本素质，如身体素质、心理素质、生存技能等，更重要的是具有主观能动性。积极主动地求生存，充分发挥人的主观能动性，战胜困难，是提高生存能力的重要一环。人员应积极地发挥主观能动性，全面掌握各种技能，千方百计地获取有利于生存的各种"信息"，才能迅速合理地做出处置。

第三节 野外生存内涵

为了解释清晰野外生存，我们借鉴国外的理念，从英文单词SURVIVAL（生存）来理解，更加全面和具体。这个关键词的8个字母中每一个都蕴含着深意，可以在任何生存状况下帮助指导你的行动，也是所有人在进行生存实践中必须遵循的指导原则。因此，请记住"SURVIVAL（生存）"这个词，并记住每一个字母的含义：

一、S 代表 Size Up（评估）：评估各方面情况

野外生存，确保安全至关重要。所以，需要你在确保安全的前提下，借助各种本能（包括听觉、嗅觉、视觉）和条件去观察周围情况，检查自身状态。

二、U 代表 Undue（盲目）：切忌盲目行动

你在野外条件下，务必经过慎重的思考，制定详细的计划，如果盲目而轻率地直接行动，一味追求速度，很可能产生低级而致命的失误，轻则不能如愿，重则受伤或死亡。在盲目而轻率的情况下，你可能不知道朝何方向行进，最终只能抱着"走一步是一步"的侥幸心理。所以，在制定任何行动计划时，都全面评估周边的形势，把SURVIVAL的"S"做好。

三、R 代表 Remember（记住）：随时记住自己的位置

在准备行动前，务必携带精准的地形图和指北针，熟记目标地区的地形信息，越详细越好。在行动中，首先，你需要随时标出自己在地形图上的位置，努力达到"路在脚下走，图在心中移"的境界，这是一个基本原则。其次，如果还有一起行动的伙伴，

你还要确保他们也做到这一点，即知道他们自己在地形图上的位置。第三，你在记住自己位置的同时，还要知道下一步去哪个地方。

四、V 代表 Vanquish（克服）：努力克服惊慌、不安的心理

在野外条件下，极易产生惊慌、恐惧的心理，这是野外生存过程中最危险的不利因素，如果不能很好地疏导和化解，它将导致你"智商大降"，失去积极主动思维，原本很简单的问题也不能正确解决，只能随波逐流，不顾现实条件而跟着感觉走。另外，惊慌恐惧也会严重削弱你的耐力，导致失去信心，产生消极情绪而恶性循环，最终走向失败。

五、I 代表 Improvise（应急措施）：发挥物品的其他功能

当前，人们在城市里足不出户就能通过手机迅速购买到非常丰富的物品，如果物品损坏了或者不好吃甚至不喜欢也可以随意、快捷地重新替换。这种潜移默化的影响已经使很多人养成了一种习惯，即在日常生活中不珍惜物品，不思索废物利用，更不考虑应急措施，习惯于靠"换一个"来解决问题。这一习惯在特殊环境下可能导致失去宝贵的机会，尤其在野外生存时，这种习惯潜藏着巨大的危机。野外生存过程中，再齐全的装备和工具都可能损坏或者遗失，这就需要你平时养成习惯，多研究，多思考，多实验，锻炼依靠现有材料制作、改造，使其发挥其他用途的应急本领。

六、V 代表 Value（珍惜）：切记珍惜生命

每个人来到这个世界的时候，都试图通过各种努力，去获得更加舒适的生活。但是长期地习惯于舒适的生活导致我们不适应甚至讨厌恶劣的环境。野外条件下，尤其是"叫天天不应、叫地地不灵"的求生困境时，很容易促使我们产生焦急、沮丧、暴躁……这时，你必须珍惜自己的生命，从而产生强烈的求生意志。这不仅需要你在前期的生存训练中掌握相关的知识和经验，还要具备"面临困境绝不屈服"的顽强意志，从而支撑你忍受各种各样的痛苦，甚至爆发"不可思议"的力量，获得最后的成功。

七、A 代表 Act（行为）：入乡随俗，学会模仿

要研究一个地区的自然环境条件和如何尽快适应，最便捷的方法就是观察本地人，

他们经历了长期的适应过程,通常具有可取的经验,例如吃、住、行的时间、地点和方式等。这些信息对于你的生存具有重要价值。其次,你也要注意观察该地区动物的活动信息,尤其是它们的食物、水和露营地,也许蕴藏着有价值的生存线索,能帮你找到宝贵的水和食物。不过,切忌完全模仿动物,因为很多动物可以吃一些对人类有毒的植物。还要提防由于你的出现导致动物的异常反应,这很可能暴露你的动向。

八、L 代表 Live(活着):依靠自己的智慧存活下来

现实是残酷的,面对威胁。"书到用时方恨少",为了不在无法应对意外时后悔,我们现在就必须认真学习野外生存的相关本领,通过训练不断实践各种技巧,还要努力抓住以后的任何机会有意识地扩充和积淀,举一反三,锻炼适应各种陌生环境的素质,增强自己的信心,从而实现依靠自己的智慧在野外条件下存活下来。

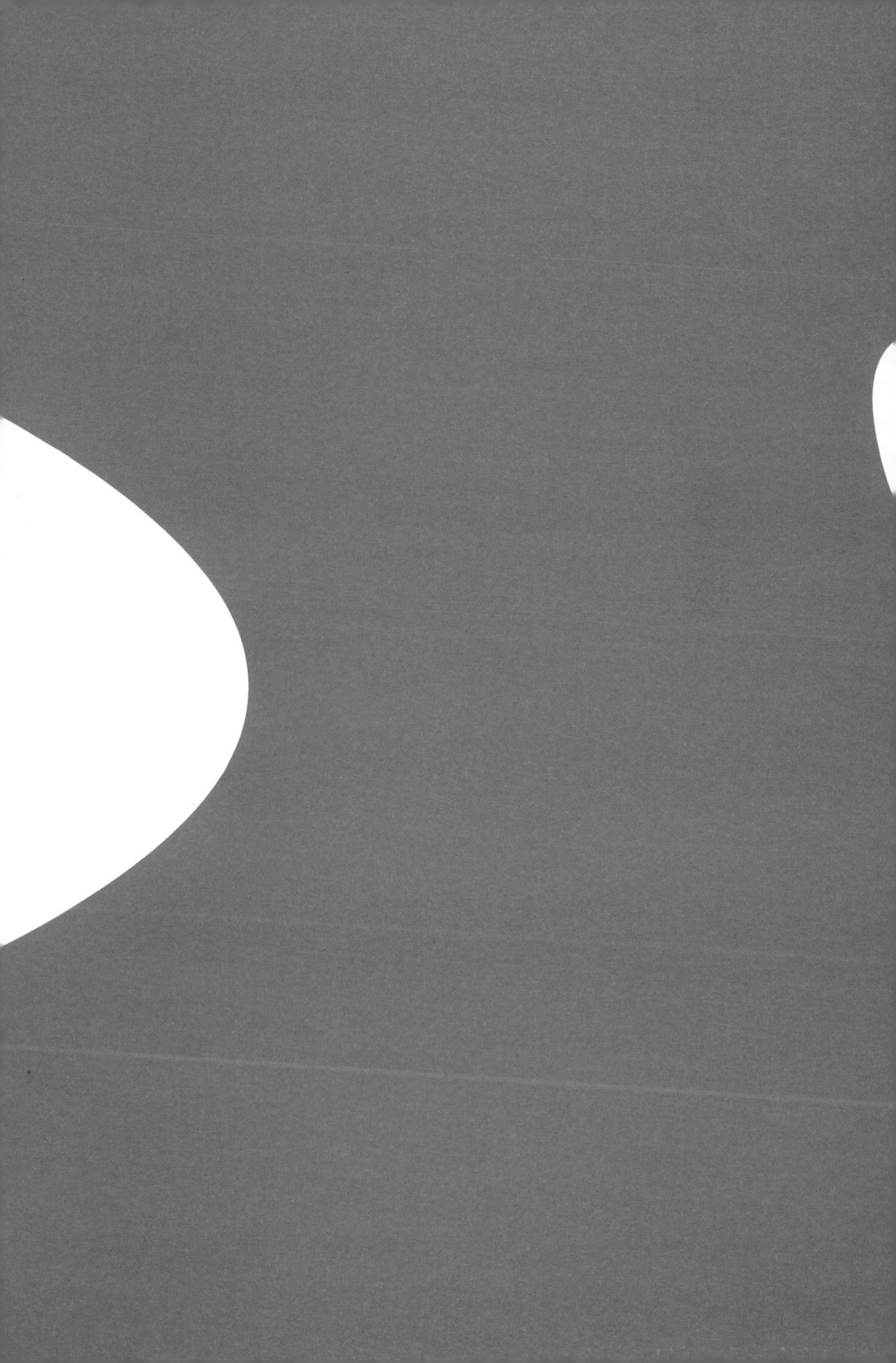

第二章

野外生存准备

在陌生地域,要成功地度过生存困境而活下来,所需要的东西远比搭建露营地、获取食物和水、生火以及不依赖导航仪也能到达任何地点的知识和技能多得多。所以,野外生存必须完成一系列准备工作,提高生存概率。首先,必须做好心理上的准备,如果不能较好地调节自己的心理状态,关键时刻必将成为队友的累赘甚至隐患。其次,必须做好知识技能准备,设想可能遇见的各种情况,并有计划地准备解决问题的预案。最后,必须准备齐全各种行动中所需要的物品,例如生存包、衣物和各类物资器材。

第一节 野外心理调控

在现实中存在这种现象：在对生命构成威胁的环境中，有些只经过很少甚至没有经过生存训练的人凭借合理应对，生存了下来；有些经过生存训练的人却无法运用学过的技能，反而失败甚至死亡。这是由于在任何生存条件下，个人的心理态度发挥着非常关键的作用。掌握生存技能可以提高生存的概率，无疑非常重要，但拥有生存愿望是最根本的。没有生存的愿望，掌握再高超完备的技能也没什么用处，拥有的知识也是无意义的浪费。

一、心理作用的重要性

野外生存，通常要在自然条件恶劣的丛林、孤岛、沙漠、戈壁中实施。需要深切体会"寒不得衣，饥不得食，渴不得水，危不得援"，磨炼坚强的意志和顽强的耐力。面临恶劣的生存环境；感受无常的天气变化；迎接突发的伤病考验，应对未知的存亡威胁。

心理学家对许多野外遇险后成功生还的人进行调查后发现，在野外遇险时，最大的难题往往不是技术而是心理，会对心理产生显著影响的要素依次为：恐惧和焦虑、烦躁和孤独、受伤和疾病、饥渴和劳累、严寒和酷暑。正因如此，在进行野外生存训练时都要把心理训练摆在首位。适度的心理压力能够帮助人们面对逆境、战胜困难；但是压力超过限度，就会产生负面影响。沉重的心理压力无论对于个人还是对团队，都会造成致命的伤害。可见，压力有时是建设性的，它能够激励人；有时是破坏性的，也能摧毁人。只有正视压力，化压力为动力，才能够在困境中生存下来。

二、可能产生的心理障碍

即使是前进中的一个小小障碍，如果处理不当，也可能粉碎你的梦想。由于脱离早已习惯的生活环境，一旦步入一个完全陌生的环境中，任何人都会有各种不同的感受，最常见的现象是在不同情况下产生的各种心理方面问题，最常见的有烦躁、恐惧、孤独、疲惫等。

（一）焦虑烦躁

单调和重复是使人出现烦躁情绪的主要原因陷入烦躁状态的人会同时产生紧张、沮丧等不良情绪。要摆脱烦躁，我们就必须时刻清醒地认识到我们要实现的目标，并认识到自己所实施的行动是和生存目标相一致的。

（二）恐惧不安

正常人都有过恐惧，它是人对被其判定可能导致自身伤残、死亡的危机以及恐怖想象的一种正常心理反应。也许这种威胁并不存在，但我们一样会因为觉得它存在而恐惧。恐惧并不完全是坏事，它能够促使我们更小心谨慎地行动，这对于保证我们的生存确实具有重要意义。但是，有的人往往因为过于恐惧而丧失行动能力，以至于失去生存的机会。

（三）孤独无助

没有人喜欢孤独，我们习惯了家人的陪伴，需要朋友的交流，因为我们需要互相帮助，否则就无法生存。但现实中几乎每个人都会面对独自一人的情况出现，不得不独自完成原本和别人一起做的事，并因此深切感受自己的能力，充分挖掘自己的潜能。孤独未尝不是一种宝贵的体验、难得的机会。一定不要孤独而绝望，它只是暂时的；能在孤独的环境中挺下来的人，才能成为可依靠、会生存的人。

（四）疲惫涣散

野外条件下，长时间保持警惕状态，神经高度紧张，我们的身心就会十分疲惫，有时甚至神志不清。在这种情况下，我们的思维变得迟钝，行动变得迟缓，反应能力严重削弱，大多数人都因为繁重的工作而疲惫，此外，绝望、沮丧、受挫等负面心理状态也会加重疲惫感。

对这些心理现象应该特别予以足够重视，实施相应的心理调控活动，进行一些相应的克服心理障碍的训练,从而保证野外生存的顺利成功。

三、做好心理准备的原则

野外生存过程中,每当面临困难和挑战的时候,对于野外生存者来说,我们要牢记一句话:"这既是挑战也是机遇"。做好野外生存心理准备,鼓足勇气、直面挑战、把握机遇、战胜困难,前提是做好心理准备,才能不惧怕失败,才能从危机中找到答案。心理准备的原则主要有四个方面:

(一)消除恐惧、正视困难

要客观评价我们所面对的困难,正确地评价会让事情变得顺利。经过一段时间的训练,我们会对自己有更深刻的认识,发现自己的长处,认清自己的不足,学会利用自己的优势,同时掌握和运用野外生存的必备技能。在判断状况时要积极客观,否则会因为现实与期待的差距太大而失望,产生失落的情绪。就会实现树立信心的目标。通过沉思来集中精神和获得精神支柱。沉思还可以消除消极的个人情绪。野外生存中,释放心理的压力休息一下,感受到片刻的"自由",即使一小会儿,也可以发现生命的本质。更好地了解自己和面对的困难、技巧以及拥有的技能,可以帮助你树立信心,一旦学会了欣赏自己和自己的才能。

(二)舒缓压力、冷静反思

心理学研究表明,长时间处于慌张或焦虑状态,人的肾上腺将会自然地分泌出激素,这些激素使人体处于兴奋状态。当兴奋状态时间过长且超出人体可控制的范围时,就会影响大脑的意识,严重时会在短时间之内,让人失去思考和判断能力。在野外生存的时候就难免产生压力,并且可能使人感到不知所措,所以要学会处理压力。然后,根据所担忧的情况进行针对性训练。处理压力有几个小窍门,譬如偶尔放松、规划时间、坚信自己的实力或者是自我调整对状况的评估。总而言之,要想在野外生存,就要坚持,决不轻言放弃。经过良好的训练或是心理准备,正确处理压力可以让你冷静地思考如何应对眼前的状况,集中注意力在求生方法上;进而深刻反思自己在孤立无援、独自求生的情况下最害怕的状况到底是什么。适当地调整心理以保持头脑冷静,例如通过深呼吸、宣泄式大叫、伸展肢体等方式,都有助于求生者及时冷静下来。

（三）头脑清醒、保证睡眠

要想头脑清醒，一定要时刻保持冷静、不慌张。沉着镇定能够使人们在危急关头保持理性和判断力，有助于更好地做出决定，并付诸行动中；有助于把精力集中在目标上，抛弃那些分心的事情。时刻保持清醒的头脑可使自己的身心处于较好的状态，既是一种培养心境的方法，也可以激发自己的潜力。头脑清醒的最好方法就是睡眠，当疲劳已经影响到人的精神及行动能力时，充足的睡眠是维持人体机能正常运转的基本要求，只有睡眠充足，求生者才会恢复充沛精力，才有可能保持清醒的头脑、冷静思考，沉着应对突发状况。否则，如果睡眠不足，求生者身体会感到疲劳，自身的防护意识和生存能力也会大大降低，后果可想而知。

（四）预判危险、针对训练

时刻保持警惕，要将自己及同伴的生命时时放在心上，懈怠、松懈或者是没能做好充分的心理准备，会让自己陷入负面情绪中，造成精神涣散、缺乏信心、判断失准甚至不能坚持下去，给自己和他人带来生命威胁。日常生活中，学习野外生存所需的技能，熟能生巧，平时多做训练，积累经验，在正式的野外生存训练中就不会胆怯，就可以活用技能。而且有一点很重要，就是训练一定要尽量贴近野外生存的条件，模拟得越真实就越有利。

四、野外心理调控训练

野外环境随机多变，我们的情绪难免会受到现地实际情况的左右。情绪不是不可控的，也不是不可调节的，我们可以通过调节自己的思想来调节自己的情绪。我们主要围绕野外生存前的"有备无患"和野外生存中的"灵活应变"展开野外心理调控训练。

（一）野外生存前的训练

野外生存前，我们经常进行的训练主要有：克服崖壁障碍、通过河流等行为训练，辅以独处时的沉思训练、主动思考等心理训练。

1. 行为训练

即使是有保护，也没有多少人相信自己可以从几十米垂直的悬崖上下来。但是，到了现场，看到了专业的下降工具，并且目睹了有人从悬崖上下来，很多人都会产生尝试下降一次的冲动，结果，真正上了悬崖，往下一看，大部分人又退缩了，这就是一般人的心理变化过程。用悬崖下降的训练方法来对自信心缺乏或懦弱者进行强化训练效果非常明显。

在一个宽约5—10米的河道上，架起三根木头组成的小桥（木头长度不够，中间可以加个"桥墩"），让每名人员依次单独通过。

本训练成功的关键是：

·水流要急，看上去很恐怖；河水要浑浊，看不到底，让过桥人员不知道河水到底有多深；

·选择适度的河道，保证掉下去会弄湿衣服，但不会有危险；

·保障人员跪在河道里，给过桥人员造成河水很深的感觉。

从开始的三根木头有保护，到最后的一根木头没有保护，过程是短暂的，对一个人的影响是长久的。

2. 心理训练

人们往往容易忽视沉思的训练，沉思利于集中精力，增强自我控制力。沉思益处的关键在于可以清除那些平常充斥于头脑中的纷繁乱象。利用一天之内的多个时间段或者某段稍长的时间，通过持之以恒地练习，你能够养成长时间沉思的习惯。可以减轻不必要的精神负担，还能使你更平静，拥有更好的精神状态。放下手中的繁忙事务，可以使时间"停止"片刻，使它处于你的"控制"之下。这样，就会发现时光流逝得越来越少，效率越来越高。沉思训练的方法有：

·寻找一个独处的安静地方；

·舒适地坐下，确保自己不会被打扰；

·有规律地深呼吸，放缓身体和精神的节奏；

·停止对过去和未来的担忧或者焦虑，将意念集中在一个美好的回忆上；

·尽量维持思维平静5分钟，如果出现分散注意力的想法，立刻抹除它们；

·在未来的训练当中，逐渐增长沉思的时间，依次增加至10—30分钟。

积极的思考能够使身体充满活力，而消极的思想只能使人感到精神消沉、萎靡不振。一旦形成积极思考的习惯，就能够很容易地保持，而持续的积极思考能够消除犹豫和疑虑。思考训练的方法有：

·形成一种辩证思考习惯，任何事情都要看到好的一面，即使在困难之中，也要认识到瓶子的一半是满的，而不是仅看到空的一半；

·仔细地倾听别人的想法，不论是挑衅性的消极的意见，还是焦虑的担忧；

·如果事情做得没有达到预期，必须客观地反思下次怎样才会做得更好；

·不要用失败"印证"自己的无能，在困难面前也要保持快乐的心态；

·愉快地期待成功，不要期待来自他人的表扬，要坚持做好自己的事情；

·不要期望控制或改变其他人的观点，适时调控自己的情绪；

·持续强化积极的想法，使积极思考成为习惯，成为自己的一种性格。

在野外生存行动中，花时间思考真正的自我，考虑新的现实和新的自己。唯有如此，真正的自我就会适应并接受新的现实，你也将会拥有更多的动力，不断地前进。

通过不断实践，你会发现精力集中的能力得到了提高，你能够更好地控制、支配自己的思维活动，且更高效地做出正确的决定，指导野外生存行动。

（二）野外生存中的训练

野外生存条件下，如果我们把思想集中在事情的积极方面，就会产生积极情绪；如果我们把思想集中在事情的消极方面，那我们就会产生负面情绪。尤其在面对困境或生活中的问题时总是乐观振奋，积极地通过改变自身来顺应生活的变化和生活的压力，或者是想方设法改变一定的生活来协调平衡自己的心理。负性情绪，如忧郁、恐惧、焦虑、不安、无助、沮丧、担心、愧疚等，情绪失控在某种程度上影响野外生存的进程乃至结局，因此应当学会科学调控情绪。

（1）有效放松应对，缓解身心紧张

紧张、高强度的野外生存，容易出现紧张、烦闷、焦虑、恐惧等情绪失调以及头痛失眠等生理状态。放松训练是缓解和消除这些状态的一个有效方法。

放松训练是为达到肌肉和精神放松的目的所采取的一类行为疗法。人的生理活动与心理活动密切相连，放松训练就是通过肌肉松弛的练习来达到心理紧张的缓解与消除。研究证明放松训练所导致的松弛状态，可使大脑皮质的唤醒水平下降，通过内分泌系统和植物神经系统功能的调节，使人因紧张反应而造成的生理心理失调得以缓解并恢复正常。放松训练的方法有许多种，这里简要介绍五类简便易行的放松训练法。

①一般身心放松法。常用的身体放松的方法有做操、散步、游泳、洗热水澡；常用的精神放松的方法有听音乐、看漫画、静坐等。是否需要放松，何时需要放松，可

以通过观察身体和精神状态来确定。从身体方面，可以观察饮食是否正常，睡眠是否充足，有无适当运动等；从精神方面，可以观察处事是否镇定，是否容易分心，是否心平气和等。如果观察后的判断是否定的，就需要进行放松训练。

②想象性放松法。在指导官兵做想象性放松之前，应先让他们放松地坐好、闭上双眼，然后给予言语性指导，进而由他们自行想象。常用的指示语是："我静静地俯卧在海边，周围没有其他的人，我感受到了阳光温暖的照射，触到了身下海滩上的沙子，我全身感到无比的舒适，微风带来一丝丝海腥味，海涛声……"在给出上述指示语时，要注意语气、语调的运用，节奏要逐渐变慢，配合对方的呼吸。

③精神放松练习法。就是通过引导学员把注意力集中在不同的感觉上，达到放松的目的。比如可以指导他们把注意力集中在视觉上：静心地看着一支笔、一朵花、一点烛光或任何一件柔和美好的东西，细心观察它的细微之处；集中在听觉上：聆听轻松欢快的音乐，细细体味，或闭目倾听周围的声音；集中在触觉上：触摸自己的手指，按按掌心，敲敲关节，轻抚额头或面颊；集中在嗅觉上：找一朵鲜花，集中注意力，微微吸它散发的芳香，等等。也可指导他们闭上眼睛，试着将生活中的一切琐碎和不愉快的事情忘掉，着意去想象恬静美好的景物，如蓝蓝的海水，金色的沙滩，朵朵白云，高山流水等。

④渐进性肌肉放松法。在对学员进行渐进性肌肉放松训练时，要注意选择不受干扰、温度适宜、光线柔和的房间或室外，让他们坐姿舒适。然后引导他们想象最令自己松弛和愉快的情景，并在一旁用言语指导和暗示。指导语是："坐好，尽可能使自己舒适，并使你自己放松；现在，首先握紧右手拳头，并把右拳逐渐握紧，在你这样做时，你要体会紧张的感觉，继续握紧拳头，并体会右拳，右手和右臂的紧张；现在，放松，让你的右手指放松，看看你此时的感觉如何；现在，你自己试试全部再放松一遍；再来一遍，把右拳握起来，保持握紧，再次体会紧张感觉；现在，放松，把你的手指伸开，你再次注意体会其中的不同；现在，你左手重复这样做。"以上方法可以同样用于放松左手与左臂，接着放松面部肌肉，颈、肩和上背部，然后胸、胃和下背部，再放松臂、股和小腿，最后身体完全放松。

⑤深呼吸放松法。当在某些特殊的场合感到紧张，而此时已无时间和场地来慢慢练习上述的放松方法时，可以教给学员最简便的深呼吸放松法。这和日常生活中人们自我镇定的方法相似。具体做法是让他们站定，双肩下垂，闭上双眼，然后慢慢地

做深呼吸。可配合他们的呼吸节奏给予如下指示语："一呼……一吸……一呼……一吸……"或"深深地吸进来，慢慢地呼出去；深深地吸进来，慢慢地呼出去……"这种方法学员掌握以后，也可自行练习。

（2）学会适当宣泄，驱赶负性情绪

面对压力情境，人们往往会处于焦虑、愤怒、冲动的情绪状态之中，如得不到妥善化解，就可能表现出种种消极行为，带来不良后果。在心理压力比较大的时候，可以采取可控的、合乎社会规范的方式宣泄紧张情绪，恢复心理平衡。

合理宣泄就是利用或创造某种条件、情境，以合理的方式把压抑的情绪倾诉和表达出来，以减轻或消除心理压力，稳定思想情绪。宣泄是一种释放，其作用在于把压抑在心里的愤怒、憎恨、忧愁、悲伤、焦虑、痛苦、烦恼等各种消极情绪加以排解，消除不良心理，得到精神解脱。因此，宣泄是摆脱恶劣心境的必要手段，它可以强化人们战胜困难的信心和勇气。无论是失恋、亲人亡故等很大的痛苦，还是惧怕某人、某种场合等难以说出口而实际上无关大局的行为，通过倾诉或用行动表达出来，实际上是对有碍于身心健康的情绪状态进行自我调节，所以宣泄的过程也是人们进行心理的自我调整过程。

宣泄的主要方式有以下几种：

①倾诉。心里有什么问题和积怨，可以找同乡、战友、领导尽情地倾诉出来。倾诉对象一般是最亲近、最信赖、最理解自己的人，倾诉的过程就是消除紧张心理、恢复心理平衡的过程。

②书写。用写信、写文作诗或写日记等方式，使那些因各种原因而不能直接对人表露的情绪得到排解。比如写日记，把负面的情绪上升到意识层面加以理性管理，有助于问题的理性解决，同时在字里行间把许多不良情绪也化解了。

③运动。运动也是值得提倡的一种宣泄方式。压力过大的人通过参加各种体育活动，可消除悲观、失望的消极情绪，激发出积极进取的朝气，并且能增大呼吸量，加速新陈代谢过程，调节大脑神经活动，同时，直接接触自然环境和社会环境，开阔了心胸，加强了人际交往。

④哭泣。中国有一句老话，叫"男儿有泪不轻弹"，似乎男子汉是不应该哭泣的。其实，从身心健康这个角度来讲，"泪往肚里流"是不可取的。流泪也是一种宣泄，无论是偷偷流泪还是嚎啕大哭，都能将消极情绪宣泄出来，从而令人愉快的情绪得到

缓解，减轻心理压力。

⑤大笑。笑也是一种良好的宣泄方式。美国心脏病专家威廉·费莱博士认为，一分钟的笑相当于进行十分钟的慢跑。一次放声大笑不仅锻炼肩部肌肉、手臂、臀部、横膈膜和腿，并且还有镇痛作用，正所谓"笑一笑，十年少"。

除了合理宣泄，通过活动也是很好地调适情绪的方法。活动调适法是指通过从事有趣的活动，以达到调节情绪，促进身心健康的一类方法。它包括读书、写作、绘画、雕塑、体育运动、听音乐、歌唱、舞蹈、演戏、劳动等多种活动方式。活动调适法尤其适用于军校学员，它寓心理治疗于娱乐之中，不仅易为人接受，而且易于操作，可以广泛地运用于一般性的心理不平衡和轻微的心理障碍。活动调适法的实质在于用活动的过程来充实空虚的生活，用活动中获得的愉悦来驱散不良的负性情绪，用活动的内容来促进对问题的领悟和认知的提高，因此，活动调适法绝不只是形式上的"玩"而已，而应随时把握利用活动中所提供的有利机遇、信息去发现问题，改变错误的认知，调适不良的情绪，纠正不适应的行为，提高自信心。活动的种类要根据自身的文化程度、原先的个人爱好、兴趣和实际条件来选择。一般来说，对于活动的兴趣和投注程度之大小与其效果呈正相关。

第二节　知识技能准备

野外生存所包括的知识非常广泛，总的来说是：判定方位、迷失方向后的处置；猎捕动物和采食野生植物充饥；就地取材，搭建简易庇护所；识别利用草药救治伤病等。概括起来说，就是走、吃、住、救、防等五个方面。

在进行连贯野外生存训练前，应组织有关野外生存的理论知识自学，熟悉区域的地理环境，可食用动植物及可能遇到的危险。本节介绍一些简单的野外生存技能及练习方法。

> **实践体会**
>
> 1. 野外生存会产生各种心理状态，这是正常的表现。因此，必须讲清只要按照客观规律行事，胆大心细，就可以避免事故的道理。
> 2. 心理训练中，通过困难、危险的地带要架设安全保护措施，并演示保护方法，这样人员就会觉得心里踏实，也可以避免因为心慌而发生意外。
> 3. 心理训练要在实践中逐步累进。任何一种心理品质的形成和提高，都应在实际训练过程中反复实践才能获得。

一、需要的技能

（一）如何取火

练习掌握利用透镜取火、电池生火、钻木取火、利用火药取火等方法。

（二）如何取水

生命离不开水，没有食物的情况下正常人可以活三周，但没有水，一周都活不了，所以水要优先考虑。人员要练习掌握从植物中取水、收集雨露、制作简易日光蒸馏器取水、冰雪化水等方法。熟知怎样寻找水源，怎样过滤水以及储存水的方法。

（三）如何搭建庇护所

熟知庇护所位置的选择方法，练习和掌握一棵树庇护所、单斜顶庇护所、防水布庇护所、A字形庇护所、沼泽平台式庇护所、灌木丛庇护所等临时庇护所的搭建方法和各自特点。

（四）如何寻找食物

在野外为了生存下去，完成任务，需要掌握捕鱼、采食野生植物和猎捕动物的技巧。要知道野生植物的识别、采集与食用，如何制作工具钓鱼、捕鱼，如何狩猎和捕猎及处理食物。

（五）如何打结

掌握单结、八字结、接绳结、平结、半扣结、双套结等常用绳结及其变化的方法，根据需求，灵活选用。

（六）如何辨别方向

在野外行进中，要学会利用大自然中的一些特征物来识别方向，学会利用太阳、月亮、星座、恒星以及自然特征来判定方向。

（七）如何野炊

练习和掌握煮、煎、焙、烘、蒸、烧烤等常用的野外烹饪的方法以及制作炊具、野外煮饭、烤制食物的方法。

（八）如何救护

了解蛇、虫咬伤的预防与处理，掌握急救原则和一般急救方法，如中暑的处理，骨折的处理，开放性伤口的处理等。

生火练习、搭建庇护所、寻找食物、打绳结、野外辨别方向、救护等基本野外技能，应该采取理论与实践相结合的教学模式进行。

二、训练的方法

下面几种野外生存技能训练和考核方法，大部分可以在室外，也可以在室内进行，但有的项目必须在室外进行。训练编组可以是以组为单位，也可以是个人。

（一）取火练习

1. 室外取火。在操场上，将人员分成小组，每组发给相同的取火工具（凸透镜）。火绒也是相同的（纸、干植物纤维、锯末、干草、棉花、羽毛等），但是不分开，这样可以由人员自己选择用什么样的火绒，并牢记用什么样的火绒取火比较容易。用秒表计时，根据耗时多少计算成绩，在规定时间内取火成功的组基本分数记为合格。

2. 野外取火。主要练习快速取火的方法，包括燃料收集、柴草堆放、点火地点设置和清理以及篝火效果等。在相同的野外环境中，只发给火种，其他材料均由人员自己解决。根据内容设置合理的评分标准。

（二）搭建庇护所

1. 室外搭建。对临时庇护所的了解程度、搭建的熟练程度。

主要训练项目：搭建临时庇护所的顺序、方法、材料的收集。

2. 野外搭建。重点是安全，其次是牢固程度和搭建速度。

主要训练项目：庇护所位置选择是否安全、合理，要素是否齐全，朝向是否正确，牢固程度、耗时等。

（三）寻找食物

在一个指定的野外区域（非保护区、有农民采集野菜、蘑菇的山地），在规定时间内，分组收集可以食用的野生动、植物食物，训练时允许人员参阅图谱和教材。

根据以下内容确定评分标准：

1. 营养价值高，适口性好又符合环保要求的食物每种得 5 分；

2. 营养价值高，适口性差和食物营养价值一般，适口性好，但符合环保要求的食物每种得 2 分；

3. 营养价值、适口性都一般但符合环保要求的食物每种得 1 分；

4. 没有食用价值但无毒而且符合环保要求的食物不得分。

5. 不符合环保要求的和不宜食用的食物各扣 5 分；

6. 有毒食物扣 10 分。

每组选出 10 种食物参评，不足 10 种的只按具体种类计算得分多少。

> **注意事项**
>
> 1. 在野外进行此项活动，一定要强调环境保护。
> 2. 食物在没有鉴定前，人员不得擅自食用。
> 3. 经过鉴定的可食用食物，号召人员继续采集，并作为补充食物在野外食用。

（四）打绳结

三个人一组练习，一人说出绳结的名称，一人打结，一人检查。三人的角色互换，保证每个人都有练习的机会。

（五）定向方法

着重训练野外根据太阳、月亮、星座和向性生长的植物等因素辨明方向的能力。

（六）救护练习

训练的主要项目包括：四肢骨折固定方法；三种常用的人工呼吸方法；运送伤员的各种方法（包括一对一、二对一、多对一等以及背法、扛法、抬法、架法）；简易担架的制作方法等。

（七）地图使用

学会依照地图现地判定方位、对照地形、测量距离、确定目标点位置，以及按图行进等。

（八）信号及仪器使用

每人至少掌握5种发出求救信号的方法，包括地对空、空对地、火光信号、烟雾信号、图形信号、声音信号、旗语等。肢体语言和莫尔斯码比较复杂，一般不要求掌握。

如果有条件，还应该熟练掌握各种野外常用工具与仪器的使用方法，包括：反光镜、信号枪、信号发射器、对讲机、移动电台、卫星电话、海拔仪、计步器等。

第三节　物资器材准备

有准备的野外生存训练，可根据训练目的，自行规定人员携行的物资器材。这些器材，可以是制式的，也可以是自制的，以增强参训者对各种条件的适应力。

一、装备

（一）睡袋

睡袋的材料通常有两种：人造织物真空棉和羽绒，相对来说，羽绒的价格要贵一些。在选择的时候我们要参考野外的温度和自身可以承受的重量。一般来说羽绒睡袋比较轻便而且隔热保温效果很好，但是必须保持干燥，如果羽绒睡袋湿了，不仅会失去它原有的保温效果，晾干也是相当困难的。如果要去热带雨林等潮湿的地方，人造织物真空棉的睡袋是更好的选择。在雨天或者水上活动时，要保护好背包，防止睡袋进水，有条件的话最好密封起来。同时夜晚使用时，还可配备防潮垫，否则寒气会从地下侵袭到身体。

如果想减轻负担，也可以选择透气性很高的露营袋作为睡袋的替代物。因为露营袋除了有着睡袋的功能外，还可以代替部分帐篷的功能。

（二）背包

背包要背着舒适而结实，以便携带衣服和装备。背包材料应足以安全地承受背包的载量，并不易磨损。在选择背包的材料时，一定要选择结实且防水的织物。最好主袋内有内衬，这样既能防水又能防止所装物品遗失。主袋要选择拉链装的而不是纽扣之类的，否则容易丢东西。

装背包的时候，最好将物品放在透明的聚乙烯的袋子里，以便清晰可见，方便取用。同时保证常用的物品不放在包的最底部。睡袋可以放在最下面，帐篷应该放在最上方。笨重的物品如无线电应该放在最上面，这样方便携带。尽量不要装得过高，因为在一些特殊情况中会消耗更多的体能，如强风。炉子和炊具应放在背包的边袋里，方便在驻地取拿。

1. 在山路行走，背包重物应放在顶部，使臀部承受大部分重量，可使重心紧靠背部以免背起来有被往后拉的感觉；体积大而质量轻的物品可以放在最底下，一方面不影响重心；另外由于重物压在上面，所以使用一段时间后背包会较为密实好背；背包左右所放置的物品重量必须相当，以免重心偏移。

2. 走艰难的地形，重物应稍往下移，靠近背部，使重量平摊在肩部和背部，使重心降低，易于保持平衡。

3. 打包时将常用的物品如手套等放在上面和侧袋中；雨衣、饮水及当日必需的物品必须放在最上面或最容易拿到的地方；坚硬的物品不要放在贴背的部位，否则如果是内架背包（指金属支架隐于包内的背包）则会直接顶到背部使人感到不舒服，甚至在后仰跌倒时会直接伤到背部，如果是外架背包（指金属支架现于外部的背包）时则因坚硬的物品与背架仅隔一层背包布很容易把背包布磨破。

4. 物品需要防水，应分类放置，用单个的专用防水袋包装；将同类的物品或必须同时使用的物品放在同一袋中以方便取用，尤其是零散的小东西。

实践体会

物品摆放在背包内的位置，会影响个人行进的速度和耐力。打包必须保持背包的平衡，不要让背包对肩膀造成过度负担或导致身体失衡。

（三）衣物

1. 鞋、袜

在野外生存里最重要的是鞋子。人员野外生存时，通常穿长筒靴，穿着时，注意将鞋带系紧，可将鞋带放于鞋舌内。鞋要提前穿至合脚为止。袜子要求是棉质的，吸汗性强。这样才能很好地保护脚踝（记得带备用袜子）。

2. 服装

在野外生存时，分层着装是最好的办法，这样具备最有效的防护功能，同时还可以适应各种各样的气候条件。

这个着装的原理很简单。首先，静止空气是较好的保暖介质，而这种介质，往往就存在于两层衣服之间。衣服的层数越多，人员自然就越会感觉暖和。如果感觉热了，他们可以脱下来一层衣服；倘若感觉冷了，也可以再增加一层衣服。这是因为出汗以后，汗水变冷，它会带走体内的热能。

（四）帐篷

在野外，帐篷的主要功能是防风、御寒、避免昆虫及小动物滋扰。保证充分的睡眠，对保持人员体力起着至关重要的作用。野外帐篷常见的有"人"字型、圆顶型等多种款式，使用者应按所要前往地区的季节和气候等情况选择适用的类型，并要在出发前学会怎样搭建。需和帐篷一起准备的还有工兵锹，可以用它来挖排水沟。

二、百宝箱

除了睡袋、背囊、服装、帐篷等必备品，还需要一些工具和器材。

1. 火柴

火柴最好选用防水火柴，因为它虽然体积大很多，但比普通火柴更加耐用。普通火柴易燃，而防水火柴用融化的蜡烛油包住了火柴头，更加适用于野外环境。使用时不能浪费，一次只应拿一根，并且在拿好后将盖子盖严避免受潮。

2. 蜡烛

它不仅可以用来生火还可以用来做光源。同时，牛羊脂的蜡烛在急需时也可做烹饪油，但千万不可食用石蜡或者其他蜡类制品。不过，牛羊脂的蜡烛在炎热的天气中不易储存。

3. 打火石
打火石在潮湿的状态下仍然可以使用。

4. 放大镜
放大镜可以用来聚光生火，同时还可以用于拔刺、穿针。

5. 鱼钩、渔线
将鱼钩放入小纸袋内，尽可能带小号的渔线，因为钓小鱼的同时也可以钓大鱼，而大号的则不行。尽可能地多带渔线，还可以在捕鸟的时候使用。

6. 指北针
指北针是野外生存必不可少的工具，它利用磁场作用，指向北方。但必须与地图同时使用才可以寻找到自己所在的位置。

7. 头灯
头灯携带方便，夜间使用查看地图，同时可以旋转调节方向，也可以做信号灯用。

8. 绳索
在野外，很可能会走前人没有走过的道路，所以绳索极为重要，攀缘绳和锁扣也是必不可少的。最好还要准备20米左右的登山绳，60—90厘米的精细铜线，用于布置陷阱和圈套。

9. 外科手术刀
至少带两个不同型号的刀片，用纸袋装好，必要时自制刀柄。

10. 饭盒
这是必要的炊具，使用铝制的既轻便又耐用。同时可盛放各类求生物品。

11. 手电筒
微型手电筒是最佳的选择，只占用极小的空间。筒内的电池应颠倒放置，防止触碰电源后消耗电池。电池最好选择锂电，功率大，使用寿命长。

12. 闪光信号灯
这是用来吸引营救人员的注意，尤其是在闭塞地区。选择迷你灯具，同时不要随意使用，以免浪费电。

13. 密封袋
雨天用来放置电子产品与脏衣物。

14. 燃料

携带折叠式炉灶内的固态燃料块即可。

15. 求生哨

口哨是野外求生的必备工具，同时可根据哨声的长短不同来向同伴发出信号。

16. 通信工具

电台、手持式北斗用户机等。

17. 手表

要具有防水、夜光、测温等功能。

18. 水壶

一般选用大约可以储备2升水的水壶。

19. 望远镜

望远镜可以帮助我们观察周围的动植物，寻找水源，判定方位等。

20. 太阳镜

太阳镜可以遮挡刺眼的光线。在选择太阳镜时，不应选择过深的颜色，同时选择树脂镜片为好，以防止玻璃镜片破碎后划伤眼部及其他部位。

21. 刀具

刀具是极为重要的求生工具。通常需携带多种刀具，一是多功能的瑞士军刀，可以在吃饭，割东西时使用；二是考虑到便携的因素，可携带折叠刀。木质柄的折叠刀手感舒适，也不会因为汗液而打滑；三是砍刀，砍树用，重量不要超过750克，长度不要超过30厘米。同时要配备一个可以固定砍刀的刀鞘。还可以配备一把弹性锯条，用来锯树。

三、药品

如果长时间在野外生存，可携带部分常用药品。

1. 感冒药

尽可能不要选择含有安眠成分的药品。

2. 镇痛药

缓解疼痛，减轻痛苦。

3. 肠胃药

饭前服用，以便更好地吸收。用于急性腹泻、肠炎、胃胀、消化不良等症状。

4. 消炎药

用于治疗常见的细菌感染，有药物过敏史的请慎重选择药品。

5. 抗敏药

野外条件易导致过敏。抗敏药同时可以用于治疗蚊虫叮咬和毒虫螯刺。

6. 漂白粉

用于净化水源，请根据包装上的说明使用。

7. 高锰酸钾

将其加入水中并搅拌，水溶液呈浅粉色偏红时可以消毒，至深红时可以杀菌，紫红色时用来治疗真菌病（颜色的深浅代表浓度的不同）。

使用药品的注意事项：

判定好病症对症下药；药品要按照使用说明服用，不可以用牛奶、果汁等送服药物；治疗肠胃病的药品请在饭前服用；服用药物时忌饮酒、忌辛辣。

第三章

野外行进

穿越各种地形是人们在陌生环境中、恶劣条件下进行野外生存的必备技能之一。掌握这项技能,不仅能提高运动速度,而且可以节省体力,这样才能保证我们在不同的地形上安全行进,顺利到达目的地。

第一节　野外行进基本原则和注意事项

走路是人的本能，但是长时间、长距离的徒步行进却有着很多技巧。野外条件下，各种安全威胁无处不在，节省体力，安全快速地到达目的地，是野外行进的基本目的，按照下面的做法，可以减少能量的消耗，避免过度疲劳。

一、分析行进区域地形，选择综合行进条件好的路线和路面

野外行进路线的选择十分重要，在一定程度上，它关系到任务成败。所以野外行进前，一定要认真研究行进区域地形，对各种行进的路线方案进行综合评价，选择其中综合行进条件好的路线和路面作为实际的行进路线。

具体选择标准应是：走直道，不走弯道；走大路，不走小路；走主干道，避免走支道、岔道；走常行道，避免走人不常走的道路；走有人行痕迹的道，避免走自创道，不走兽道。尽量选择安全的路线，避免走险道。尽量选择适走性好的路面行走，避免走过于难行的路面。但在公路和小路之间，应选择走小路而不走平坦的公路，即使必须走公路，也应走高低不平的路边，而不走平坦的中心这样人和脚不易产生重复性机械疲劳。

二、使用正确步姿，协调行进节奏和行进速度

正确的步姿可以使行进者的脚不易疲劳和磨伤。正确的步行姿态是用脚尖抬起，然后以脚跟着地，两手以适当幅度前后摆动。步行主要活动的身体部位是腿，但也需要手臂协调地摆动来保持身体的平衡，调整步伐的大小。

在步行的过程中，牢记几句口诀："眼睛往前看，步伐不要乱；两手轻握起，出脚膝盖直；腹部深呼吸，肩沉背莫弯；脚掌全碰地，节奏不能变"。

眼睛往前看，这是最基本的要求。东张西望、漫不经心，可能会撞到别人，伤到

他人或自己，造成不必要的意外。走路的时候不要慌慌张张、谈笑聊天、打打闹闹，因为这些小动作不但会让自己消耗过多的体力，导致疲惫，而且会影响到旁边的人。

忽快忽慢、走走停停等都很容易让人感到疲惫，所以最好保持相同的节奏，不紧不慢匀速前行。一开始的时候，步幅要尽量小，几分钟后，等身体各个地方都开始感到适应了，再加快步伐的节奏。

最合适的节奏是呼吸不急促，不大声喘气，脉搏保持在 120 次/分钟之内。如果是一个小组一起行进，要考虑到队员的速度和力量，尽量选择一个最合适的速度，可以折中选择一个稍慢的速度。小组步行时可以选出一个领路人，然后让速度最慢的那个人在队伍第二位置行走，这样就不容易出现掉队。

三、行进和休息相结合

行进中的休息也是很讲究的，不是想走就走、想停就停的，一定要遵守休息的原则。在长时间的步行后，应当适当休息，补充体力，休息多久，应视具体情况而定。一般大概平地走 50 分钟，休息 10 分钟；山坡路走 30 分钟，休息 10 分钟。如果一味冒进，走到累得不能再走才休息，不仅体力恢复很慢，而且行进者容易因为过于疲劳，注意力无法集中跌倒或发生事故。但如果休息时间过长，又会使身体刚刚活动的机能变得迟钝。休息时不必直接坐在地面上，可坐在高一些的石块上，这样血液不会完全降到臀部。可以借用身边的树墩、大石或是粗树枝支撑背包，避免放下背囊，因为身体已经习惯了背包的重量，否则休息后反而会对其感到不适应。休息时和出发前，做些轻微的屈伸运动，帮助身体活动。膝部屈伸运动，可消除疲劳。

四、适当饮水

水是生命的源泉，人离不开水，每时每刻都需要补充水分，所以在步行中应该带上足量的水。一个人每天大约需要补充 3 升水，步行的人大概按这个量带水就可以了。行进中喝水的原则也很重要，尽量多次少量地喝，而且要定时定量喝。不要一次喝大量的水，大量饮水不仅不能止渴，还会使体内盐分迅速下降，全身乏力，增加心脏负担。

千万不要等到发现自己口渴了才想到去补充水分。野外行进中可以在排尿的时候检查自己的尿液颜色，看看自己是否缺水。如果 4 个小时以上都没有排尿的现象，并且自己感觉到口渴难受，昏昏欲睡，脸色看起来非常苍白，呼吸不规律，脉搏超过平时频率，那就是严重缺水了。如果尿液是暗黄色的，伴随口渴，唾液分泌少，脉搏频率加快同时软弱无力，那就是中度缺水了。如果尿液是深黄色的，但脉搏频率保持在正常范围内，只是感到有一点点口渴，这就是轻微缺水的症状。

第二节 利用自然条件判定方位和导航

在野外行进中，一旦行进的方向错了，再努力也无济于事，只会偏离目标越来越远。现代生活中，判定方位的方法有很多，但是当我们只身独处野外陌生环境中，在没有现代科技手段，离开地形图和指北针等专业器材时，怎样判定方位？如何进行导航？本节重点介绍几种有代表性的利用自然条件判定方位、实施导航的方法。

一、利用太阳确定方向和时间（白天）

利用太阳可以判断大致方位。太阳早晨从东方升起，傍晚从西方落下，但也并非从正东方升起、正西方落下。在一年中的不同时间里，太阳的运行轨迹可能位于北纬23°27'和南纬23°27'之间。太阳的路线分别在一年中最长和最短的一天到达最南和最北，即夏至（6月21日前后，太阳路径为北纬23°27'）和冬至（12月21日前后，太阳路径为南纬23°27'）。太阳在春分（3月21日前后）和秋分（9月23日前后）在赤道上方行进。在春分和秋分日，昼夜时长相同。不论太阳的路径如何，也不论你的位置在哪里，太阳在正午（太阳在空中最高点，升起和落下过程的中点）时分都会在我们的头顶，位于我们所在位置的正南方或正北方。

（一）用木棍及其阴影来判定方向

在临近日中时，所有物体的影子都向正东方移动，并在当地时间是正午（一天中影子最短的时候）的前后2~3小时内精确在大约10°以内。不论你在何时，身处何方，这条规则都是准确的。但是在白天和晚上，木棍阴影法得出的方位可能会出现非常大的误差。在日中（当地的正午）以前，找一块平地，弄干净地上的一切碎屑和植物，直到只剩下一块直径0.9米的裸露地表。找一根1.2米长的木杆，将两端削尖。使木棍垂直于地面，用力将其下端插进泥土里，让木杆上端的阴影位于你所准备的空地的

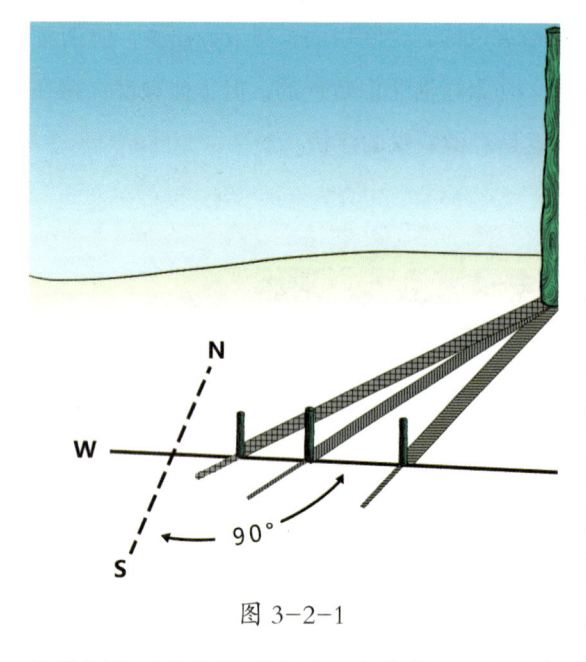

中央。要尽量使木杆和地面垂直。将阴影的最远端用一小段树枝或一块石头做一个记号。每过5分钟都在阴影最新的顶端处做一个记号。看着阴影逐渐变长或变短。当太阳在你所在位置的正北或正南（根据该天的日期以及你所在的半球）时影子最短。将最短阴影点两侧的两个阴影最远端记号用一条直线连接起来。这条线就代表东方。因为太阳从东方升起、西方落下，阴影线上的第一个记号是西方，第二个是东方（图3-2-1）。由于太阳和地球间位置关系不断变化，在热带地区和两极使用木棍阴影法会遇到一定困难。

图 3-2-1

实践体会

依此法测定方向，插杆越高、越细、越垂直于地面，影子移动的距离越长，测出的方向就越准，特别是中午12时前后。

热带地区：在夏至太阳光线直射在北回归线上（北纬23°27'），在冬至日太阳直射在南回归线上（南纬23°27'）。在这两个日期之间，太阳可能在赤道的南面或北面（随季节变化而变化）的南北纬23°27'之间。这其实不是问题，只要记得第一个影子记号是西方，随后影子开始向东移动就可以了。画一条垂直于东西线的直线就能找到北方和南方。

温带地区：木棍阴影法最适合中纬度地区（南北纬23°27'和66°33'之间）使用。在中纬度地区阴影总是从西方移向东方（和太阳总是从东向西的移动相反），并且如果是在当地的正午时分（一天中影子最短时），太阳总是位于北半球的正南方或南半球的正北方。

极地地区：从夏至开始，北纬66°33'以北的地区可能一直看不到日落，而南纬66°33'以南的地区可能一直看不到日出。到了冬至日北纬66°33'以北的地区看不见日出，而南纬66°33'以南的地区则看不到日落。太阳在地平线上的位置持续地存在着（或不存在）让木棍阴影法在南北纬度大于66°33'的地方无法使用。

（二）钟表法定向

有时针和分针的时钟和手表，可用来确定方向，前提是它表示的是确切的当地时间（没有经过夏时制调整，也不是统一的跨时区标准时间）。越远离赤道地区，这种方法会越可靠，因为如果阳光几乎是直射的话，很难精确确认方向。

1. 北半球

在北半球的温带地区（北纬23°24'～北纬66°24'之间），太阳还可以结合手表来判定方位，方法口诀归纳为"时间折半对太阳，12所指是北方"（图3-2-2）。注意：这里的时间是指24小时制的当地时间。

其操作方法为：例如当地下午2点半（14点30分），就用7点15分的刻度指向太阳，则12点刻度指向北方。

2. 南半球

在南半球温带地区使用该方法时与北方相反，方法口诀归纳为"12刻度对太阳，时间折半指南方"（图3-2-3）。

其操作方法为：例如当地下午2点半（14点30分），就用12点的刻度指向太阳，则7点15分的刻度指向南方。

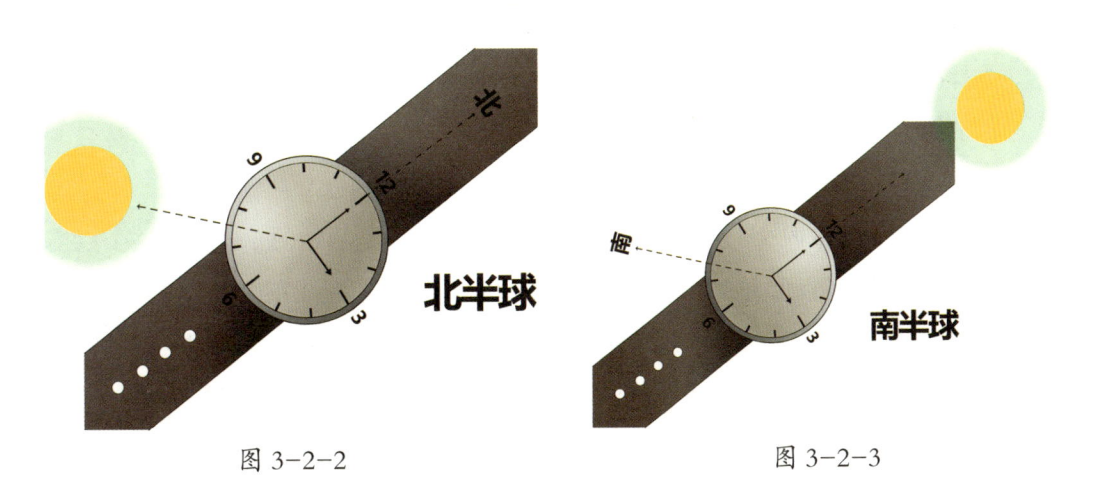

图 3-2-2　　　　　　　　　　　　图 3-2-3

注意事项

依此方法测定方向，要考虑地方时差。应将北京时间换算成地方时间。以东经120°线为准，经度向东每改变15°，将北京时间加一小时，向西每改变15°，则将北京时间减一小时，即为地方时间。如乌鲁木齐的地理坐标是东经87°40'，则（120°—87°）÷15°＝2小时9分钟，将北京时间减去2小时9分钟，就是乌鲁木齐的当地时间。

以上两种方法，夏天在我国台湾地区的嘉义市、广东汕头市东北的南澳岛、广西的梧州市、云南的个旧市的北回归线（北纬23°27'）以南地区不能使用。

3. 当地的正午时间

在当地的正午，太阳到达最高点，如果你在北半球，太阳在你的正南方，如果你在南半球，太阳在你的正北方。当地的正午时间并不一定正好是你手表显示12点的时间，在你手表显示时间为12点时太阳很少是在最高点，有时甚至离最高点还很远。

要确定当地的正午时间，你必须记录下24小时制时钟上太阳升起和落下的确切时间，将两个时间数字相加，然后将总和除以2。日出时间指的是太阳的顶端刚刚出现在地平线上的时间，而日落时间指的是太阳的顶端消失在地平线上的时间。因此要使用这个方法，你必须能毫无遮挡地看见地平线。最后得出的数字就是你当地的正午时间—根据你所在的半球太阳恰好在北方或南方的时间。

（日出时间至日落时间）÷2＝当地的正午时间

举个例子，如果日出时间为07时20分，日落时间为19时30分：

0720+1930=2650÷2=1325

其中，1325（13时25分）即表示为下午1点25分是当地的正午，而这个数据能帮助你判断出一个大致的方位，因为太阳在正午时位于正北或正南方。已知太阳每小时移动15°，你只要利用该主要方位，然后在一天的不同时间里利用太阳调整你的前行方向，就能让你始终朝着正确的方向行走。如果地平线被阴影遮挡了，你可以使用Kamal装置，并得到同样的结果。

4.Kamal 装置

当云层或阴霾遮挡了你的视线时,这个装置能让你自己创造出一个地平线。将一根绳子系在一个平坦的物体上,比如银行卡。在绳子空闲的一端打一个结,在使用这个装置时,你需要将绳子上的结,用牙齿咬住,然后将手臂伸直,因此,结应打在你的手臂伸直时刚好能使绳子紧绷的位置。使用时,用上述方法将平坦的物体直立拿在手中,其底部触碰到地平线。你的日出时间即太阳的顶部刚刚出现在平板上端的时间,而日落时间则是太阳的顶部刚刚消失在平板上端的时间。如果银行卡的高度不够,你可以找一块更大的木板等类似材料。利用记录下的数据来计算当地的正午时间的方法和上文中描述的相同。

二、利用月亮、星座和恒星确定方位和时间(夜间)

(一)利用月亮确定方位和时间

众所周知,月球自身不发光,我们可以观察到的是月球反射的太阳光。当它以 28 天多一点的周期沿地球公转时,由于相对位置不同,从地球上看上去,形状也不同。而我国的农历是根据月球绕地公转周期时间结合农时创立的,它的日期与月相之间有着一定的对应关系。月相指示着方向和农历日期,因此,我们可以根据实地观察到的月相来判定当地的基本方向和大体农历日期(日期为粗略判定)(图 3-2-4)。

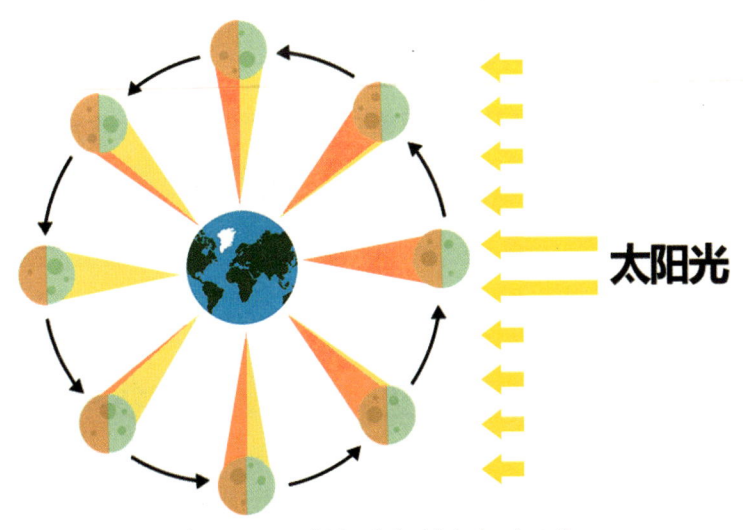

图 3-2-4 根据月相判定大致日期

夜间还可以用月亮判定方向。月亮的起落是有规律的。月亮升起的时间，每天都比前一天晚 48～50 分钟。例如农历十五的 18 时，月亮从东方升起。到了农历的二十，相距 5 天，就迟升约 4 小时，于 22 时于东方天空出现。月亮"圆缺"的月相变化，也是有规律的。农历十五以前，月亮的亮部在右边，十五以后，月亮的亮部在左边。上半个月称为"上弦月"，月中称为"满月"，下半月称为"下弦月"。每个月，月亮都是按上述两个规律升落的。利用月亮测定方位，可参考表 3-1。

此外，还可以根据月亮从东转到西，约需 2 小时，平均每小时约转 15°这一规律，结合当时的月相、观察位置和观测时间，大致判定方向。例如，晚上 22 时，看见夜空的月盘是右半边亮，便可判明是上弦月，太阳落山是 18 时，月亮位于正南；此时，22 时 -18 时 =4 时，即已经过去了 4 小时，月亮在此期间转动了 15°×4 = 60°，因此，将此时月的位置向左（东）偏转 60°即为正南方。见表 3-2。

表 3-1　利用月亮测定方位

方位\时间\月相	18 时	21 时	24 时	3 时	6 时
新月	西				
上弦月	南	西南	西		
满月	东	东南	南	西南	西
下弦月			东	东南	南

表 3-2　结合月相、观察位置和观测时间大致判定方向

方位与升落\时间\月相	月相	新月	上弦月	满月	下弦月	残月	朔
	农历	初四	初八	十五	二十三	二十七	初一
月升时间	东方	9 时	12 时	18 时	0 时	3 时	看不到
月过中天时间	南方	15 时	18 时	24 时	6 时	9 时	
月落时间	西方	21 时	24 时	6 时	12 时	15 时	

> **实践体会**
>
> 上弦月出现在农历上半月的上半夜,月面朝西,位于西半天空;下弦月出现在农历下半月的下半夜,月面朝东,位于东半天空。

(二)利用星座和恒星确定方位和时间

1. 利用星座与北极星的位置关系定向

北半球可以观察的星座比较多,其中北极星几乎正对着北方(属于小熊座中的一颗星,天文学上称为小熊座 α 星,中国古代称它为"勾陈一"或"北辰"),无疑是野外夜间确定方向的最好标志。由于北极星比较暗,所以人们通常借助天穹上比较明显的星座来确定北极星的位置。最能够帮助我们寻找北极星的是北斗七星星座群。北斗七星星座群包括大熊星座(a)、仙后座(b)和猎户座(c),它们围绕北极星(d)转动。其中大熊星座(北斗星座)和仙后座是不同的星座,易于辨认。

(1)利用北斗七星(大熊座)找北极星来定向(图3-2-5)。北斗七星(大熊座)是大熊座的首要特征星座,北斗七星围绕北极星转。大熊星座勺子的前端由两颗星组

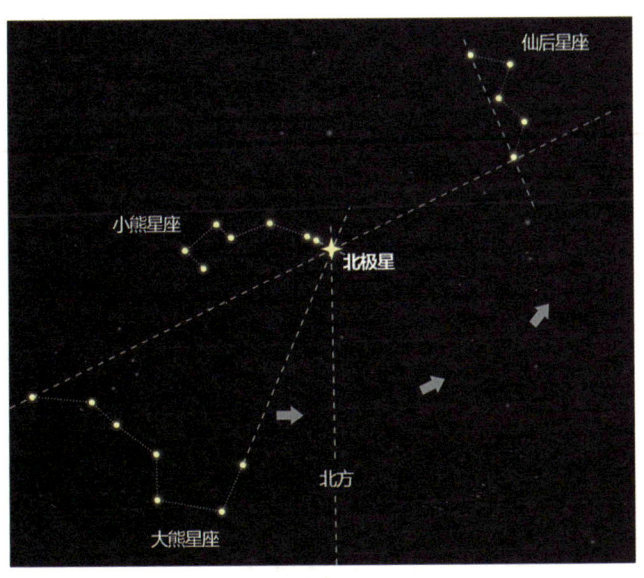

图 3-2-5

图 3-2-6

成，沿着这两颗星组成的线，从这两颗星中较上面一颗向外延伸，距离为这两颗星间距离的 4 倍或 5 倍，就能找到北极星。

（2）利用仙后座找北极星来定向。仙后座由 5 颗与北斗星亮度差不多的星组成，形状像字母 W（图 3-2-6）。它围绕北极星转，位于北极星的另一边，距离几乎与北斗星相同。仙后座与大熊座勺柄间的连线通过北极星。晴朗漆黑的夜空中，仙后座可以被看见躺在银河系里。

在有些季节里，大熊座不容易辨别，找到仙后座后，对于确定北极星的位置会大有帮助。从仙后座最下面的一颗星，画一根线，长度大约是仙后座 W 形的第一颗和最后一颗直线距离的两倍，这样就能找到北极星。

2. 利用猎户座的运动规律来定向

猎户座沿赤道上空升起，南北半球都可见到，因形状似平底锅、购物车，在南半球俗称"平底锅""购物车"星座（图 3-2-7）。

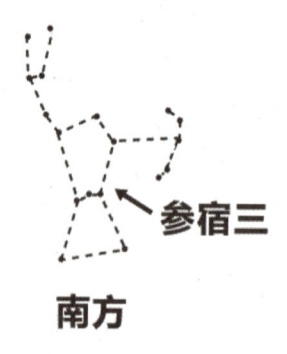

图 3-2-7

不论观察者所处的纬度如何，猎户座几乎沿正南方向升起，沿正北方向落下。参宿三星（Mintaka）几乎正位于赤道上空。三颗亮星组成猎户座的背部，三颗较弱的星组成猎户座的剑。

猎户座由四颗明亮的恒星组成，腰带是三颗并排的小星，通过小星作一假想的横线即为天球赤道，再经小星作一条垂直于天球赤道的线即为南北方向线，猎户座的头部那段指向北，脚部那段则指向南（图3-2-8）。

3. 利用南十字星座判断方向

在南半球，可利用南十字星座判断方向。它由互成十字的恒星组成，其形状比其他十字星座小，它还有两颗恒星，这些特征使它易于辨认（图3-2-9）。通常我们可以沿着银河系寻找南十字星座。先在银河系中间找到一个镶嵌在闪亮的星群之中人们称之为"煤袋"的明显的黑斑，煤袋的一边是南十字星群，另一边是两颗明亮的指极星。找到南十字座后，将其十字交叉线中较长的一条向前延伸约4.5倍长的间距至a点，然后垂直下落，与地面交于b，以点a为起点，通过观察者视a、b两点的射线所指的方向即当地的正南方向（见图3-2-10）。还有两颗和南十字星座相联系的明亮的星星，它们以"指针"之名而闻名，因为它们指向"十字"。如果能在夜空中找到这两颗星，画一条想象的线，二等分指针，注意这条线和十字延伸出的长轴线交汇地方的点——那就是南天极。牢记从那个位置延伸至地平线上的显著标记物，或者在落点附近放置

图3-2-8

图3-2-9

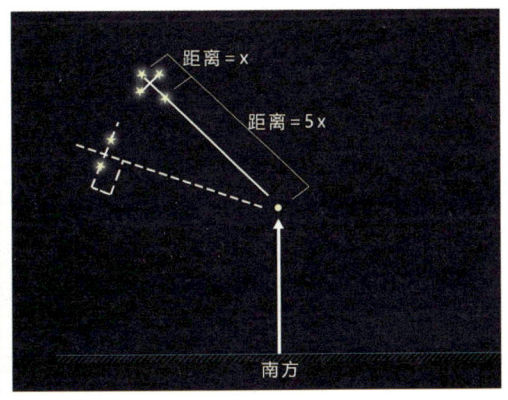

图3-2-10

两根十字交叉的木棍，以便白天能记起方向。

4. 在夜晚使用木棍阴影法

在夜晚，大部分人都通过北极星（北半球）或南十字星座（南半球）和指针星判断方向。但是当你找不到这些星座时，你可以利用其他的星星来判断方向，前提是这些星星远离天极。由于基本上所有的星星都是从东方移动到西方，它们能提供

图 3-2-11

木棍阴影法中所需要的东西线。找一根大约1.5米长的木棍，将其略微倾斜地插在地上。在木棍的上端系一根绳子，长度的要求是在触到地面后还有大段的多余部分。躺在地上你能将绳子拉紧的地方，将绳子放在你的太阳穴旁。移动你的身体，直到拉紧的绳子直接对准那颗你选定的、非天极附近的星星。此时，这根绳子就代表了星星的影子。在绳子触到地面的地方放一块石头作为记号。每过10分钟左右重复上述步骤。和木棍阴影法的技巧类似，第一个记号代表西方，第二个代表东方。垂直于东西线的虚拟线就代表南方和北方。（图 3-2-11）

5. 利用恒星判定时间（地方时）

根据星辰的运动测量时间，最简单的一种方法是从北极星至小熊星座斗凹边底端星引一条想象中的直线，设想此线代表钟表的指针，北极星所在位置为表盘的中心，可以像读12数字的钟表那样测定时间。

除了上述定向方法外，在野外活动实践中，还经常用到地物和生物特征定向法、常年和季节主风向定向法和残雪定向法等确定方向的方法。这是一些辅助性定向的方法，由于自然界中各种尺度的自然因素（如岩性、地质构造、地形、地表水、地下水、土壤类型分布格局和局地小气候等）的影响，辅助性定向方法不如前面方法来得可靠，在实际应用时，需要互相印证，才能得到正确的结论。

> **实践体会**
>
> 在平时夜空清朗时结合钟表时间经常观察星空，记住常用星的位置，在使用时就轻车熟路了。星星随时都在移动，可每隔十分钟检查一次。

三、利用建筑、地物和生物特征定向

由于地貌部位、小气候条件的差异，常使得野外的一些地物和植物的生长特征成为我们判断方向的良好标志，增加这方面的知识可以帮助人员快速地辨别方向。要特别注意的是，在利用自然界特征判定方位时，应对具体情况作具体分析，千万不要生搬硬套。在辨别方向时，务必注意多种方法综合运用，互相补充、验证。我国地域辽阔，各地区自然条件差异较大，在掌握共同规律的基础上，还要注意各地区的特殊规律，这样才能得出正确的判断。

（一）借助建筑和地物特征定向

1. 居住房屋：一般门向南开，我国北方尤其如此。
2. 庙宇、宝塔：通常也是向南开门，尤其庙宇群中的主体建筑。
3. 突出地物：向北一侧基部较潮湿并可能生长低矮的苔藓植物。

（二）使用植物生长特征定向

常言道："万物生长靠太阳。"太阳的热量在自然界形成了许多间接判定方向的特征。掌握这些特征之后，即使在没有太阳的阴天仍可以依此判定方向。

1. 靠近树墩、树干及大石块南面的草生长得高而茂盛，秋天南面的草也枯萎干黄得较快。
2. 树皮一般南面比较光洁，北面则较为粗糙（树皮上有许多裂纹和高低不平的疙瘩）。这种现象以白桦树最为明显。白桦树南面的树皮较之北面的颜色淡，而且富有弹性。
3. 夏天松柏及杉树的树干上流出胶脂，南面的比北面多，而且结块大。松树干上

覆盖着的次生树皮，北面的较南面形成得早，向上发展较高，雨后树皮膨胀发黑时，这种现象较为突出。

4. 秋季果树朝南的一面枝叶茂密结果多，以苹果、红枣、山楂、荔枝和柑橘等最为明显。果实在成熟时，朝南的一面先染色。

5. 树下和灌木附近的蚂蚁窝总是在树或灌木的南侧。

6. 长在石头上的青苔性喜潮湿，不耐阳光，因而青苔通常生长在石头的北面。

7. 草原上的蒙古菊和野莴苣的叶子都是南北方向。

8. 我国北方的山岳、丘陵地带，茂密的乔木林多生长在阴坡，而灌木林多生长在阳坡。这是由于阴坡土壤的水分蒸发慢，水土保持好，所以植被恢复比阳坡快，容易形成森林。另就树木的习性来讲，冷杉、云杉等在北坡生长得好，而马尾松、华山松、桦树、杨树等就多生长于南坡。北方的许多树木树干的断面可见清晰的年轮，向南一侧的年轮较为稀疏，向北一侧则年轮较紧密。

另外，孤立树常具有较好的指向性，但由于多环境因素的综合影响因素的差异，在野外实际观测中，并非枝叶茂密的一面是指向南方，树干横断面年轮密者也并不一定指向北方，实践表明，不同高度的树干横切面的年轮疏密方向是有变化的。

四、利用目的地常年风向和主风向定向

在掌握目的地常年风向和季节主风向资料的条件下，可以根据旅游地的风向来大致确定该地的方向。

在自然界中，风也能帮助我们判断方向。如木制的柱架，其迎风面颜色深黑容易腐坏，而悬崖及石头应迎风面较为光滑。但必须熟悉当地的盛行风向，这在沙漠地区尤为重要。

风是塑造沙漠地表形态的重要因素，在单风向地区一般以新月形沙丘及沙丘链为主。沙丘和沙垄的迎风面，坡度较缓。我国西北地区，由于盛行西北风，沙丘一般形成西北向东南走向。沙丘西北面坡度小，沙质较硬，东南面坡度大，沙质松软。在西北风的作用下，沙漠地区的植物，如酥油草、红柳、梭梭柴、骆驼刺等都向东南方向倾斜。蒙古包的门通常也朝向背风的东南方向。冬季在枯草附近往往形成许多小雪垄、沙垄，其头部大尾部小，头部所指的方向就是西北方向。

以上所述是沙漠地区的一般特点，风向还因地区和季节的不同而异。因此根据风

向特征判定方向，平时应参阅必要地志数据，了解当地四季盛行风向，以便得出正确的判断。还需注意，在具有多种风向而风力又大致相似的地区，会出现金字塔形沙丘，在此地区判定方向较为复杂，应参考日月和星辰综合判别。

五、利用残雪判断方向

一般来说，在雪山分布区，无论气温有多低，向阳坡的雪通常都比阴坡的雪要硬。春季积雪先融化的一面朝南方，后融化的一面朝北方。坑穴和凹地则背面向阳融雪较早。北方冻土地带的河流，多为北岸平缓南岸陡立。

实践体会

在冰川上，岩石往往向南方倾倒。岩石阴影下的冰很难融化，这使得岩石被留置在一根根的冰柱上。当来自南方的阳光将冰柱融化时，岩石往往会朝南方滚落。如果一整群的石头朝同一方向跌落的话，则此方必定是南方。

六、利用地貌形态和地势走向特征定方位

地理学理论研究和野外活动的实践都表明，地域分异是地球表面最基本的特征之一，不同的地区各有不同，有的地区甚至拥有截然不同的自然环境和人文环境特点，它不仅反映在地理环境的组成要素（如岩石、地质构造、地貌、地表水和地下水、土壤、植被、动物种群、气象气候等）方面，还反映在地区自然综合体和人文综合体的总体特征方面。认识、理解和掌握它们对于野外人员来说，大有裨益。其中，认识地貌的地域差异对于定向最有意义。因为在野外，由于区域自然环境的不同，有些地区白天可以不见太阳，夜里也可以看不到星辰和月亮。由于局地小气候、地表水和地下水的影响，植物和动物根本不具有指向性，朝南面反而阴湿分布着喜阴生物，向北面因为地形原因通风良好，喜阳植物繁茂。风向更是因为地形复杂，而千变万化。

这时，借助区域地势走向和区域中小尺度的地貌形态特征来判定方向，就具有重要意义了。在你身处地图、定向定位仪器尽失，昼不见天日，夜不见星辰，依靠生物

和风向都不能定向的荒野地区，又迷失了方向的时候，它可以帮助你判定大体的方位，确定行进的合理路线，从而信心大增，神静气定地走出困境，也许可以救你一命。

具体的做法是，在进入目标区域前，认真仔细地研究该地区的地形图，记住不同尺度范围内突出地形的形态特征和它们之间的通视性情况、相对位置等信息，在头脑中形成一个立体的影像地图，在碰到上述困境时，将你看到的地形大势和地貌形态特征与你头脑里的影像地图对照，作出正确判断，拟定合理路径。

实践体会

在山地中，走到高处，可以让我们了解这一带的地形，注意一些显著的地标，如河流和山脊，它们是大地的重要"纹理"，可以帮助我们确定自己的方位。

第三节 各种地形行进基本方法

野外行进，不论在高山还是河谷，不论是在山地平原还是湿涝沼泽，稍不注意，就有可能丧命。在面对险峻的山地、浓密的丛林、泥泞的沼泽、干燥的荒漠等地形实施行进时，要结合各种地形的特点，注意掌握相应的通过要领。

一、山地行进要领

山地行进不要过高估计自己的体力，疲劳时就应适时休息。正确的方法是大步走一段，再放松缓步慢行一段，或停下来休息一会，调整呼吸。站着休息时，不要卸掉背包，可以在背包下支撑一根木棍，以减轻身体负重。若天气冷，不要坐在石头上休息，石头会迅速将身体的热量吸走。

（一）有路不翻山，有路不穿林，走梁不走沟，走纵不走横

在山地行进，为避免迷失方向，节省体力，提高行进速度，应力求有道路不穿林

翻山，有大路不走小路。如没有道路，可选择在纵向的山梁、山脊、山腰、河流小溪边缘，以及树高、林稀、空隙大、草丛低疏的地形上行进。一般不要走纵深大的深沟峡谷和草丛繁茂、藤竹交织的地方，力求走梁不走沟，走纵不走横。

（二）精力集中，避免受伤，步幅适当，节省体力

行进应遵循大步走原则，在山地行进也是如此。适当将步幅加大，三步并作两步走，几十千米下来，就可以少迈许多步，节省许多体力。俗话说："不怕慢就怕站"，当疲劳时，应用放松的慢行来休息，而不要停下来，站立一分钟，慢行就可以走出几十米。

精力集中，全神贯注，这是最基本的要求。走路时东张西望，漫不经心，可能会撞到别人，不仅会伤到他人或者伤到自己，还有可能造成不必要的意外。此外，行进时慌慌张张，嬉笑打闹，还会让自己消耗过多的体力，很快进入疲惫状态，同时也会干扰、影响旁边人的心态和状态。

（三）因地制宜，随机应变

草坡和碎石坡是山间分布最广泛的一种地形。在海拔3000米以下的山地，除了悬崖峭壁，大多是草坡和碎石坡。

攀登30度以下的山坡，可沿直线上升或下降。身体稍向前倾，全脚掌着地，两膝弯曲，两脚呈外八字形，迈步不要过大过快。当坡度大于30度时，因为两脚踝关节不好伸展，容易疲劳，所以沿直线攀登相对困难些；坡度大，碎石易滚动，攀爬者也容易滑倒。因此一般均采取"之"字形上升法，即按照"之"形路线横上斜进。攀登时，腿微曲，上体前倾，内侧脚尖向前，全脚掌着地，外侧脚尖稍向外撇。通过草坡时，注意不要乱抓树木和攀引草蔓，以免拔断导致人摔倒。在碎石坡上行进，要特别注意脚要踏实，抬脚要轻，以免碎石滚动。

在行进中不小心滑倒时，应立即面向山坡，张开两臂，伸直两腿（脚尖翘起），使身体重心尽量前移，以降低滑行速度。这样，就可设法在滑行中寻找攀引和支撑物。千万不要面朝外坐，因为那样不但会滑得更快而且在较陡的斜坡上还容易翻滚。

雨季在山地行进，应尽量避开低洼地，如沟谷、河溪，以防山洪和塌方。如遇雷雨，应立即到附近的低洼地或稠密的灌木丛去，不要躲在高大的树下。大树常常引来

落地雷，使人遭到雷击。避雷雨时，应把金属物品暂时存放到一个容易寻找的地方，不要带在身上，也可以寻找地势低的地方卧倒。

在山地如遇风雪、浓雾、强风等恶劣天气，应停止行进，躲避在山崖下或山洞里，待气候好转时再走。

（四）仔细确定攀登方向，慎重选择攀爬路线

山地行进，经常会遇到各种岩石坡和陡坡。因此，攀登岩石是登山的主要技能。在攀登岩石之前，应对岩石进行细致地观察，慎重地识别岩石的质地和风化程度，然后确定攀登的方向和通过的路线，使用有效的攀岩方法。具体来说，一般选择岩石质地较坚硬，风化程度不高，有一定的裂隙（缝），手脚有着力点，易于攀爬的路线作为攀爬通过的线路，这样既安全又可提高攀爬速度。

其实，在户外越野中大多数情况下是攀缘而不是攀岩。这里之所以用"攀缘"而不用"攀岩"，是因为在野外活动的人们并不都是专业攀岩者，也不会随身携带大量专业的攀岩装备。他们或许仅带了简单的绳索和扣环，也许什么也没带。但当遇上塌方所形成的深沟或陡坡，为了求生，当事者必须用最简单的装备或临时制作工具，甚至徒手攀爬闯过险境，故称为攀缘。如果我们能掌握攀岩最基本的方法和技巧，并学会简易攀岩保护装置的制作和使用，那无疑对遇险者成功攀爬大有裨益。

（五）尽快横越塌方和泥石流

1.坡度较陡的峡谷密林塌方区的穿越方法。在我国西藏和云南大山峡谷地区，地质活动频繁，山体处于活动状态。每逢下雨，就有些地方出现大面积的塌方滑坡和泥石流。峡谷中的大型塌方既陡峭又会造成路头的消失，并形成路面的落差，人员必须先下崖再横穿塌方或泥石流，然后再上陡崖去寻找原有的路头。下崖可通过双绳索套在树干或岩石上，沿陡壁下降，下降后将绳索抽回。横穿塌方时必须先观察塌方是否稳定，其上部是否有岩石滑坠的可能，确认后还必须判断塌方对面的路头大概的方位。因为在原始丛林中，即使攀上塌方的崖顶但没找到路头，稠密的丛林也会让你寸步难行，消耗极大的体力。在作出以上判断后，确定横越路线。有些塌方宽到百米以至几百米，没有足够的绳索进行保护。在这种情况下一般只能用随身携带的防身匕首和短刀做保护固定，最好有两把短刀。先确定脚的一个支撑点，再用一把短刀固定上面一

个点，要把短刀插到石缝里并且固定后，再移动下面另一只脚确定另一个支撑点，三点固定后，上部用刀再找到前方一个固定点，插入固定。依次循环，按攀岩的"四点三固定"的方法循序渐进。行进中要保持冷静，对具体的着力点要有正确的估计和判断。横穿过塌方后，遇到的就是陡壁，如果没有现成的路上去，那只有借助绳索。将绳索一端绑上一块长条形石块，然后往崖顶有树枝处投甩，直至上面固定为止，然后通过绳索往上攀爬。

如果崖壁较高，只有分段进行。在没有绳索的情况下，仍然使用短刀做固定，并挖出着脚点，一步一步上升。如果无法判定崖上路头的方位，那么就高处不就低处。因为高处视线好，既容易发现目标，若往下走也相对要轻松些。

2. 泥石流塌方区的穿越方法。如果是泥石流，就要看其宽窄和活动程度。对于宽度较窄的泥石流并基本处于停止状态的话，可进行穿越，但必须把鞋、裤扎紧扎牢以免鞋子陷入泥石中，使脚被碎石划伤。如遇仍然有轻微下滑的泥石流，我们又必须尽快穿越的话，那最好有绳索做保护，并从可穿越的线路上方开始穿越。在穿越过程中，人会随泥石流有轻微的下滑。速度要快，坡度陡的话要借助上肢顺坡爬行，要确保到达对岸前不要滑到绝壁下面，以免出现生命危险。

二、热带丛林行进要领

这里所述的热带丛林地应作宽泛的理解，它指南北纬 23 度 27 分之间的植被地域类型，包括雨林地、半常绿季节性森林地、热带灌木旱生林地以及热带稀树干草原。热带丛林地区自然环境复杂，通行困难，危机四伏。在这些地区自行进必须具备一定的知识和技能，才能将风险降到最低，下面介绍热带丛林地区行进要领。

（一）了解热带丛林，有备而行

世界上的热带丛林类型多种多样，各具特点，要尽量多地学习一些有关它们的知识，特别是你所要前往的热带丛林的各种知识，认清其特征（尤其是生物、气候特征、地形、饮水和食物来源等方面），这对于丛林避险、求生，顺利完成热带丛林行进，大有益处。所以要有备而行。

1. 热带雨林的特征

在热带雨林，你很少看到一片地方只有一种植物或者几种植物，通常植物的分布是很散乱的，因此当你发现某种植物的部分是可食的之后，你需要搜寻相同的植物。雨林最基本的面貌是单调，因为巨大的、醒目的彩色花朵不常见。大多数乔木和灌木的花朵都很不起眼，通常是绿色的或白色的。热带雨林主要特点如下：

（1）年降雨量很高，可达 254 厘米或更多，并且一年内降雨时间分布均匀。

（2）有五层植物空间。

（3）大多数树木是常绿的，而且大多很粗，直径 3 米，枝叶茂盛。

（4）树干通常很细，绿色的，很光滑，一般没有裂纹。

（5）有大量的蔓生植物和气生植物。

（6）在下层植物中鲜有草本植物、禾本植物以及灌木。

（7）在生长良好的热带雨林，植物的树叶通常极度相似。

乔木是热带雨林里的主要植物，最高的乔木平均高度可达 46～55 米，偶尔可能还会看到 90 米高的参天大树。树干通常笔直而纤细，树枝通常都长在树木顶端附近。大多数树木都有凸缘似的侧枝。大多成熟的热带树木都有很大的、皮革似的深绿色树叶，无论是形状、大小还是纹理组织都与月桂树的树叶相似。

其他植物主要是木本植物，其形状、高度都跟乔本植物差不多，包括蔓生植物和气生植物。蔓生植物和气生植物生长在其他乔本树木的树干上、树枝上。还包括竹子，竹子是巨大的禾本植物。在有些地区，竹子可以长到 6～24 米高，形成无法穿越的植丛。

雨林里有许多攀缘植物，多数具有粗粗的、长长的木质茎干，有些紧紧地附着在支撑它们的树上，而大多数则爬到树木冠层，像缆绳一样，或者悬挂在树上。

下层丛林包括木本植物——秧苗和树苗，灌木以及幼嫩的木本攀缘植物。在原始雨林中，下层丛林通常比较稀疏，你可以朝任何方向自由行走。但是在河边丛林或者林中空旷的地方，大量阳光照射到地面，植物非常茂密，通常是无法穿越的。

热带雨林地区全年都是类似仲夏的天气，植物在一年里也都差不多，但还是会有某个阶段比之其他阶段有更多的植物开花，更多的嫩叶发芽。不过最重要的是，植物生长和再生长在持续不断地进行，有些花朵在任何时候都可以看到。

2. 热带半常绿季节性森林的特征

（1）有两个树层，上层树木平均高度为 18～24 米，下层树木平均高度为 6~14 米。

（2）树木直径平均为 0.6 米。

（3）有树叶凋零的干旱季节。除了缺少西谷椰树、聂帕棕榈树、可可椰子树等，这个地区生长的可食植物和热带地区一样。

3. 热带灌木林的特征

（1）旱季和雨季界限明显，两个季节的长短会随着年份变化。降雨多数为电闪雷鸣的倾盆大雨。

（2）在旱季，树叶都落了，光秃秃的。树木的平均高度为6～9米。有些地方的下层丛林纠缠着长在一起。

（3）地面上除了长有一些束状丛生植物外，几乎是光秃秃的。极少见到禾本科植物。

（4）大多数植物都长有刺。

（5）每隔一段时间就会发生火灾。

4. 热带稀树大草原的特征

（1）它们只位于南美和非洲的热带地区。

（2）它们看上去像广阔、繁茂的牧场，中间长着一些树木。

（3）禾本科植物呈束状生长，经常超过两米高，一束草与另一束草之间的界限非常清晰。

（4）零星分布的树木通常矮小、粗糙，很像苹果树。

（5）土壤通常是红色的。

南美洲的稀树大草原通常有一个很长的旱季，相对地，雨季就很短。在这些大草原上，长着高高矮矮的禾本科植物，雨季来临时，草丛间点缀着鲜艳的各色花朵。这些禾本科植物所结的谷粒，以及雨季生长的季节性植物的地下部分是该地区主要的植物类食物来源。

非洲有两类稀树大草原：高草类和束草类。

高草类大草原分布在热带雨林周围地区，里面生长着粗糙的1.5米至4.5米高的禾本植物。除非当地居民在旱季烧掉这些草，否则草原几乎是无法穿越的。

非洲稀树大草原大部分都是属于束草类大草原，草的平均高度为0.9米。大草原上既长有矮小的树，也有大树，最大的树是猴面包树。

（二）选择合理行进线路，行进中时刻明确自己的方向和位置

1. 在热带雨林丛行进或寻找出路时，应寻找最安全、阻碍最小的路线。在选择路

线时，人员的处境、天气情况、地形是你需要考虑的主要因素。在行进中，必须时刻注意自己的行进方向和所在位置。

2. 丛林行进阻碍最少的路线常常是水路。如果可能，要尽量避免越野穿行。找一条溪流，沿着溪流往下游走，走到较大的水域时，扎营，准备信号，等待搜寻飞机。如果一个星期之内还没有和救援队取得联系，应继续沿着溪流朝下游走，重新扎营。

3. 沿着溪流行进可能需要涉水、绕路、穿过稠密的植物等。在山地，溪流可能会弯弯曲曲，植物可能非常浓密，可供观察的地点很少，而沼泽湿地也很常见。然而，即使在陌生的野外，沿着溪流行进还是有一些优势：它提供了一条明确的路线，这条路线很可能会通向人的居住地；能提供水和食物，还可以乘小船或木筏在溪流上行进。

4. 如果在山脊附近，在山脊上行进比在山谷里行进要容易得多。比起山谷，山脊上较少有植物、溪流和沼泽需要穿过。山脊还可以带路，可以给人员提供观察地点，可以找出路标。另外，山脊上通常会有野兽的足迹。

5. 要计划好每天的行程，要留下足够的时间和精力去搭建一个安全的、舒适的营地。在继续行进前，要确保自己已经获得了充分的休息和睡眠。

6. 在决定出发前，要查看一下天气情况。从云层结构可以预测天气。

7. 除非万不得已，决不在夜晚穿越丛林。避开密集的灌木丛和沼泽地行进。朝一个方向前进，但是并非直线前进。在丛林里行进，植物障碍很多，需要协调身体各个部位来避开植物：侧一下肩膀、挪一下臀部、弯一下腰等。根据植物的类型和浓密程度调整你的步幅和速度。

8. 在穿过密集的植物时，动作要慢、要稳，不过还需要不时停下来聆听周围的动静，辨明方位。声音在丛林里可以传得很远，这样做很有意义，有时可以帮助你判断方位和规避危险。

9. 用一根树枝或棍棒来分开植物，免得身体触碰火蚁。

10. 在试图抓住树枝或藤条来爬坡或越过障碍之前，一定要看清楚它们是否长有刺人的荆棘或尖利的刺，能否支撑你的重量。

11. 遇到木头和倒树时，如果可以绕过去，就不要翻过去。这样既节省体力，又减少了受伤的可能性。

12. 不管面前是什么样的树木和灌木，不要把目光盯在最近的眼前。不要只看着丛林，要看穿丛林。应间或弯腰看看地面。通过培养"丛林之眼"，可以避免刮伤、擦伤、迷失方向。而且你还会获得自信。

13. 许多丛林动物会沿着野兽踩出的道路活动。这些路可能会蜿蜒迂回，但是它们经常通向水源或开阔地。上路行进之前，检查一下可能会伤害你的动物情况。对于土著而言，他们很容易观察到路面并在路面布置埋伏，因此，在无法判断土著对外来者态度的情况下，应该尽量避开这种道路，除非实在没有其他路可走。

14. 如果沿着道路行进，一定要经常检查方位，确保道路通向所要到的地方。小心那些被动过的地方，那里很可能是一个陷阱或圈套。如果路上有很明显的障碍，如一根绳子或一块草垫子，它很可能通向一个捕捉动物的陷阱。

> **实践体会**
>
> 1. 在丛林中行进，利可用藤蔓，抓住它的一头，把藤蔓绕几个圈，打个结固定。向前走，每隔一分钟回头，看看身后藤蔓是否保持一条直线。
>
> 2. 注意控制体温，一切行动尽量维持稳定步调，并乘着白天温度很高的时候休息。要注意手脚，避免引起水疱或是疼痛溃烂。

（三）采取正确方法，防止危险生物侵袭

1. 热带丛林生物种类繁多，人员徒步在热带丛林地中行进，要面对的主要挑战之一，就是生物侵袭。为防止蚊虫、蜱虫、蚂蟥、毒蛇的叮咬，你应穿靴子，并要扎紧裤腿和袖口，最好将裤腿塞进靴子里面，有条件还应戴手套。在鞋面上涂驱避剂或肥皂，可防止蚂蟥上爬。为了防止毒蛇的袭击，行进中可用木棍"打草惊蛇"，同时，亦应注意树上有无毒蛇。休息时，要仔细查看后再坐。

2. 遇到成群的毒蜂，切勿惊慌，应就地蹲下，用雨衣遮住皮肤暴露部位，也可燃烟驱赶，或跳入水中，也可以举起双手，沉住气，一动不动，以伪装成一棵树等方式来避免毒蜂的袭击。

（四）根据具体情况，使用适当方式方法疏通行进线路上的障碍

1. 热带丛林中藤蔓竹草交织，常使人无法通行，须经常使用砍刀开路行进。横竹

挡道，应"两刀三段，拿掉中间"；对直竹，"一刀两断，拨开就算"。竹竿都长有刺，较硬，砍时用力要均匀干脆，力求一刀一棵，留竹桩高二三十厘米为宜，过低戳脚，高了戳腿、裆。对于密集、枝干细、弹力强、刀下竹倒、刀起竹立的竹子，应采取分、压、拨、钻的方法通过。

2. 茅草丛地，草深而密，其间还有不少刺棵，面积大，砍伐不便，通行困难。用砍刀开路的方法是："不过头，两边分，从中走；不见天，砍个洞，往里钻。"藤、草要砍根部，然后用刀或手将藤、草向两边分开压倒。所用的刀最好是弯刀（也可用镰刀或少数民族的长刀），刀把要长。开路要点是："刀磨快，把握好，三砍两拨就成道"。在丛林中行进时，最好踩着野兽踩出的路走，这样可以避免进入毒虫区或陷入沼泽地。

实践体会

训练中，队员可轮流用砍刀开路，平时要注意练习刀的使用技巧，错误的动作费时费力。

三、湿涝地行进要领

野外行进，不论是在高地还是在低地，不论是在山地的山顶、山坡，还是在平原大河流和湖边沿岸，都有可能碰上危险的湿涝地和沼泽地，不小心掉进去，就有可能丧命。在湿涝地和沼泽地分布区行走时，要注意掌握以下要领。

（一）谨慎迈步，避开泥泽

在泥沼分布区行进时，步行中，准确判断泥沼的具体位置十分重要，否则就有可能陷入其中，产生危险。沼泽泥潭一般分布在潮湿松软泥泞的荒野地带。看见寸草不生的黑色平地，要特别小心。同时，应留意青色的泥炭藓沼泽。有时，水苔藓满布泥沼表面像地毯一样，这是最危险的陷阱。如不得已，非要走过满布泥潭的地方不可，应沿着有树木生长的高地走，或踩在石楠草丛上走，因为树木和石楠都长在硬地上。另外，走兽类踏出的兽道也是一种通过泥沼的方法。如不能确定走哪条路，可向前投下几块大石头，待石头落定后可确定是否可以落脚。

> **实践体会**
>
> 1. 行进时带上一根木棍,一来防身自卫,二来用它开路。
> 2. 在沼泽地,不要在河边的同一个地方喝两次水,鳄鱼第一次会观察你,第二次会发起攻击。
> 3. 在水里待了几个小时,我们必须想办法保持干燥,尤其是双脚,不然会得战壕足,那会让皮肤发生皱缩,然后脱落下来,万一受到感染,就无法行进。

(二)学会自救

如果不幸陷入湿涝地或沼泽中,不要惊慌挣扎,应立即让身体后仰,轻轻躺下,尽量扩大身体与泥沼的接触面积,以分散身体重量。然后,轻轻拨动双脚,用仰泳姿势慢慢游向硬地而获得自救。在移动身体时要遵循轻和缓的原则,每一个动作,都应让淤泥有时间流到四肢底下,如果期间感到疲劳,可以伸展四肢,躺着不动休息。如果身体附近有树根和草丛,可借助它们移动身体。如果距离硬地很近,可以通过滚动身体的方式脱离泥泽。如是解救同伴,应用长绳或长杆的一端伸给同伴,将同伴慢慢拉出困境。如果没有工具,可用树枝等垫在身体下面,匍匐前进,用木板、树枝铺在遇难者身边,将其拖到较坚实的地面。

四、荒漠分布区行进要领

荒漠是指气候干燥、降水稀少、蒸发量大、植被贫乏湿润指数在 0.20 以下的地带性综合体,这里植被非常稀少和几乎没有良好土壤发育,土地十分贫瘠。其日气温差很大,风力作用强烈。按地貌形态和地表组成物质不同荒漠分为石漠和岩漠(也称石质荒漠)、砾漠和戈壁(也称砾质荒漠)、沙漠(也称沙质荒漠)、泥漠(也称黏膜、泥质或黏质荒漠)、盐漠(也称盐质荒漠);按生物气候带或生态系统划分,为草原化荒漠(干燥度 4~8)典型荒漠(干燥度 8~16)干旱荒漠(干燥度 16~32)和极端干旱荒漠(干燥度 ≥ 32,也有的把此类归入干旱荒漠)几类。荒漠还可以按气候、植被、土壤、地理位置和成因等划分成不同类型。

此外，高海拔（高山寒冷地区）和高纬度极地和亚极地带雪缘地带，由于生理性干旱，植物稀少形成的荒漠称为寒漠（也称冷漠、冻漠、冰漠）也归属于荒漠的特殊类型。

（一）认识荒漠，备足所需

世界上的荒漠类型多种多样，在穿越前了解荒漠的一般知识，尽可能地收集和熟悉拟前往的荒漠的类型特征，有备而行是必不可少的。

荒漠尽管有各种不同类型，但是荒漠分布区都有一些我们必须认真对待的问题：一是白天日照强烈，温度很高（可烤熟鸡蛋），夜晚温度在零度以下，昼夜温差大（可达50℃）；二是风力强，风沙大，最大风力可达到10~12级。三是动植物非常稀少，水源难寻。因此，在荒漠分布区行进之前，应做好防晒、白天抗高温，夜晚保暖的准备，带足水和食物，准备交通工具（如汽车等），如果没有的话，至少要有骆驼数匹相随，它们不仅是运载工具，可以帮你抵御风沙侵袭，带你到有植物和水之处，万般无奈的情况下，也是补充水分和食物的来源，是荒漠分布区长途行军的必备之物。不同的荒漠类型各具特点，对我们有一定参考价值。

1. 石漠和岩漠

岩漠是指干旱的地区，岩石长期裸露、遭受风化而形成的，其地表组成物质，即岩石表面上的小岩砾、沙粒和尘土被风和暴雨完全搬走，结果留下裸露的岩石表面的地貌。

如果风只是把这个区域的一些较细的石子和沙粒吹走，而将一些粗大风化岩块（大如拳头和鸡蛋的岩石块）留下来并露出平缓的基岩，则称之为石漠。

在不需严格区分的情况下，也可把上述两者统称为岩漠或石质荒漠。

在石质荒漠分布区，常见有蘑菇石、风蚀坑、风蚀洞、风蚀残丘等小型风蚀地貌。这种地方，基本没有植物生长，水源无寻，所以，前往这种地方，必须尽量带全所需物资，除非有外界的中继补给，别做其他的补给指望。

2. 戈壁（也称砾漠或砾质荒漠）

砾质荒漠通常被称为砾漠，其地表物质成分主要是砾石并夹有沙土，分布在石漠与沙漠之间，多出现于山麓倾斜平原地带，有风化剥蚀、山下坡积、冲积和洪积几种形成方式，由于水分条件较好，砾漠中有稀少的植物生长。地学界也有将石漠和砾漠统称为戈壁的。在北非的阿尔及利亚、苏联、蒙古和我国内陆盆地边缘及内蒙古高原上均有戈壁分布。

3. 沙漠（也称沙质荒漠）和沙地

沙漠是沙质荒漠的简称，是地球上以风成沙物质和沙丘覆盖地表的特定区域，即只分布于干旱和极干旱地区的荒漠领域。而沙地则指的是在半湿润、半干旱地区，由于受自然及人为因素的综合影响和干扰，形成类似沙漠的地貌类型。一般来说，沙地分布区水分条件较沙漠分布区好些，找水相对容易些，生存容易些。

沙漠（沙地）里常分布着流动、半固定和固定的沙丘（沙地），它们的植被覆盖率分别为小于10%、10%~29%和30%以上，其行进条件也随之改善。沙漠常出现在岩漠和砾漠的沿线方向上。沙漠常分布在砾漠外围或覆盖于砾漠之上。呈现出岩漠——砾漠——沙漠的分带性。我国沙漠主要分布在东经75~125度，北纬35~50度之间的新疆、青海、甘肃等省境，面积近64万平方公里。

> **实践体会**
>
> 沙漠行进着装，头上戴头巾，衣着最好是先穿一件质地轻便的黑色衣服，外面再套一层质地轻便的白色衣服。

4. 泥漠或粘漠（也称泥质或黏质荒漠）和盐漠（也称盐质荒漠）

泥漠是一种富含盐碱的泥质地面，常出现在荒漠内的低洼地带或闭塞盆地中心，一些暂时性流水带来的泥质沉积（如季节性湖沼或暴雨冲积物），干旱常形成干裂现象。同时，强烈的蒸发使盐碱物质结晶分布于地面，形成富含盐碱物质、植被稀少的泥漠。若地面全是盐碱，则称为盐漠。

5. 寒漠（也称冷漠、冻漠、冰漠）

寒漠分布区的主要特点是：

（1）高纬度或高海拔，一般在雪缘地带，或是在极地和亚极地带；

（2）外动力地质作用以寒冻风化为主，地面基岩裸露，气候为寒带干旱气候，土被不连片，植被稀疏，只有一些冷生壳状地衣长在岩石或石砾的背风面，高等植物极少。如果在山地高原区，一般山势比较陡峻，基岩裸露，活动性岩屑遍布。在这种地区自助行进，防寒是重要内容之一。

（二）夜行昼宿，用慢行法行进，避开烈日高温和恶劣天气

由于荒漠里地表组成物质的热容量小，所以，荒漠分布区白天常常阳光普照，晴空万里，日照非常强烈，环境温度很高，地面温度甚至高到可以烤熟鸡蛋，而夜晚则常常是皓月当空，碧空如洗，环境温度可以降到冰点以下，昼夜温差极大，所以在荒漠分布区行进，一般情况下，都应该采用夜晚清晨行进而白天宿营的行进策略，避开全天中的高温时段。使用每小时休息约10分钟的走法行进，尽量避免走谷地和沙丘，以节省体力，为了减少身体水分蒸发和避免晒伤，应穿白色或浅色服装，用毛巾、衣服遮盖头部，尽量不要让皮肤暴露在外，戴上墨镜保护眼睛。

> **实践体会**
>
> 1. 把水含在嘴里，这样就能保持嘴唇和喉咙湿润，通过鼻子呼吸，不要张嘴。
> 2. 若没有太阳镜，可将橡皮膏贴在眼镜前部，留下一条窄缝，限制进入眼睛的光线数量；也可将木炭在面部和眼睛下摩擦以减少眩光。

（三）注意间隔定方位，防止迷向

在荒漠分布区行进时，应当间隔一定距离，核对一下自己的方位，荒漠区周围环境很相似，稍不注意，很容易迷向和迷路。特别是在流动沙丘广泛分布的区域，地表随时都在改变自己的形态，常常是一阵大风以后，周围的地表形态已彻底改变。所以，你需要经常使用地图和罗盘等导航工具确定自己的方位。你可以在前进方向处预先选定一个固定目标，例如孤立岩石、树木或小山等为自己指向，但仍然不可掉以轻心，也许在一场沙暴过后周围环境完全变样，预定目标可能会踪影全无。这时要相信你手上的地图和导航工具，测定出你的方位，不要为沙漠假象（如海市蜃楼）所迷惑。在

地图和定（向）位仪器丢失的情况下，可用日月星辰定向，视情况可选择公路、小路、水源或者有人烟的地方，尽量沿早先商队或游牧部落留下的道路和痕迹行走，沿古河道下游走，借助骆驼和植物找水，借助废弃建筑物宿营和找水，凭着坚强的意志和积极心态，使用正确方法，你就可以在荒漠中求生，走出困境。

> **实践体会**
>
> 1. 穿越沙漠的最好方式是：确定方向后，朝目标方向直线走。可以回头观察足迹或者留下一堆小石头，确认是否偏离方向。
>
> 2. 从地表到地表之上约3米的范围内，热空气不时闪烁导致光线折射，使得海市蜃楼的效应出现。我们只要在离地3米以上找到一处制高点，或是静待黄昏的到来（温度在这时会下降），就可以清楚而真实地看到周遭的景象。
>
> 3. 从流沙里出来的办法：努力把腿往上提，抬到流沙表面上。保持冷静是首要原则，不要挣扎，越是挣扎，陷得越深，尝试控制呼吸，努力地移动你的胸部，趴到流沙上，然后手脚并用地爬出去。

五、雪山和冰原地区行进要领

（一）正确选择行进路线和行进天气，注意保暖和节省体力

在冰川和雪坡分布区，通常海拔高，气候寒冷，天气多变，在这些地区穿行，须事前认识和掌握拟去地区的环境特征，做好充分准备，选择正确的行进路线，进行中要时刻注意节省体力和保暖，将其作为首要任务。在历次冰川雪坡探险者遇难事件中，就其原因来说，早期有不少是由于对探险区认识不足、没有充分准备，选择行进的天气和路线不理想，体力消耗过大，保暖不够等等因素所致。

（二）注意观察，避开危险地带，使用正确行进方式，防止意外发生

攀登冰川和雪坡时要特别谨慎，冰川上裂隙很多，对人威胁最大的是冰瀑区和山麓边缘冰裂隙，特别是被积雪掩盖的隐裂隙最危险。通过裂隙时，应数人结组行动，彼此用绳子连接，相邻两人之间的距离为10米至20米。在前面开路的人，要经常探测虚实。后面的人一定要踩着前一人的脚印走，这样比较安全。通过裂隙上的冰桥或雪桥时，必须匍匐前进。

实践体会

1. 鞋底没有尖钉，很难穿越冰川；将袜子套在鞋上，可提供足够的摩擦力。

2. 白天尽可能及早出发，以免因太阳长时间照射，有可能产生雪崩；但如果雪一直在融化，那就等到黄昏后再动身；如果冰雪覆盖，则可正午动身，此时地面相对不滑。

3. 要迅速从雪山下下去，可以采用蹬雪步法。即采用大步幅度的跨步，把腿伸出去，用脚后跟着地。这是一种非常有效的前进方式，随着下冲的动量的积累，速度越来越快。

4. 在十分陡峭的斜坡上，可以转过身去，面向斜坡，倒着走下去，同时边走边把脚插进雪里。

5. 上山最好呈锯齿状曲折地往上行进，制作一根树枝做成的雪仗，分散身体重量。

6. 冰层至少要8厘米厚才能安全通过，稳步前进，保持警觉，留意任何低沉的响声，那表示冰层正在断裂。

7. 在雪地行进时，应用绳子把彼此绑在一起，这样只要有人落到缝隙处，后面的同伴就立刻把他救上来。

8. 越接近河岸的地方，冰层就越结实。如有物体冒出冰川，其周围的冰层就比较薄。必须通过较薄冰面时，要缩着身子缓步前进，尽量把身体的重量向外分散。

通过雪崩危险的地带应注意：预先松开背带，以备必要时解脱大背囊和其他装具，以保障行动自由。摘掉妨碍视觉和听觉的风雪帽，尽早发现雪崩征兆。避免横向通过有危险的雪坡。避免射击等音响和震动。避免跌倒等冲击雪面的动作。

如被卷入雪崩时，应在移动的雪流中用力地反复做游泳动作，力求浮到雪流的表面上。因为雪崩停止后手脚就难以活动，应在雪流移动期间尽量浮出雪面。

六、特殊地形的行进基本方法

（一）过独木桥

直接走过去时，步幅跨开与肩同宽，并以外八字走路，眼睛看前方一米左右，一步步牢固贴在桥上，迅速行走。如果桥身不长，稍微快点会比慢走好得多，一般只要保持平衡就能很快走过。如果人员较多，可以先过去两个人（携带上绳子），在溪流两岸拉上一根或两根保护绳，绳子两头绷直并拴在两岸边的树上，就可以安全通过了。

（二）过吊桥

野外通行过吊桥的要领是：第一，由于吊桥比较容易左右摇晃，人最好是一个个地通过，不可拥挤，以免发生危险。如果有恐高症者，不要向下看脚底的河流（尤其是溪流湍急的情况下），尽量把视线转移到身体前100米处的桥身。第二，不要紧张，不要改变走路的速度，有节奏地走过去。

（三）过栈道

在山地沟谷地区通行，有时需要通过栈道。这里的栈道指某些峡谷边的窄路，一面是峡壁，一面是河谷，只容一人通行。由于人人都背着背包，如果突然转身或下蹲，背包往往会碰到岩壁而把自己抵出道路，造成危险。正确的方法是面向岩壁侧身，缓慢移动通过，切勿紧张或疏忽大意。

（四）过碎石地

在走过河流上游的裸滩地、沟谷出口以及坡麓地带的倒石堆等碎石地时，先试探石块是否稳固，要避免一下子用力踩在石块上，造成因失去平衡而滑倒、受伤和腿骨骨折。

（五）坡地行走

1. 走上坡路

走上坡路时，提步要自然，不要提膝过高，尽量利用大腿肌肉力量来提升身体，步幅不要太多，但也不宜过大，要一步一步踏实地走。步幅过大，身体会左右摇晃，失去平衡；同时要避免攀扶树木或其他植物，准备或自制一根比腰高些的拐杖对行走有一定帮助，在没有或并不十分需要拐杖行走时，应尽可能保证两手空着，以便在滑倒或发生滑坠时可以抓住身边突出的岩石或植物自救。如遇到陡峭山路，应避免直线攀升，最好向左向右交替（呈之字形）上行。在上坡时可将身体稍向前倾，但不要太过，否则容易引起眩晕（图3-3-1）。

图 3-3-1

2. 走下坡路

下坡路较轻松，但应注意保持原来走路的节奏性或慢走，避免因为改变原先行进节奏而跌倒受伤，尤其是千万不可又跑又跳，否则不仅自己容易受伤也有可能把石头踢向别人。走下坡路时，整个脚底要贴在地面，扎扎实实地慢走，并把鞋带系得紧一些，以免脚尖撞到鞋顶，弄伤脚尖。如果斜坡太陡，可以采用"之"字形下坡或侧身下行方式下坡，用拐杖在身后支撑。如果没有拐杖，可以蹲下来，降低身体重心，借助身旁的植物下行，但要确认所借力的植物生长稳固。应尽量选择木本植物的粗枝，而不是草，并且不要把所有重心都转移给植物。也可以学螃蟹一样横着走，前脚伸出站稳后，后脚再跟上，这样最不容易摔倒。

在陡坡上不小心滑倒时，应立即面向山坡，张开两臂，伸直两腿，翘起脚尖，使身体重心尽量上移，以降低滑行速度。这样，就可设法在滑行中寻找攀缘和支撑物。千万不要面朝外坐，因为那样不但会滑得更快，而且在较陡的斜坡上还容易翻滚。

（六）通过草丛灌木

在通过这种地方之前，应细心观察路线及走向，避免迷途是第一位的；第二，应穿着长袖衫和长裤，以防止蚊虫叮咬和爬行动物侵扰；第三，不要紧随前面的人，以免被树枝或草木反弹打伤；第四，要时刻留意草丛中的坑洞或石块，以防失足或摔倒，同时留意草丛内的蜂巢或蚁穴，用树枝拨开草丛与荆棘，同时提起膝盖稳步前行，以减少受蛇虫侵袭的危险。

（七）河流的涉渡

1. 徒步涉水渡河

河流是山区和平原地区常遇到的障碍（图3-3-2）。准备涉水渡河时，要善于判断，首先对河流进行一番"侦察"，做到心中有数。具体的操作办法是先试探河道的深浅，估计河水流速、河底的结构。仔细观察之后再确定渡河的地点和方法。

涉水渡河要选择河水较浅，水流平缓，无暗礁和暗流以及旋涡的地点。涉水时摸不清河水深浅，可用一根与自己身高差不多的小木棍在前探路。如果水深过腰、水流速度超过4米/秒，千万不要无保护地涉水过河。如果河水深度仅在膝盖高度，在夏天或春秋季可以卷起裤管，慢慢涉水过河，但尽量不要赤脚。在水不深的滩泽地区活动要穿鞋。山区河流通常水流湍急，水温低，河床坎坷不平，涉渡时要有适当的保护。

图3-3-2

> **实践体会**
>
> 1. 在急流中前进的秘诀在于善于利用水舌。当往下游时，你会看到水舌在你前方，主要水流都会往水舌汇集，你要善用水舌，随波逐流。
> 2. 当心所谓的"水穴"，水流遇到障碍物后会突然减缓，它制造出的漩涡足以把人吸进去。如果不幸陷入这样的漩涡，就要立刻游出去上岸。
> 3. 一般来说，河流越往上游河道越窄、越浅，如果打算渡河，往上游走是较好选择。

河中有石头可踏时，要选择干燥的石块走，潮湿的石头容易滑倒，并且确定石头不易摇动后（也可用小木棍在前面试探），再移动重心。有些石头容易摇动，会造成骨折等意外事故。

（1）单独涉水时，可手持一根结实的木棍（图3-3-3）支撑在水的上游方向，缓步探测水里的岩石和洞穴，抬腿时身体重心在棍子上，侧身行走；腰间绑一保护绳，避免在水中摔倒或被水冲倒；在河两岸石块上或树木上架设一条绳索，涉渡者手抓绳索或将安全带通过绳套和铁锁挂在绳索上过河。

（2）集体涉渡时，两人、三人或四人，彼此环抱肩部，身体强壮者应于上游方向，相互移动过河。集体渡河也可以采用拉绳渡河方式涉水过河，两人在岸边拉紧绳子的两端，第三个人拉着绳子过河，遇到危险时，可以迅速地被拉上岸。能力最强的人最

图3-3-3

图 3-3-4

先过河，上岸后，解开安全绳，握紧绳索，成为绳索控制者，第二个人过河时，不再控制绳索，而是同最先过河的人一样，利用安全绳控制在绳索上，在两岸的两人控制下，开始过河。此种方式运送多少人都可以。第二个人上岸后，第三个人系上安全绳，在前两位的控制下接着过河（见图 3-3-4）。

冬季涉渡冰河，应将棉衣和棉鞋脱下，涉水过河后再立即穿上，应注意不能穿棉衣裤和棉鞋过河，水湿后容易造成冻伤和失温。

涉渡冰源河时，最好在早晨通过，因为河水主要来源于冰川消融，夜间气温低、消融量小，早晨时河水最浅，容易涉渡。

涉渡森林、草原地区的河流，应预先探明河底性质，是否多淤泥，不要贸然涉渡。

渡河时，背囊的背带要调节适当，以备必要时能迅速从这些装具中脱身。

遇到河水过深或流速过大时，不要冒险徒步涉水渡河，应考虑使用其他方法过河，或者绕道而行。

2. 泅渡

实践体会

漂浮工具可以让颈部一直保持在水面之上，这通常是较佳的自保之道。渡河时紧握住前方的漂浮工具，切不可把全身重量压在上面，以免沉没，同时全程都必须先把脚伸到水下试探，充分利用双脚，避免碰到任何障碍。

在行进中遇到水深但流速缓的河流，可以采用泅渡方式过河，前提是必须会游泳。其基本要点如下：

（1）做好泅渡准备

①整理行装和物品

整理行装和物品是为了有利泅渡，所以，其要求是利索简便，不兜水，不妨碍动作，不会在泅渡过程中松散和丢失东西，且便于保持身体平衡等。整理服装时，要解开领口，翻出衣裤口袋，把衣袖和裤腿平整地卷叠到手臂和大腿的适当位置，用针线将其缝好。

②做好泅渡前的身体准备活动

在下水前，必须做好充分的身体准备活动，它能基本保证你在泅渡中不会出现肌肉抽筋现象，这对长时间的泅渡特别重要。

（2）选择适当方式泅渡

①直接泅渡

游泳姿势多样，但适于负重泅渡的姿势只有蛙泳和侧泳两种。游泳途中掌握节奏和速度很重要。游得快，消耗体力也很大。

②利用制式器材泅渡

在水面宽阔的河流，为了安全，应使用制式器材泅渡。在野外，除非事前有准备，一般都是根据现实条件自制简便泅渡器材。

A. 裤气囊。对于河面不宽的小河流，人员可以脱下自己的长裤，先用鞋带扎紧两个裤腿口，然后放入河中浸湿后拿起拧干，两手拿着裤腰处迅速向前兜气后，立即压入水中，将裤腰用鞋带等紧扣，即得到一个简便气囊。这种气囊一般有20千克的浮力，在水中能维持约5分钟。

B. 雨布浮包。野外泅渡前，经常使用随身携带的雨布、雨衣、塑料袋来自制浮包用于泅渡。制作方法是：将雨布、雨衣、塑料袋摊开，胶质面向地，再将棉衣、空易拉罐、空塑料瓶、泡沫塑料等放在其上仔细密封包捆扎实即可。

C. 竹筒漂浮器。做法是找4~6节，孔径为7厘米，长度为30~140厘米的竹筒（两端必须留节），用绳子并联成排扎紧，扎出两排，留出背带即可。

（3）掌握节奏，尽量匀速泅渡

在泅渡中，除了碰到激流险滩，或是旋涡等需要加速游进外，一般匀速游进为佳，掌握好划水节奏，避免过度疲劳和长距离游水引发的痉挛。

> **实践体会**
>
> 1. 游过一条较深且水势湍急的河流，需要和水流呈某个角度向下游去，而不要和水流正面对抗。尽量让自己和水平面持平。较浅的湍急河流，则不妨背部平躺，双手放在臀部，当鳍使用。双脚尽量向上，以避免被水下的杂物困住。
> 2. 在急流中前进，始终让双脚和双腿在前面，这能帮助挡开水中礁石。

3. 伐木（竹）架桥过河

如果在野外遇到河道狭窄，水流湍急，无法涉水渡过，泅渡又不安全的山区河流时，一般采用伐木（竹）架桥过河。伐 2~3 根树木（或粗竹），选择河岸两边高差不大的地方并排放置，彼此间用绳子扎紧，在此岸一端桥头挖一沟槽，将端头嵌入，以防滑动。为了控制树干（竹竿）的另一端落点准确，可用绳子将其捆住，徐徐放下，以达到要求为止。这样架起的桥，安全过河没有问题。

4. 借助渡河工具渡河

可就地取材制作渡河工具，如竹筏或木排等，一定要达到其坚固程度足以满足载人载物的要求，确认坚固程度和浮力大小情况后再使用。

有条件时可制作单兵木筏，用 2 根圆木和两根木杆，用铁丝或绳索捆扎，圆木横放，木杆竖放，中间吊一木杆当座位。

制作木筏的负载重量的计算方法是：

载重量（千克）= 圆木长（米）× 0.75 × 圆木小头直径（厘米）

如果是新伐的圆木，则将公式中的 0.75 改为 0.5 即可。

第四节　迷失方向后的处置

在野外行进中，原来的道路迷失了，或者从开始就没有确定路线，只是依靠地形及方位行进，结果找不到位置，这就是迷失方向了。人员在野外如果迷失方向，应进行如下处置：

一、保持冷静，冷静分析，力争"迷途知返"

在发现自己迷失方向后，切勿惊慌失措，应立即停下来，冷静地分析一下所走过的道路，想办法按一切可能利用的标志重新定向，然后再寻找道路。最可靠的办法是"迷途知返"，循着自己的足迹退回至原出发点，切勿盲目乱撞。迷途时，只要冷静分析，并根据日月星辰等自然界的一些特征判定方位，坚定信心，一定会突破"山重水复"的包围，进入"柳暗花明"的境地！

迷途的人员应登高望远，判断应该往哪儿走。在山地应朝地势低的方向走，这样易于碰到水源，顺河而行最为保险，水能送人到家。若山脉走向分明，山脊坡度较缓，可沿山脊走。因为山脊视界开阔，易于观察道路情况，也容易确定所在位置。山脊还有一定的导向作用，只要沿山脊前进，通常可达到某个目标。

在森林中迷失方向时，因为森林里高密的树冠，遮天蔽日，根本看不到日月星辰，用地图定位也十分不理想。这时应先停下来，打开地图，认真回忆进入森林的路线。特别要注意回忆行进方向两侧可作为指向的线形地物，如河流、公路、山脉、长条形的湖泊等。注意其位置在行进路线的左方还是右方，是否与路线平行等信息。再估计，从能确定方向的地方走了多远，然后寻找身边便于观看的树干，用刀、斧刮皮作环形标记，再根据自己的回忆往回走。如果找不到原来的地点，折回标记处再换一个方向重新试行，如发现原先正确路线上的指向物，应立即朝指向物的方向前进，一直走到底为止，再行判定方位。最后，总能找到目标。在迷路后，当天色已晚，应立即选地宿营，不要等到天黑，否则将非常被动。若感到十分疲乏时，也应立即休息，不要走到筋疲力尽才停止。这一点在冬季尤应注意，过度疲劳和淌汗过多，容易冻伤或冻死。

二、利用自然界特征和地区环境特色判定方向，探索回"家"之路

在没有地形图和指北针等制式器材的情况下，可以根据我们此前所学自然界的一

些特征判定方向。

若在广阔平坦的沙漠、戈壁滩或茫茫的林海雪原上行进，因景致单一，缺乏定向的方位物，迷失方向时有发生，这是因为人们在上述地区一般不会走直线，通常向右偏。一般人的左步较之右步稍大 0.1~0.4 毫米，因而行进中不知不觉便转向右方，步行者通常约以 3~5 千米的直径走圆圈。因此，在这种地区迷失方向后，寻找归途时，沿一个确定的方向直线行进非常重要。行走时，可利用长时间吹向一个方向的风或迅速朝一个方向飘动的云来确定方向。迎着风、云行走或与其保持一定的角度行进，可在一定时间内保证循着直线前进。也可使用"叠标线法"，即每走一段距离，在背后作一个标记（如放石头、插树枝，或在树干上用刀斧刻制标记），不断回看所走的路线上的标记是否在一条线上，便可以得知是否偏离了方向。坚持下去必然会摆脱困境。

在沙漠地区景物单调，人在这种地区迷失方向后寻找归途比较困难。因为沙漠地因风的作用，沙丘移动，道路不固定。这时寻找辨认道路可根据地上的马、驴、驼的粪便来辨认。一般戒律，是人畜走过的路线。如实在无路可走，可以沿着骆驼的足迹行进，在干渴的沙漠中，骆驼对水有一种特殊的敏感，因此常能找到水源。在固定和半固定沙丘和草原地区，道路少但比较顺直，变迁不大。只要保持了总的行进方向，便可一直走下去。在有流沙的地区，个别路段会被覆盖，出现左右绕行的道路，这种绕行距离一般不会很远，应及时回到原行进方向上，切勿沿岔路直下而误入歧途。在沙漠地区，还应注意不要受海市蜃楼的迷惑。

必须指出的是，在利用自然界特征判定方位时，要特别注意对具体情况作具体分析，千万不要生搬硬套，在辨别方向时，务必注意多种方法综合运用，互相补充、验证。

有时地区文化环境特色也可以帮助迷失方向者，找到回"家"之旅。

例如，在我国西南边疆丛林地区，居住着许多少数民族，他们多习惯砍光寨子附近山上的树木。因而，以这种地区迷路之后，可爬到树上或高处眺望，如发现某座山上没树木，那座山的附近往往会有人家。此外，傣族等少数民族的住房多用竹子搭制，他们习惯在寨子边上种大蓬竹。因此，有大蓬竹的地方，也容易找到山寨。

迷途时无路可走令人沮丧，如果遇到岔路口，道路多也令人无所适从。此时，首先要明确要去的方向，然后选择正确的道路。若几条道路的方向大致相同，无法判定，则应选中间那条路，这样可以进退有据，即便走错了，也不会偏差得太远。

三、保存体力，节约给养

在上述努力均告失败后，人员也应坚定沉着，保存体力，节约给养，发出信号，寻求救援。

人员这时应坚定沉着，保存体力，节约给养，尽量赢得获救时间，这对于自己获救来说相当重要。这个时候任何急躁、悲观的情绪都于事无补，而只会消耗自身的体力，削弱自己和同伴的斗志以及削弱能获救的信念，而精神上的崩溃在这时是最为致命的，节约给养可以从物质上为获救赢得时间。

四、发出求救信号，等待救援

人员在出发之前，就应清楚地知道，各种求救信号和国际上发求救信号的通用规则。国际上通用的求救信号发出规则是：几乎任何重复三次的行动都象征着寻求援助。根据自己所处的环境、位置和条件可选用最有效的求救信号种类和发出方式。

第四章

野生植物的采集与食用

科学研究表明,人在野外不吃不喝,一般只能生存7天。如果身处野生动物缺乏的地区,可食性植物就是最佳的食物来源。不过,误食有毒植物后果很严重,因此掌握野生植物的辨别和科学食用方法应成为人员应对野外生存任务的一项必要技能。

第一节 野生植物的识别

一、我国野生植物特点

可食用野生植物，包括可食的野菜、野果、蘑菇、藻类等。对可食用野生植物的识别是野外生存知识的主要内容，有着重要的实用意义。在野外特殊条件下，粮食补给断绝，野生植物是主要的应急食物。

我国地域广大，寒、温、热气候俱全，大部属于温暖地带，适应各种植物生长。我国可以食用的野生植物有 2000 多种。野生植物的营养价值很高，含有多种维生素和矿物质，而且富含蛋白质和碳水化合物。

每年从三月开始到九、十月间，在我国辽阔的土地上，各种可食用的野生植物生长旺盛，漫山遍野，俯拾皆是。仅革命老区井冈山根据地就有可食野菜 100 多种，其中苦菜、糯饭菜、猪油菜和马玉兰等是当年红军战士的重要食物。

在西南边疆的广西、云南一带，一年四季都有可食的野果、野菜。春季有压车果、毡帽果、鼻涕果、小杨梅等野果，有刺脑包、苦马沟、蕨菜等野菜。夏季有木瓜、冷饭果、乌包果、荔枝等野果，有石头菜、飞花菜、马蹄菜、牛舌头菜等野菜。秋季有大树果、算盘果、野石榴、椎梨等野果，有木耳、白参、齐头菜等野菜。冬季有野生芭蕉、长蛇果、老熊果等野果，有野山药、芭蕉心等野菜。

不但野菜、野果可食，树皮也可应急食用。如历史上东北抗日联军在白山黑水的密林中总结出"三月吃桦树皮、四月吃椴树皮、五月吃松树皮"的经验。这些对应季节的树皮，不但没毒，而且还有一种甜滋滋的味道。

植物分可食用和不可食用两种。可食性植物对人体不会有太大的不良影响；而不可食性植物则可能会使人中毒，导致生理功能严重失调甚至死亡。所以，在食用野生植物时，必须掌握对一般植物的鉴别方法。

二、可食性野生植物的辨别

在生存困境中，能够辨别出哪些植物可食用很重要。自然界中野生植物种类繁多，仅我国境内就有约 2.5 万种，其中 8% 可食用，5% 是有毒的。一般情况下，人们很难辨识哪些是可食用植物、哪些植物不能吃。因此我们在采集植物时，对不常见的野生植物一定要分辨清楚。可通过"411 方法"即"四看、一闻、一测"简单辨别。

一看动物。如马、牛、骆驼吃过的野菜或野草，猴子、松鼠、鸟类等动物食用的果实或坚果，大多可食用。二看颜色。一般而言，浅色的浆果类植物毒性较大，深色浆果类植物相对安全，颜色鲜亮的菌类有毒。三看形状。形状奇特的野果，盖上长有肉瘤、菌柄上长菌环或菌托的野生菌都不能吃。四看汁液。将果实或茎叶切开后，汁液白色黏稠（蒲公英除外），且接触皮肤会引起过敏的不能吃。一闻即闻气味。气味刺激、奇怪的植物不能吃。类似杏仁或桃子的味道表面可能是天然氰化物。一测即测切口，植物切口遇盐变色的不能吃。

经过"411 方法"简单辨别后，如果对植物的可食性仍存有怀疑，就需要使用"可食性通用检验法"检验。

过敏试验：将其在皮肤上揉搓，15 分钟后皮肤有过敏反应者不能吃。

咀嚼试验：取其幼嫩部分嚼尝，有苦辣等怪味的不能吃；将其用烫水浸泡 5~6 小时后，味若同上不能吃；将其煮过的汤震荡，产生大量泡沫的不能吃；将其放入口中，用舌头舔尝，若 15 分钟后无不良反应则将其充分咀嚼，再等 15 分钟，若无不良反应，再进行下一步。

吞咽试验：少量吞咽，看是否有不良反应（若感觉难受，则赶快吐出，并大量饮水），若无不良反应，再进行下一步。

食用试验：食用少量，再静等 4-6 小时，若无不良反应，才可以正式食用。

实践体会

下列物理指标是植物有毒的可靠指南：红色的种子、毛茸茸的茎、喇叭状或铃铛状的花、掌状的叶子、乳白色的树汁、多刺的水果。

三、菌类植物识别法

菌类植物的营养价值很高，内含宝贵的脂肪、碳水化合物以及蛋白质，其蛋白质的含量介于肉类和蔬菜之间。大多数蘑菇是无害的，但少数种类的毒蘑菇危害巨大，一旦中毒便无药可救。如果没有把握鉴定某种蘑菇能否食用，那就千万不要试吃，对于蘑菇毒性的识别，有以下几种基础方法：

1. 毒蘑菇多有各种色泽，而且美丽；无毒蘑菇则多呈现白色或茶褐色。
2. 菌盖上有肉瘤，菌柄上有菌环和菌托的，大概率有毒；反之，大概率无毒。
3. 毒蘑菇多生长在肮脏潮湿、有机质丰富的地方；无毒蘑菇则生于较干净的地方。
4. 毒蘑菇采后易变色；无毒蘑菇则不同，不易变色。
5. 毒蘑菇大多柔软多汁；无毒蘑菇则较致密脆弱。
6. 毒蘑菇的汁液浑浊似牛奶；无毒蘑菇则清澄如水。
7. 毒蘑菇的味道多辛酸苦辣；无毒蘑菇则很鲜美。
8. 煮蘑菇时，锅里放灯芯草同煮，煮热后，如灯芯草变成青绿色或紫绿色，大概率有毒；如果是黄色，大概率无毒。

> **实践体会**
>
> 煮蘑菇时，毒蘑菇的汤汁能使银器具变黑；蘑菇汤中如果加进牛奶马上凝固；放进葱，葱会变成蓝色或褐色。

但是，以上各种基础方法，据专家鉴定，没有一条是完全可靠的。因为蘑菇的外形、色泽、生态等与其毒素不是完全对应的关系。截至目前，对于毒蘑与可食蘑的区别，尚没有找出完全可靠且简易可行的方法。生物化学鉴定法相当复杂，不易推广。目前比较可靠的鉴别方法，除了依靠菌（蘑菇）学的分类和生物化学分析的知识外，只能依据实际经验。没有经验的人最好先认识一些毒性较大且易发现的毒蘑菇，记住它们的特征，如果见到别的蘑菇也有这些特征就不要采食，只采食认识的、确认无毒的蘑菇，这样就不致误食中毒了。

据目前所掌握的资料，我国的毒蘑菇有 80 余种，其中很多种能用水洗、水煮、晒干和烹调等处理方法，将其毒素减弱和消除。极度致命的毒蘑菇并不多，以下是9种极毒的蘑菇。

1. 毒粉褶菌（图4-1-1）。或称土生红褶菇、内绿菌。菌盖污白色，菌褶粉白色。多产于黑龙江、吉林、江苏、河南、台湾等地，夏秋季单生或丛生于针叶阔叶林中。

2. 毒伞（图4-1-2）。或称绿帽菌、蒜叶菌、鬼笔鹅膏等。菌体白色，菌盖较厚，暗灰绿色，表面有丝光。多产于江苏、安徽、福建、广东、广西等地，6-9月单生或群生在林中地上。

3. 白毒伞（图4-1-3）。或称白罗伞、白鹅膏、白帽菌等。菌体白色，较细长。多产于吉林、河北、河南、江苏、安徽、江西、四川、广西等地，6-9月散生在杂木林中。

4. 秋盔孢伞（图4-1-4）。或称焦脚菌、秋生鳞耳。柄下部黑褐色，木生。多产于四川省。秋季群生或丛生在阴湿的林中腐木上。

5. 残托斑毒伞（图4-1-5）。菌柄向下渐粗，基部稍膨大，菌托易消失或呈几圈不明显的白色块斑残片。多产于广西，5月群生在松林间。

6. 鳞柄白毒伞（图4-1-6）。或称毒鹅膏。菌体白色，菌盖中央略微突起，菌柄有鳞片。多产于河北、四川等省。夏秋季单生或散生在板栗树下或杂木林中。

7. 包脚黑褶伞（图4-1-7）。或称黑包脚伞。菌肉厚、菌柄基部膨大，有肥大菌托。产河北、青海等省。夏秋季单生或散生在阔叶林中、灌木丛中或草地。

8. 褐鳞小伞（图4-1-8）。菌体小，菌盖表面有红褐色或褐色小鳞片，有菌环，

图 4-1-1

图 4-1-2

图 4-1-3

图 4-1-4

图 4-1-5

图 4-1-6

图 4-1-7　　　　　　　图 4-1-8　　　　　　　图 4-1-9

无菌托。多产于江苏、青海等省，春至秋季单生或群生于草地上或竹林内。

9.鹿花菌（图4-1-9）。菌盖是红褐色，后变为咖啡褐色，扭曲呈脑状。多产于黑龙江、云南等省，春秋季生在地上。

误食毒蘑后，应尽快设法排出毒物，除可用温盐水灌肠导泻外，对中毒后不呕吐的人，还要饮大量稀盐水或用手指按咽喉引起呕吐，用1%的盐水或浓茶反复洗胃，以避免继续吸收毒素。

第二节　野生植物的食用

我国地域广大，寒、温、热气候俱全，大部分属于温暖地带，适合各种植物生长，其中可以食用的就有两千多种。野生植物的营养价值很高，含有多种维生素和矿物质，而且富含蛋白质和碳水化合物。野生植物是在野外条件下，为求生存而采食的应急食物，主要有野果、野菜、蘑菇、海藻等。

一、获取野生植物的方法

采集可食性植物时，随意乱取似乎容易，但是系统采集更有效率也更安全。采集时根据植物的不同部位，有序、分层地摆放采集物，避免挤压和混合。因为被挤破弄烂的植物会很快变质，不再适于食用。

（一）叶与茎

柔嫩的幼枝，常为淡绿色，比人工种植的蔬菜苦，且纤维粗糙。年老的茎叶比较粗糙，苦涩味更重。因此食用前要除去茎根部的老叶。另外，撕破叶片容易变质、失去所含的养分。

（二）球根与球茎

可食用植物的球根和球茎等部位含有高量淀粉，外皮含有维生素，适合煮食。在春天有些植物只有嫩芽，很难辨认根茎。有些体型较大的植物，非常难拔，可先松动根部的土壤，以减少球根等被扯断的可能，用棍条将其撬出来。

（三）浆果与坚果

浆果与坚果蛋白质含量高，甚至还可压榨出食用油。选择体型较大的植物，采摘已经熟透裂开或将要裂开的浆果。未熟的浆果呈绿色，坚硬苦涩，即使长时间沸煮也很难下咽。许多水果，尤其是在热带地区，浆果有着粗糙苦涩的外皮，要剥开后食用。落在树下的坚果一般已经熟透，如果树木较小，可以用力摇晃，成熟的坚果会自己掉下来，当然也可用长棍敲下它们。将多种坚果粉混合后冲水饮用，味道更佳。

（四）种子与谷类

最简便的方法是，在地上铺张帆布或一件衣服，将植物茎上的种子在上面抽打。再将收集到的种子放在炉上烘烤干燥，磨成粉即可。

实践体会

1. 在丛林和灌木中，长满了各种浆果植物和坚果植物，这些果实大部分都可食用。

2. 果实和浆果类植物长在茎部的单果大多可以食用。蓝色的或黑色的单果往往可以食用，而白色的和黄色的则不一定，红色的要格外小心。

3. 可以利用动物的踪迹来发现可食植物，比如鹿会采食坚果类食物。

4. 结球果的树木的叶子几乎都可以食用，像松针就含有丰富的维生素E。

5. 生长在水中或潮湿地带的植物通常别具风味。大部分植物的球茎、根茎和块茎都可食用，但必须加以蒸煮才能消化。大部分蕨类植物在煮熟后可安全食用。

6. 草类的尖端和种子基本可以食用，它们可提供蛋白质，但是茎部必须煮熟。

注意：有些植物种子含有致命的毒素。尝一点可能不会中毒，但不要轻易吞咽。扔掉任何苦涩有异味、品尝时有火辣麻烫感的有毒种子，取食经过检验可以食用的种类。

（五）树皮

很多树的树皮是可以食用的，尤其是北方地区的桦树、松树、柳树、白杨和三角叶杨树的树皮。树皮的内侧通常是粗纤维状的，要想食用需要先晾干，然后磨成粉就行了。在紧急情况下，烤着吃也可以。

（六）花

可食植物的花也是可以吃的，这一点常常被忽视。花可以当成作料与肉类同烹。

（七）汁液

如果汁液中含有糖分，可以煮去其中的水分来获得糖。

二、食用野生植物的方法

食材采集后，常见果蔬可以生吃，如山葡萄、蒲公英等野菜洗净后即可食用，多数需要烹饪后食用，通常可借助头盔、工兵锹、海边的贝壳或山中的干石头（湿石头加热时会炸裂）等工具加工。一般可使用以下方法烹饪。

（一）水煮法

叶子、茎秆、芽等水煮至变软即可食用，煮时间过长会导致水溶性维生素流失。坚果或生果实煮熟后味道更好，如生香蕉煮熟后，味道甜美且无涩味。

（二）烘烤法

根、茎块、硬壳果实等烘烤后可去除苦味。

（三）炒制法

谷物或种子炒制后味道更佳，高原地区用此法可解决因气压低导致食物无法煮熟的问题。

（四）熬制法

若汁液中含有糖分，可通过熬煮去其中的水分来获得糖。

此外，有条件的还可以采用蒸煮法，如蒸制的柳芽口感鲜嫩、营养完整。

三、存储可食用野生植物的方法

野外生存可能会碰到可食用植物资源相对缺乏的情况，因此，若遇到可食用资源丰富时，应及时大量地存储备用。可通过风干、日晒、火烤等方法延长食物保质期，方便储存和食用。如，把野果晒成果干，海苔风干压制成海苔干，香菇烘干成香菇干，等等。相比鲜货而言，同一食物干货的热量大约是同等重量鲜货的 10 倍。

要注意野外植物摄入热量与人体消耗热量的平衡。常见植物每 100 克中热量含量如下：松仁 698 千卡，板栗 212 千卡，鲜蘑菇 20 千卡。以身高 1.75 米、体重 70 公斤、25 岁的男性人员为标准，中度活动每天需消耗约 2200 千卡能量，每天食谱可包括 100 克松仁、150 克山葡萄干、100 克干紫菜、100 克鲜蘑菇和 250 克油菜。

四、误食有毒植物的处理方法

误食有毒食物以后，若感不适，有恶心、头晕、呕吐、看东西不明或幻视、幻听等症状，应立即采用简易的方法，进行催吐、洗胃、导泻或灌肠等处理，尽快排出体内尚未被吸收的残余物，减少有毒物质的吸收，从而降低中毒程度，防止病情加重。应立即前往医院治疗。急救的方法有如下 4 种。

（一）催吐

如果中毒者尚有意识，可将其手指放到舌根底部或用温热的盐水强迫其呕吐，之后让中毒者喝足够的水将毒素稀释。

（二）洗胃

用肥皂或浓茶水洗胃，也可用 2% 碳酸氢钠溶液洗，此法亦能同时除去已到肠内的毒物，起到洗肠的作用。

（三）导泻

常用的导泻剂有硫酸镁和硫酸钠，用量 15~30 克，加水 200 毫升，口服。

（四）解毒

在进行上述急救处理后，还应当对症治疗，服用解毒剂。最简便的是吃生鸡蛋清，用生牛奶或用大蒜捣汁冲服。有条件的可服用通用解毒剂（活性炭 4 份，氧化镁 2 份，鞣酸 2 份和水 100 份），其主要作用是吸附或中和生物碱、重金属和酸类等毒物。

经过这些处理后，要尽快转送医院诊治！

第三节　主要可食用野生植物

本节主要介绍我国一些常见的覆盖面较广的可食用野生植物，供应急食用参考。

一、野菜

（一）蕨（图 4-3-1）

1. 别名：蕨菜、拳头菜。

2. 形态：多年生草本，高 1 米左右。根状茎长而横走，有黑褐色茸毛。叶疏生，幼嫩时拳状卷曲，分三叉，叶柄肥厚，直立，淡绿色，被白色及棕色细鳞毛，易脱落，成长后叶片阔三角形或矩圆状三角形，长 30~60 厘米，宽 20~45 厘米，三回羽状；第一回羽片卵状三角形，对生，有长柄；第二回羽片矩圆状披针形，羽状分裂，柄极短；第三回小羽片互生，矩圆形，圆钝头。全缘或下部有 1~3 对浅裂片或呈波状圆齿。叶近革质，两面无毛或仅下面中脉上有疏毛。孢子群沿叶边着生，连续成线形。

图 4-3-1

3. 产地：遍布全国，长江以北较多。

4. 生长环境：山坡草地或疏林下，喜生于湿润，肥沃而土层较厚的阴坡上。

5. 维生素含量（单位：毫克/100 克可食部，下同）：胡萝卜素 1.04，维生素 B2 0.13，维生素 C 27。

6. 食用方法：与肉炒食，味美，可晾干成干菜或腌菜。

（二）苹（图 4-3-2）

1. 别名：四叶菜、四字草。

2. 形态：多年生水生草本。根状茎细长而横走，分枝，顶端有淡棕色毛，茎节远离，向上发生至数叶。叶柄细，长 5~20 厘米；叶片由 4 枚倒三角形的小叶组成，呈十字形，绿边，草质，无毛。叶脉由小叶基部辐射状分叉，伸向叶边。孢子果卵圆形。被毛，长 2~6 毫米，通常 2~3 枚簇生于叶柄基部的短梗上，短梗单一或分叉。

3. 产地：广布于长江以南各省市区，华北、陕西和辽宁有少量分布。

图 4-3-2

4. 生长环境：水稻田和沟塘边。

5. 维生素含量：胡萝卜素 5.08，维生素 B2 0.31，维生素 C 118。

（三）萹蓄（图 4-3-3）

1. 别名：扁竹、猪牙草、扁竹。

2. 形态：一年生草本，高 10~40 厘米。茎自基部分枝，平卧向上升，有棱角，顶端稍尖。叶披针形或狭椭圆形，长 1.5~3 厘米，宽 0.3~1.2 厘米。顶端稍尖。基部楔形。全缘；托叶鞘膜质，下部褐色，上部无色透明，有不明显脉纹，易破裂。花单生或数朵生于叶腋；花梗细而短，顶部有关节；花被 5 深裂，裂片绿色，边缘白色或淡红色。瘦果卵形，有 3 棱，长 2.5~3.5 毫米，黑褐色，密生小点，无光泽。

图 4-3-3

3. 产地：遍布全国。

4. 生长环境：田野，荒地，路旁及水湿地，为习见的野草。

5. 维生素含量：胡萝卜素 9.34，维生素 B2 0.50，维生素 C 157。

6. 食用方法：2~7 月采摘嫩茎叶，炒食或切碎后与面粉混合蒸食，味道很好，也可做下菜。

（四）酸模（图 4-3-4）

1. 别名：酸溜溜。

2. 形态：多年生草本，高 30~80 厘米。茎直立，细弱，通常不分枝，中空，表面有沟槽。基生叶有长柄：叶片矩圆形，长 3~11 厘米，宽 1.5~3.5 厘米，先端钝或尖，基部箭形，全缘；径上部的叶较小，披针形，无柄，托叶鞘膜质，斜形。花序圆锥状，顶生：花单件，雌雄异株：花被片 6；雄花内轮花被片长约 3 毫米，外轮的较小，雄蕊 6；雌花内轮花被片在果时增大，包被果实，圆形，全缘，基部心形，外轮的不久即反折向下紧贴花梗；柱头 3，笔状。瘦果椭圆形，有 3 棱，黑色，有光泽。

图 4-3-4

3. 产地：遍布全国。

4. 生长环境：山坡、沟谷、水边、路旁等潮湿肥沃的土壤。

5. 维生素含量：胡萝卜素 4.46，维生素 B2 0.13，维生素 C52。

6. 食用方法：3~5月间采嫩苗，6~9月间采嫩叶，开水烫过漂洗后炒食或做汤，或掺入面粉蒸食。茎味酸，可生食。

（五）藜（图 4-3-5）

1. 别名：灰菜、灰条菜。

2. 形态：一年生草本，高 60~120 厘米。茎直立，有绿色或紫色条纹，多分枝。叶片菱状卵形至披针形，长 3~6 厘米，宽 2~5 厘米，先端急尖或微钝，基部宽楔形，边缘常有整齐的锯齿，上面绿色，下面灰白色，被白粉粒，幼时更多，叶质柔嫩；叶柄与叶片近等长。花小，数朵簇生于枝条的叶腋内；花被片 5，离生，卵形，背部有绿色隆脊，被白粉，通常包围小胞果；雄蕊 5，突出花被外，柱头 2；种子横生，扁圆形，黑色，光亮，胚环形。

图 4-3-5

3. 产地：遍布全国。

4. 生长环境：为极常见的杂草，多生于路边、荒地、田间、宅旁等地。

5. 维生素含量：胡萝卜素 6.33，维生素 B2 0.34，维生素 C 167。

6. 食用方法：春夏季采嫩茎叶，先用开水烫过再用清水泡数小时后，炒食或做汤。大量或长期食用时有人会发生过敏、浮肿或皮肤痒感。一般认为茎端有红色粉粒的红心红叶更容易引起反应，应避免采食。

（六）地肤（图 4-3-6）

1. 别名：扫帚菜。

2. 形态：一年生草本，高 50~100 厘米。茎直立，多分枝；分枝斜赏，淡绿色或浅红色，幼时有白色柔毛。叶互生，无柄，披针形或条状披针形，长 2~5 厘米，宽 3~7 毫米；全缘，多数无毛，幼叶或边缘常有白色长柔毛，逐渐脱落。花两性或间有雌性，通常 1~3 个生于叶腋，集成稀疏的穗状花序；花黄绿色，无柄；花被 5 裂，裂片三角形，向内弯曲包裹子房，果期背部生三角状横突起或翅。伸出花被外；花柱极短，柱头 2，丝状。胞果扁球形，包于花被内；种子横生，黑褐色，具光泽。

图 4-3-6

3. 产地：遍布全国。

4. 生长环境：山野荒地、田园路边、村舍旁。

5. 维生素含量：胡萝卜素 4.36，维生素 B2 0.13，维生素 C62。

6. 食用方法：3~7 月采嫩茎叶，炒食或做馅，味道很好。亦可烫后晒成干菜。

（七）绿苋（图 4-3-7）

1. 别名：野苋、皱果苋、野咸菜。

2. 形态：一年生草本，高 40~80 厘米，全体无毛。茎直立，少分枝。叶卵形至卵状矩圆形，长 2~9 厘米，宽 2.5~6 厘米。顶端微缺，稀圆钝，具小芒尖，基部近截形；叶柄细弱，与叶片近等长。花单性或杂性，成穗状花序腋生，或集成大型顶生圆锥花序；苞片及小苞片干膜质，披针形，花被片 3，矩圆形或倒披针形；膜质，背面有绿色隆脊；雄蕊 3 枚。胞果扁球形，极皱缩，不开裂，超出宿存花被片。

图 4-3-7

3. 产地：遍布全国。

4. 生长环境：多生于田野、路旁。

5. 维生素含量：胡萝卜素 3.29，维生素 B2 0.11，维生素 C 105。

6. 食用方法：刺苋和反枝苋也常做野菜食用。都是田边常见的杂草。刺苋又名箭咸菜，其叶腋具 2 刺，分布于陕西、河南、华东、中南、西南等省区。反枝苋又称西风谷，产于东北、华北和西北地区，其茎叶均被短柔毛，圆锥花序较粗壮，胞果包裹在宿存花被内。

（八）马齿苋（图 4-3-8）

1. 别名：马齿菜、马蛇子菜、蚂蚱菜。

2. 形态：一年生肉质草本。茎平卧或斜向下，自基部多分枝，无毛，淡绿色或带紫红色。叶互生，倒卵形，长 1~3 厘米，宽 0.6~1.5 厘米，先端圆钝或平截，有时微凹，基部宽楔形，全缘，上面绿色、下面淡绿或带有紫红色，叶柄极短。花黄色，通常 3~5 朵簇生于枝端叶腋，无梗；萼片 2，对生，卵形，基部与子房连合；花瓣 5，倒卵状矩圆形，午时盛开；雄蕊通常 8 枚或更多；子房半下位，1 室，柱头 4~6 裂。蒴果圆锥形，盖裂；种子多数，黑色，表面有小疣状突起。见右图。

图 4-3-8

3. 产地：遍布全国。

4. 生长环境：常生于田间、路旁、菜园、荒地，为主要田间杂草之一。

5. 维生素含量：胡萝卜素 3.94，维生素 B2 0.16，维生素 C 65。

6. 食用方法：5~9 月采嫩茎叶，开水烫后，轻轻挤出汁水，加调料拌食或炒食，滑软可口，也可做干菜。

（九）落葵（图 4-3-9）

1. 别名：胭脂菜、豆腐菜、藤菜、木耳菜。

2. 形态：一年生肉质草本。茎长达数米。分枝，绿色或淡紫色，全体光滑无毛。叶互生，卵形或近圆形，长 3~12 厘米，宽 3~11 厘米。穗状花序腋生，长 5~20 厘米，小苞片 2，萼状，宿存；萼片 5，粉红色或淡紫色，基部白色，连合成管；无花瓣；雄蕊 5 枚，生于萼管口，与萼片对生；花柱 3。果实卵形或球形，包于宿存的肉质萼内。

图 4-3-9

3. 产地：全国各地均有栽培或在南方逸为野生。

4. 生长环境：山坡、田野或村寨旁。

5. 维生素含量：胡萝卜素 2.88，维生素 B2 1.31，维生素 C 85。

6. 食用方法：采摘嫩叶或嫩茎尖，洗净炒食，或与豆腐一起煮汤吃，鲜美可口。

（十）牛繁缕（图 4-3-10）

1. 别名：鹅肠菜。

2. 形态：多年生草本。茎高 20~60 厘米。多分枝，枝细弱，铺散。叶卵形或宽卵形，长 2~7 厘米，宽 1~3.5 厘米，顶端锐尖，基部圆形或近心形，全缘，无毛，质薄，上部叶无柄，下部叶有柄，柄长 5~10 厘米。花顶生枝端或单生叶腋，多数集成聚伞花序；花梗细，长 0.5~2 厘米，被短柔毛，花后下垂；萼片 5，卵形，基部连合，外面有短柔毛，花瓣 5，白色，长于萼片，顶端 2 深裂至基部；雄蕊 10，稍短于花瓣；子房规圆形，花柱 5，短线形。蒴果卵形，5 瓣裂，每瓣顶端再 2 裂；种子多数，扁圆形，褐色，表面具瘤状突起。

图 4-3-10

3. 产地：遍布全国。

4. 生长环境：山坡、路旁、田间、草地等较阴湿处。

5. 维生素含量：胡萝卜素 3.09，维生素 B2 0.36，维生素 C 98。

6. 食用方法：春夏季采嫩苗或嫩叶，开水烫后炒食或煮食。

（十一）芥菜（图 4-3-11）

1. 别名：芥、芥菜花、菱角菜、护生草。

2. 形态：一或二年生草本。茎直立，高 20~40 厘米，有分枝，被单的或分歧的白色柔毛。基生叶莲座状丛生，长可达 10 厘米，大头羽状分裂，顶生裂片三角状或卵状披针形，两侧的裂片浅裂或为不规则的粗锯齿状，具长叶柄；茎长叶互生，矩圆形或披针形，长 1~2 厘米，宽 2~6 毫米，先端渐尖，基部抱茎，边缘有缺刻或锯齿，两面绿色，有细毛。总状花序顶生或腋生；花白色，直径 2 毫米，有长梗，后伸大约达 1 厘米；萼片 4，绿色具白色边；花瓣 4。短角果倒三角形，扁平，顶端微凹；种子 2 行，椭圆形，细小，淡棕色。

图 4-3-11

3. 产地：遍布全国。

4. 生长环境：常生于田边、路边、沟边、荒地，偶有栽培供做蔬菜。

5. 维生素含量：胡萝卜素 3.63，维生素 B2 0.14，维生素 C 80。

6. 食用方法：3~5 月采嫩茎叶，炒食或做汤，风味清香；和肉做馅，味道更美。

（十二）龙牙草（图 4-3-12）

1. 别名：仙鹤草、山昆菜、瓜香草。

2. 形态：多年生草本。高 30~60 厘米，全体密生长柔毛。奇数羽状复叶，有叶状托叶，托叶斜卵形，一部分与叶柄相连接；小叶 5-7，间有小型小叶，先端及中部小叶较大，椭圆状卵形或长椭圆形，长 3~7 厘米，宽 1.5~3.3 厘米，边缘有锯齿，两面均生柔毛，下面有多数腺点；叶柄长 1~2 厘米，总状花序顶生，长 10~20 厘米；花黄色，直径约 6—9 毫米，有短梗，基部具 2 枚三叉形苞片；萼筒子果期增厚，下垂，外有纵沟并有毛；花瓣 5，倒卵形，顶端微凹；雄蕊 10。瘦果包于钩刺的宿存花萼内。

3. 产地：遍布全国。

图 4-3-12

4. 生长环境：山坡、路旁、草地，有时成片生长。

5. 维生素含量：胡萝卜素 7.01，维生素 B2 0.63，维生素 C 157。

6. 食用方法：3~5 月采嫩茎叶，开水烫过，清水漂洗数次，除去苦涩味后炒食。

（十三）地榆（图 4-3-13）

1. 别名：黄香瓜、小紫草、山红枣。

2. 形态：多年生草本，高可达 1 米；茎直立，有沟棱，无毛。奇数羽状复叶互生，基本叶有长柄，茎生叶近于无柄，两侧膨大展开，附有半圆环保的托叶；小叶有 5~19 片，矩圆状卵形至矩圆形，长 2~6 厘米，宽 1~3 厘米，先端急尖或钝，基部近心形或近截形，边缘有圆而尖的锯齿，两面无毛；小叶有短柄，柄基部具有一对有齿的小托叶。花小，密集成顶生的矩圆形的穗状花序，总花梗细长；萼片 4，花瓣状，紫红色；无花瓣；雄蕊 4。瘦果褐色，包于宿存的萼内。

3. 产地：遍布全国。

图 4-3-13

4. 生长环境：山坡、草地及高山草甸灌丛中。

5. 维生素含量：胡萝卜素 8.30，维生素 B2 0.72，维生素 C 229。

6. 食用方法：3~4 月摘嫩苗，夏秋季采嫩叶，开水烫过，清水漂洗，然后炒食，花穗叶可食用。

（十四）水芹（图 4-3-14）

1. 别名：水芹菜。

2. 形态：多年生草本，高 15~50 厘米，全株无毛。茎下部匍匐，节处生须根及匍匐枝，茎上部直立，分枝，具 4~5 锐棱，中空。叶片 1~2 回羽状全裂；裂片披针形、长圆状披针形或卵状披针形，长 1.5~4 厘米，宽 3~5 毫米，有短柄或无柄，先端渐尖，基部楔形，边缘具不整齐尖锯齿，稀呈深裂状；叶柄长 7~15 厘米，基部鞘状，抱茎。复伞形花序有长梗，常与叶对生，无总苞片，伞辐 7~18，不等长；小伞形花序约有 20 朵花；小总苞片 5~10，条形；花瓣 5，白色。双悬果椭圆形，长 2.5~3 毫米，果棱隆起，侧棱较背棱稍宽，木栓质。

图 4-3-14

3. 产地：遍布全国。

4. 生长环境：生低湿地或浅水沟边，偶有栽培作蔬菜。

5. 维生素含量：胡萝卜素 1.03，维生素 B2 0.07，维生素 C 46。

6. 食用方法：从春至秋采嫩苗或嫩茎叶，炒食或用开水烫后凉拌。

7. 其他：产于东北、华北及西北地区的毒芹有剧毒，人畜误食往往致死，其生长环境与水芹相同，幼苗的叶形也与水芹近似，应特别注意识别。易于区别之点是水芹的茎和叶柄都有锐棱，而毒芹的茎和叶柄圆筒形，中空，有细沟。

（十五）打碗花（图 4-3-15）

1. 别名：小旋花、兔耳草。

2. 形态：多年生草本，有白色根状茎。茎蔓性，缠绕或匍匐。通常由基部分枝，叶互生，有长柄；基础部叶全缘，近椭圆形，长 1.5~4.5 厘米，宽 2~3 厘米，基部心形；茎上部叶三角状戟形，侧裂片开展，通常 2 裂，中裂片披针形或卵状三角形，顶端钝尖，基部心形。花单生叶腋，梗长 2.5~5.5 厘米；苞片 2，卵圆形，长 0.8~1 厘米，包于花萼外，绿色，宿存；萼片 5，矩圆形；花冠漏斗状，淡粉红色；雄蕊 5，基部膨大，有细鳞毛；子房 2 室，柱头 2 裂。蒴果卵圆形，光滑无毛；种子黑褐色。

图 4-3-15

3. 产地：遍布全国。

4. 生长环境：多生于耕地、荒地和路旁草丛中。

5. 维生素含量：胡萝卜素 8.30，维生素 B2 0.07，维生素 C 78。

6. 使用方法：4~5 月采摘嫩茎叶，开水烫后炒食或煮食，也可做汤。

（十六）枸杞（图 4-3-16）

1. 别名：枸杞菜、枸杞子、狗牙菜。

2. 形态：灌木，高达 1 米余。生于叶腋，长约 1~2 厘米。叶互生或簇生短枝子，卵状狭菱形或卵状披针形，长 1.5~5 厘米，宽 5~17 毫米，全缘；叶柄短，长约 3 毫米。花腋生，通常 1~5 朵簇生，花梗细，长 5~15 毫米；花萼钟状，先端 3~5 裂；花冠漏斗状，淡紫色，长 9~12 毫米，筒部稍宽，但短于檐部裂片，裂片有缘毛；雄蕊 5，花丝长短不一，通常近基部密生白色柔毛。浆果卵形或长圆形，深红色或橘红色；种子肾形，黄色。

3. 产地：遍布全国。

4. 生长环境：山坡、路旁、田埂、丘陵地带或灌木丛中，也有栽培。

5. 维生素含量：胡萝卜素 5.90，维生素 B2 0.21，维生素 C 69。

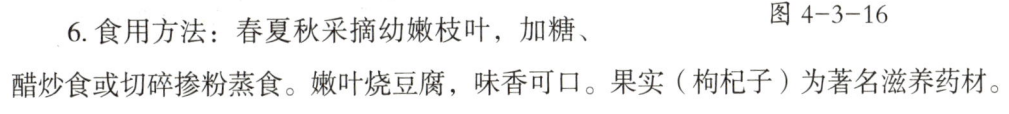

6. 食用方法：春夏秋采摘幼嫩枝叶，加糖、醋炒食或切碎掺粉蒸食。嫩叶烧豆腐，味香可口。果实（枸杞子）为著名滋养药材。

图 4-3-16

（十七）黄花龙牙（图 4-3-17）

1. 别名：野黄花、十龙草、败酱。

2. 形态：多年生草本。茎直立，高1米以上，上部光滑，下部稍有倒生粗毛。基生叶卵形或长卵形，有长柄，花时枯落；茎生叶对生，叶片披针形或窄卵形，长 5~15 厘米，羽状深裂至全裂，裂片 5~7，顶裂片最大，椭圆形或卵形，两侧裂片窄椭圆形或条形，向下渐变小，边缘具不整齐锯齿，两面疏生粗毛或近无毛；叶柄长 1~2 厘米，上部叶渐无柄。聚伞圆锥花序在枝端常 5~9 聚集成疏大伞房状；总花梗及花序分枝鲜黄色，常只一侧被粗白毛；花小，多数，黄色，直径 3~4 毫米；花萼不明显；花冠 5 裂，冠筒短，内侧生白色长毛；雄蕊 4；子房下位，瘦果长椭圆形，长 3~4 毫米，具三棱，无膜质增大的苞片。

图 4-3-17

3. 产地：遍布全国。

4. 生长环境：山坡草丛中。

5. 维生素含量：胡萝卜素 0.83，维生素 B2 0.78，维生素 C 98。

6. 食用方法：春末夏初采摘嫩苗或嫩茎叶，开水烫过，清水漂洗后炒食。

（十八）牡蒿（图 4-3-18）

1. 别名：香青蒿、齐头蒿、老鸦青、花艾草。

2. 形态：多年生草本。茎直立，常丛生，高 30~90 厘米，具不育枝，无毛或被微柔毛。下部叶在花期苦味，匙形，长 3~8 厘米，宽 1~2.5 厘米，顶端有齿或浅裂，基部渐狭，有条形假托叶；中部叶楔形，长 2~4 厘米，顶端有齿或近掌状分裂，无毛或被微柔毛；

上部叶近条形，3裂或不裂。头状花序多数，排成复总状，球形或宽卵形，直径约1.5毫米，有短梗及条形苞叶；总苞叶4层，无毛，最外层卵形，边缘膜质；边缘花雌性，约10个，能育；中心花两性，不育。瘦果椭圆形，长近1毫米。

3. 产地：遍布全国。

4. 生长环境：山坡路边、荒野、草丛或疏林中。

5. 维生素含量：胡萝卜素5.14，维生素B2 1.07，维生素C 52。

图 4-3-18

6. 食用方法：3~7月采嫩茎叶，开水烫后炒食，嫩叶可掺入面粉煮食。

（十九）刺儿菜（图4-3-19）

1. 别名：小蓟、青青菜、薛薛菜、刺狗牙。

2. 形态：多年生草本。根状茎长。茎直立，高30~80厘米，无毛或被蛛丝状毛。叶椭圆形或长椭圆状披针形，长7~15厘米，宽1.5~2.5厘米。顶端钝尖，基部狭或钝圆，全缘或有齿裂，有刺，两面被疏或密的蛛丝状毛，无叶柄。头状花序单生于茎端，雌雄异株，雌株头状花序较大，总苞长2~3厘米；总苞片多层，外层较短；雄花花冠长17~20毫米，雌花花冠长约24毫米，淡紫红色。瘦果椭圆形或长卵形，略扁；冠毛羽状，先端肥厚而弯曲。

图 4-3-19

3. 产地：遍布全国。

4. 生长环境：荒地、路旁、田间，繁殖力很强，常成群生长，为最常见的田间杂草。

5. 维生素含量：胡萝卜素1.87，维生素B2 0.30，维生素C 39。

6. 食用方法：春夏季采嫩苗，炒食或做汤，味道很好。

（二十）小白酒草（图4-3-20）

1. 别名：飞蓬、小飞蓬、加拿大飞蓬。

2. 形态：一年生草本；具锥形直根，茎直立，高1米多，有细条纹及粗糙毛，上部多分枝。叶互生，条状披针形或矩圆状条形，长7~10厘米，宽1~1.5厘米，先端尖，基部狭，无明显叶柄，全缘或有微锯齿，边缘有长缘毛。头状花序多数，直径3~4毫米，有短梗，排成顶生多分枝的大圆锥花序；总苞近圆柱状；总苞片2~3层，条状披针形，几乎无毛；舌状花直立，极小，白色微紫；两性花筒状，4或5齿裂。瘦果矩圆形；冠毛污白色。

图 4-3-20

3. 产地：遍布全国。

4. 生长环境：旷野、路旁、荒地和田边，为一种常见杂草。

5. 维生素含量：胡萝卜素5.76，维生素B2 1.38，维生素C 39。

6. 食用方法：春季采嫩苗，炒食或做汤。

7. 其他：小白酒草常与苏门白酒草混生，易于识别之点在苏门白酒草植株灰绿色，较粗壮；叶两面被灰白色糙毛；头状花序较大，直径5~8毫米；冠毛初时白色，后变黄褐色。

（二十一）苦苣菜（图4-3-21）

1. 别名：苦荬、小鹅菜、苦菜。

2. 形态：一年生草本，高30~100厘米。茎直立，中空，不分枝或上部有分枝，无毛或上部疏生腺毛。叶柔软，长椭圆状披针形，长10~25厘米，宽3~6厘米，羽状深裂、大头状羽状全裂或羽状半裂，顶裂片大或与侧裂片等大，少有叶不分裂的，边缘有刺状尖齿，下部叶有具翅短柄，基部扩大抱茎。中部及上部叶无柄，基部宽大呈戟状耳形而抱茎。头状花序在茎端排成伞房状，梗或总苞下部疏生腺毛；总苞钟状，长10~12毫米，宽6~10毫米，暗绿色；总苞片3层，背部疏生腺毛并有微毛；舌状花黄色，两性，结实。瘦果长椭圆状倒卵形，压扁，褐色或红褐色，边缘具微齿，两面各有3条隆起的纵脉；冠毛白色。见左图。

图 4-3-21

3. 产地：遍布全国。

4. 生长环境：田野、路旁、村舍附近，也有栽培供蔬食。

5. 维生素含量：胡萝卜素 7.66，维生素 B2 0.25，维生素 C 52。

6. 食用方法：3~8 月采嫩苗或嫩茎叶，先用开水烫过，再用清水漂洗，炒食或加酱拌食，也可掺米煮菜粥吃。

（二十二）蒲公英（图 4-3-22）

1. 别名：婆婆丁、黄花地丁、奶汁草。

2. 形态：多年生草本。根垂直。叶蓬座状平展，矩圆状倒披针形或倒披针形，长 5~15 厘米，宽 1~5.5 厘米，羽状深裂，侧裂片 4~5 对，矩圆状披针形或三角形，有齿，顶裂片较大，戟状矩圆形羽状浅裂或仅具波状齿，基部狭成短叶柄，疏被蛛丝状毛或几无毛。花萼数个，与叶多少等长，上端被蛛丝状毛。总苞淡绿色，外层总苞片卵状披针形至披针形，边缘膜质，被白色长柔毛，顶端有或无小角，内层条状披针形，长于外层的 1.5~2 倍，顶端有小角；舌状花黄色。瘦果褐色，长毫米，上半部有尖小瘤，先端喙长 6~8 毫米；冠毛白色。

图 4-3-22

3. 产地：遍布全国。

4. 生长环境：路边、沟边、宅畔、荒地、田间及丘陵地带，适应性很强，既耐干旱又耐寒冷，为常见杂草。

5. 维生素含量：胡萝卜素 4.15，维生素 B2 0.63，维生素 C 52。

6. 食用方法：3~5 月采嫩苗，开水烫过，冷水漂洗，炒食、做汤或凉拌，也可采花做汤。

7. 其他：蒲公英属植物种类多，有多种同称婆婆丁，它们在外形上也很近似，均可作野菜食用。

（二十三）蕺菜（图 4-3-23）

1. 别名：鱼腥草、臭菜。

2. 形态：多年生草本，高 15~50 厘米．有腥臭味，茎下部伏地生根，上部直立，叶互生，心形或宽卵形，长 3~8 厘米，宽 1~6 厘米，有细腺点，绿色，有时下面带紫色；叶柄长 1~3 厘米，常有疏毛，托叶膜质，条形，长 1~2 厘米，下部常与叶柄合生成鞘状。穗状花序生于茎上端，与叶对生，长约 1~1.5 厘米，基部有 1 片白色花瓣状苞片。

蒴果顶端开裂。

3. 产地：长江以南各省市区。

4. 生长环境：田埂，水沟等阴湿处。

5. 维生素含量：胡萝卜素 2.59，维生素 B2 0.21，维生素 C56。

6. 食用方法：夏秋季节采摘嫩茎叶，开水烫过，清水漂洗，炒食或做汤，也可凉拌吃，冬春季节可挖嫩根茎洗干净腌吃。

图 4-3-23

（二十四）莲子草（图 4-3-24）

1. 别名：虾钳菜。

2. 形态：一年生草本，高 10~45 厘米，茎上升或匍匐，多分支，有纵沟，沟内有柔毛，在节处有柔毛。叶对生，近肉质，条状披针形或倒卵状矩圆形，长 1~8 厘米，宽 0.2~2 厘米，先端短尖或钝，基部渐狭成柄，全缘或有不明显锯齿。头状花序腋生，无柄，苞片，小苞片和花被白色，干膜质，宿存，能育雄蕊，通常花丝基部合生成环状。胞果倒心形，边缘常有狭翅，包于花被内。

图 4-3-24

3. 产地：长江以南各省市区。

4. 生长环境：多生于水沟边，潮湿处。

5. 维生素含量：胡萝卜素 5.19，维生素 B2 0.25 维生素 C56。

6. 食用方法：春夏季节采摘嫩茎叶，开水烫后炒食或煮食。

7. 其他：另一种喜旱莲子草（水花生）在南方的池沼中。水沟中常见，其嫩茎叶也可食用，它与莲子草的区别在于叶片较宽大，头状花序有长柄，苞片和花被较长大，能育雄蕊 6 枚。

（二十五）青葙（图 4-3-25）

1. 别名：鸡冠菜、野鸡冠菜、白鸡冠。

2. 形态：一年生草本，高 60~100 厘米，全体无毛，茎直立，具条纹，通常分枝。叶互生，薄纸质，披针形或椭圆状披针形，长 5~9 厘米，宽 1~3 厘米，先端渐尖，基部渐狭面下延，全缘，穗状花序单生于茎顶或分枝末端，圆柱形或圆锥状，长 3~10 厘米；

苞片，小苞片和花被片干膜质，幼时淡红色，后变为银白色；雄蕊5，花药粉红色，丁字状着生，花丝下部合生成杯状。胞果球形，种子数粒，肾状圆形，黑色有光泽。

3. 产地：云南、贵州、四川、河北、陕西、甘肃等省及华东、中南等地区。

4. 生长环境：喜生于荒野、路旁、山沟、河滩、沙丘等疏松土壤。为旱田杂草，也有栽培。

5. 维生素含量：胡萝卜素8.02，维生素B2 0.64，维生素C 65。

图 4-3-25

6. 食用方法：春夏季采摘嫩苗或嫩叶，开水烫后漂去苦水，加调料拌食或炒食。种子可代芝麻做糕点用。

（二十六）分株紫萁（图 4-3-26）

1. 别名：牛毛广。

2. 形态：多年生草本，高达1米。根状茎短粗直立，大的可成小树干状，顶端有叶簇生。叶二型，幼时密生红棕色绒毛；营养叶的叶柄长30~40厘米，叶片厚纸质，长矩圆形，长40~60厘米，宽约20厘米，二回羽状深裂；羽片20对以上，矩圆披针形，长约10厘米，宽1—2厘米，先端渐尖，基部无柄，羽状深裂；裂片约15对，矩圆形，圆头，全缘。孢子叶较营养瘦弱短小，叶片紧缩，裂片条形，背面满布暗棕色的孢子囊。

3. 产地：产东北各省及四川西部、云南西北部。

4. 生长环境：生于沼泽地带或潮湿的山谷林下。

5. 维生素含量：胡萝卜素1.97、维生素B2 0.25，维生素C69。

6. 食用方法：4~6月采拳卷状幼叶，与肉炒食，味美，可晾干成干菜或腌菜。

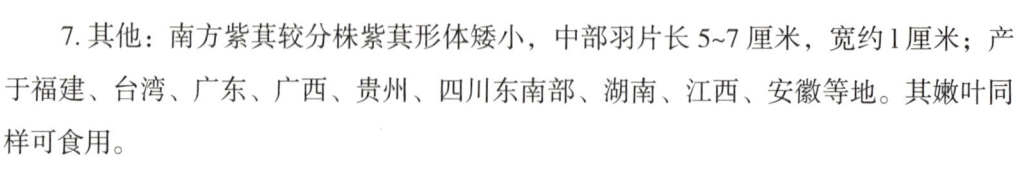

图 4-3-26

7. 其他：南方紫萁较分株紫萁形体矮小，中部羽片长5~7厘米，宽约1厘米；产于福建、台湾、广东、广西、贵州、四川东南部、湖南、江西、安徽等地。其嫩叶同样可食用。

（二十七）鸭跖草（图 4-3-27）

1. 别名：竹节菜、鸭抓菜、三角菜、蓝花菜。

2. 形态：一年生草本、高达 50 厘米；茎柔弱平滑，节间长 3~9 厘米，下部常生根。叶互生，披针形，长 3~8 厘米，先端渐尖，基部下延成膜质的叶鞘，边缘具纤毛。总苞片佛焰苞状，有 1.5~4 厘米的长柄，与叶对生，心形稍呈镰刀状弯曲，长近 2 厘米，边缘常有硬毛；聚伞花序有花数朵，略伸出佛焰苞；萼片 3，绿色，有长抓，长近 1 厘米；雄蕊 5 枚，3 枚能育而长，3 枚退化。蒴果椭圆形，长 5~7 毫米；种子 4，具不规则窝孔。

图 4-3-27

3. 产地：云南、甘肃以东的南北各省市区。

4. 生长环境：常见于田边、路旁、山间、水沟附近等阴湿处。

5. 维生素含量：胡萝卜素 3,39，维生素 B2 0.46，维生素 C 118。

6. 食用方法：5~7 月采嫩苗或茎尖，烫后炒食或做汤，味清香。也可晾干制成干菜。

（二十八）薤白（图 4-3-28）

1. 别名：小根蒜、团葱。

2. 形态：多年生草本。鳞茎近球形，粗 1~2 厘米，基部常有小鳞茎；鳞茎外皮带灰黑色，纸质或膜质。叶 3~5 枚，半圆柱形或三棱状半圆柱形，中空，长 15~30 厘米。花葶半圆柱状，高 30~70 厘米，1/4~1/3 被叶鞘；总苞 2 裂，比花序短；伞形花序半球形至球形，密集暗紫色珠芽，间有数朵花或全为花；小花梗近等长，比花被片长 3~5 倍；花被宽钟形，淡紫色或粉红色；花被片矩圆形至矩圆状披针形，钝头；花丝比花被长 1/4~1/3，基部合生并与花被贴生；子房近球形，腹缝线，基部具有帘的蜜穴；花柱伸出花被之外。

图 4-3-28

3. 产地：除新疆和青海外，其他各省市区均产。

4. 生长环境：山坡、丘陵、山谷和草地上。

5. 维生素含量：胡萝卜素 3.94，维生素 B2 0.14，维生素 C69。

6. 食用方法：3~5 月采全株，9~11 月采鳞茎，洗净，可生拌、炒食或腌吃，也可调味用。

（二十九）马兰（图 4-3-29）

1. 别名：马兰头、路边菊、泥鳅菜、蓑衣莲。

2. 形态：多年生草本，高 30~50 厘米。茎直立，多分枝，叶互生，质薄，倒披针形或倒卵状矩圆形，长 3~10 厘米，宽 0.8~5 厘米，顶端钝或尖，基部渐狭，无柄或有短柄，边缘有疏粗齿或羽状浅裂，两面近乎光滑或少有短毛。上部叶小、全缘。头状花序直径约 2.5 厘米，单生与枝端并排成疏伞房状；总苞片 2~3 层，倒披针形或倒披针状矩圆形，上部草质，有疏短毛，边缘膜质，有睫毛；舌状花层，舌片淡紫色；筒状花多数，黄色。瘦果倒卵状矩圆形。极扁，长 1.5~2 毫米，褐色；冠毛长 0.1~0.3 毫米，易脱毛，不等长。

图 4-3-29

3. 产地：四川、云南、贵州、陕西、河南、湖北、江西、广东、广西、福建、台湾、浙江、安徽、江苏、山东及辽宁等省市区。

4. 生长环境：林缘、草丛、溪岸、路旁。

5. 维生素含量：胡萝卜素 3.32，维生素 B2 0.05，维生素 C 46。

6. 食用方法：早春 3~4 月采摘嫩苗或嫩叶，开水烫后，凉拌或炒食，清香美味。

（三十）萎蒿（图 4-3-30）

1. 别名：水蒿、柳蒿、驴蒿。

2. 形态：多年生草本，有地下茎。茎直立，高 60~150 厘米，常带有紫红色。茎下部叶在花期枯萎；中部叶羽状深裂，长 10~18 厘米，宽约为长的一半，侧裂片 2 对或 1 对，条状披针形或者条形，顶端渐尖，有疏浅锯齿，上面无毛，下面被白色薄茸毛，基部渐狭成楔形短柄；上部叶 3 裂或者不裂，或条形而全缘。头状花序有短梗，多数密集成狭长的复总状花序，有条形苞叶；总苞近钟状，长 2.5~3 毫米，宽 2~2.5 毫米，总苞片约 4 层；外层卵形，黄褐色，被短棉毛，内层边缘宽膜质。花黄色，外层雌性，内层两性。瘦果微小。

图 4-3-30

3. 产地：东北、华北及华东各省市区。

4. 生长环境：河滩或沟边湿草地上。

5. 维生素含量：胡萝卜素 4.88，维生素 B2 0.52，维生素 C 49。

6. 食用方法：春季采摘嫩茎去叶，用开水烫后与肉、香肠炒食，味美可口；或取嫩茎叶，先开水烫过清水漂洗，挤去汁水，炒食或掺米粉蒸食。

（三十一）鼠曲草（图 4-3-31）

1. 别名：清明草、佛耳草、爪老鼠。

2. 形态：一年生草本，高 15~30 厘米或更高，茎直立，簇生，不分枝或少分枝，被白色厚棉毛。叶互生，无柄，匙状倒披针形或倒卵状匙形，长 2~6 厘米，宽 3~8 毫米，顶端圆，具小尖头，基部渐狭，稍下延，全缘，两面被白色绵毛，上部叶渐至条形。头状花序多数，通常在顶端密集成伞状；总苞钟形，直径约 3 毫米；总苞片 2~3 层，金黄色或柠檬黄色，干膜质。有光泽。花黄色，全为管状花，外围的雌花花冠细管状，中央两性花花冠管状，长约 3 毫米。瘦果倒卵形或倒卵状圆柱形，长约 0.5 毫米，冠毛白色。

图 4-3-31

3. 产地：陕西、河北等地及华东、中南、西南各省市区。

4. 生长环境：低海拔湿地或湿润草地、田埂、荒地、路旁等地常见。

5. 维生素含量：胡萝卜素 3.94，维生素 B2 0.06，维生素 C 46。

6. 食用方法：春季采摘嫩茎叶，开水烫后炒食或切碎后掺米粉蒸食，味甜美。

（三十二）大车前（图 4-3-32）

1. 别名：车轮菜。

2. 形态：多年生草本，高 15~20 厘米，根状茎粗短，有须根。叶基生，直立，叶片卵形或宽卵形，长 3—10 厘米，宽 2.5~6 厘米，顶端圆钝，边缘波状或有不整齐锯齿，两面有短或长柔毛；叶柄长 3~9 厘米。花葶数条，近直立。长 8~20 厘米；穗状花序近直立，长 4~10 厘米，密生小花；苞片卵形，较萼裂片短，二者均有绿色龙骨状突起；花萼无柄，裂片 4，椭圆形，长 2 毫米；花冠 4 裂，裂片椭圆形或卵形，长 1 毫米。蒴果圆锥状，长 3~4 毫米，周裂；种子 6~10，矩圆形，长约 1.5 毫米，黑棕色。

图 4-3-32

3. 产地：新疆、陕西、湖北、湖南、浙江、江西、福建、台湾、广东、广西、云南、贵州、四川和西藏。

4. 生长环境：路边、沟旁、田埂等湿处。

5. 维生素含量：胡萝卜素 5.19，维生素 B2 0.08，维生素 C39。

6. 食用方法：春夏季节采嫩叶或幼苗，先用开水烫软，再用清水泡几小时后捞出，炒食或做汤，味很好。

7. 其他：除大车前，车前和平车前也几乎在全国各地均有分布，常与大车前混称车轮菜、车轱辘菜、野地菜、猪耳朵、牛甜菜等，其嫩叶和幼株也可供食用。车前属植物多入药，做野菜食用时须经烫泡，除去苦味。

（三十三）长萼堇菜（图 4-3-33）

1. 别名：地黄瓜、地丁草。

2. 形态：无茎、簇生草本。叶全部基生，三角状卵形、近三角形或戟形，长 2~5 厘米，宽 1~3 厘米，先端微钝或急尖，基部宽心形，稍沿叶柄下延，边缘有小锯齿，两面通常无毛，上面有乳头状白点；托叶与叶柄合生，其分离部分狭披针形，全缘或有疏齿。花柄略长于叶，近中部以下有条形的苞片；萼片 5 片，披针形，基部附器长 2~3 毫米，下面 2 片顶端有小齿；花瓣淡紫色，长 10~12 毫米；距管状，长 2.5~3 毫米。蒴果椭圆形，长 6—8 毫米。

3. 产地：长江流域以南各省市区。

4. 生长环境：草地、田边、路旁。

5. 维生素含量：胡萝卜素 5.29，维生素 B2 0.32，维生素 C 281。

图 4-3-33

（三十四）菱、莲、芦苇、青苔

湖塘水生的菱、莲、芦苇、青苔都是人们熟识的可食植物。

1. 菱（菱角、水菱）（图 4-3-34）。生于湖塘与河流静止处，通常蔓衍成片。菱生于水下，上有浮叶。菱外壳坚硬有角，生吃或煮熟后剥食。

2. 莲（图 4-3-35）。浮生于湖塘与水流缓慢的溪流中。莲子成熟后，可除去发苦的胚芽煮食。莲的幼茎叶也可煮食，但在烧煮之前，应先剥去幼茎上粗糙的外皮。

图 4-3-34

图 4-3-35 　　　　　　　图 4-3-36 　　　　　　　图 4-3-37

3. 芦（图 4-3-36）。生于湖塘湿地环境，幼根茎和嫩心芽可生吃。

4. 青苔（图 4-3-37）。长流水中的可食用。捞取后，用木棒捶打漂洗干净，拌上作料，用叶子包好放在火上烧，也可以煮食。烧熟后香味扑鼻，是傣族人民喜爱的食品。

二、野果

我国地大物博，南北方的山野灌木丛中都生长有许多可食用的野果。例如，生长在低山丘陵常绿阔叶灌木丛中的中华猕猴桃、桃金娘，山地落叶阔叶灌木丛中的山桃、胡颓子，石灰岩山地落叶阔叶灌木丛中的小果蔷薇，河谷落叶阔灌木丛中的余甘子、沙棘，沙地灌木丛中的山荆子、稠李，等等。这些野果都可以生食充饥。如无识别可食野果的经验，可仔细观察鸟和猴子都选择哪些野果为食，一般来说，鸟兽可食的这些野果对人体是无害的。我国一些常见的可食野果有以下几种。

（一）山葡萄（图 4-3-38）

1. 产地及食用方法：主要分布于我国东北，生长在山地的树林边缘地带。9 月间果实成熟，采摘果实生食。其嫩条可解渴。

2. 形态：蔓性灌木，树皮常成片状剥离。叶互生，有很长的叶柄，叶片圆形，宽 8~14 厘米。圆锥花序，花小而密。浆果球形，直径约 8 毫米，成熟后变黑色。

图 4-3-38

（二）茅莓（图 4-3-39）

1. 别名：悬钩子（昆明）。

2. 产地及食用方法：遍布全国。生长在山坡灌木丛或路旁向阳处。食用部分为果实及嫩叶。7~8 月果实成熟，味酸甜，可生食。嫩叶晒干后，可代为茶叶。根入药，浸酒能养筋血、消退红肿。茎叶煎水，可洗痔疮。叶捣烂，可敷恶疮。

2. 形态：攀缘扶灌木。在枝和叶柄上全生有毛和钩状小刺。叶为羽状复叶，小叶为3片，也有5片的，近圆形，顶端一片较侧生叶片更大，边缘有不整齐的深齿缺，下面呈白色，密生短绒毛。花单生在叶腋，或由几朵聚成短圆锥花序，生在枝顶，总梗有稀疏的刺，花瓣粉红色，倒卵形。小核果球形，红色，核有深窝孔。

图 4-3-39

（三）沙棘（图 4-3-40）

1. 别名：醋柳、酸刺、海簌、海鼠李、黄醋刺（西北）。

2. 产地及食用方法：沙棘分布于我国河北、山西、陕西、甘肃、宁夏、青海、新疆、四川、云南等地，常生长在河岸两地的沙地或沙滩上。在9~10月或霜后果实成熟时用刀割下带果的小枝，再用树枝轻轻敲下果实。冬季把带果的沙棘的枝条铺在冰面上，可保存很久。果实可生食，味微酸而甜。营养价值高，可做维生素浓缩剂。

图 4-3-40

3. 形态：有刺灌木。叶窄，线形或线状披针形，长2~8厘米，宽2~8毫米，上面呈绿色，下面为银白色。花雌雄异株，雄花有两个椭圆形的裂片，雄蕊4个，雌花呈管状。果实为核果，卵形或近圆形，多汁，长0.8~1厘米，直径5~6毫米，金黄色或橙黄色，许多个密生在一起，紧贴在枝条上。

（四）火把果（图 4-3-41）

1. 别名：救军粮、赤阳子、豆金粮、红子（贵州）。

2. 产地及食用方法：分布于我国江苏、四川、贵州、云南、广东、广西等地。多生长在山地的山脚、路边灌木林中。9-10月果实成熟，采摘生食。

3. 形态：灌木，高达3米，茎有刺，枝条有锈褐色的柔毛。叶长椭圆形或倒卵形，前端圆或

图 4-3-41

微凹，有小短尖，基部逐渐狭窄，边缘有细圆齿，上面呈深绿色，发亮，下面呈淡绿色。花白色，花瓣近圆形。果近圆形，深红色。

（五）桃金娘（图4-3-42）

1. 别名：当梨、稔子、山稔、岗稔。

2. 产地及食用方法：主要分布于福建、台湾、广东、海南、广西、云南、贵州等地。喜生长在丘陵或旷野间。秋后采摘，果实含糖分很多，可生食。

3. 形态：矮小灌木，高1米多，幼枝上密生柔毛。叶有短柄，叶坚硬，呈椭圆形或倒卵形，基部有3~5条叶脉，下面密被绒毛，花呈玫瑰红色，花瓣外面有灰色绒毛，常2~3朵聚生在一梗上，总梗比叶短，花下部有两片小叶状苞片，有毛。果实为球形浆果，成熟时呈暗紫色。

图4-3-42

（六）乌饭树（图4-3-43）

1. 别名：乌饭叶（浙江）。

2. 产地及食用方法：我国华东、华中、华南等地都有分布。多生长于马尾松林下。夏、秋季果实成熟，可生食。

3. 形态：常绿灌木，高约1~5米。分枝稠密，枝条细长，嫩枝和芽上都生有褐色细柔毛。叶互生，叶片较硬，呈卵形或长椭圆形，先端尖，基部渐窄，边缘有尖硬的细齿，上面叶脉有稀疏刺毛。9月开花，花白色，生在叶腋，通常下垂，长2~6厘米。果为球形小浆果，直径4~6毫米，成熟后呈黑色，味甜。

图4-3-43

（七）中华猕猴桃（图4-3-44）

1. 别名：猕猴桃、软毛猕猴桃、藤梨、阳桃、猴仔梨、奇异果、中国醋栗、中国鹅莓、中国猴梨。

2. 产地：分布于河南、陕西、广东等省区，垂直分布可达海拔1850米。

3. 形态：大型落叶木质藤本植物，高7~8米。叶圆形、卵圆形或倒卵形，下面密生灰棕色星状绒毛。果大，常为卵形

图4-3-44

或长圆形，幼时密生棕色长毛，成熟时脱落或不脱落。味道清香，具有类似甜瓜、草莓和柑橘混合在一起的特殊风味。

（八）野山楂（图4-3-45）

1. 别名：南山楂、小叶山楂、红果子。

2. 产地及食用方法：分布于云南、四川、山东、河南、江苏、浙江、江西等地。生于向阳山坡或山地灌木丛中。秋季果实成熟，可生食。

3. 形态：落叶灌木。枝密生，有细刺，幼枝有柔毛。叶倒卵形，长2~6厘米，宽0.8~2.5厘米，先端常3裂，基部狭楔形下延至柄，边缘有尖锐重锯齿。伞房花序，总花梗和花梗均有柔毛，花白色。梨果球形或梨形，红色或黄色，直径约1~2厘米，宿萼较大，反折。花期5~6月，果期8~10月。秋季果实成熟时采收，置沸水中略烫后干燥或直接干燥。

图4-3-45

（九）野栗子、椰子、木瓜

1. 野栗子又称茅栗（图4-3-46）。

野栗子树生长在山野灌木丛中，秋季成熟，生熟皆可吃，可将成熟成未成熟的栗子放在火堆的余烬中烤着吃，也可捣碎煮食。

2. 椰子（图4-2-47）。

热带植物。秋熟，至冬季仍然挂在树上。椰子树主要靠海岸生长，在椰子果成熟时，椰汁可饮用，果肉可煮食。生于树干上面的嫩心椰菜也可生食或煮食。

3. 木瓜（图4-3-48）。

生长在所有的热带地方，特别是湖沼地区。成熟的木瓜为黄色或带绿色，可生食。未成熟的木瓜果含有乳状汁液，涂在兽肉上可使肉软化，切勿弄入眼内（因它可引起强烈的刺痛甚至失明）。木瓜的嫩叶、花、茎均可煮食，但必须换水煮两次以上。

这三种果子都易于识别，是应急求生的上好食物。

图 4-3-46 　　　　　　　图 4-3-47 　　　　　　　图 4-3-48

三、蘑菇

蘑菇（菌类）在我国分布很广，是人们喜爱的一种食品。通常食用的有：香菇、草菇、猴头菌、鸡枞等。蘑菇一般的吃法是炒食或做汤，藏族同胞往往在野外采摘后用火烧烤后沾盐食用，别具风味。外形特殊、易于识别的食用蘑菇主要有以下几种。

（一）猴头菌（图 4-3-49）

1. 别名：刺猬菌、发状猴头菌。

2. 产地及食用方法：全国各地均有，生于栎、胡桃等阔叶树种的立木及腐木上。洗净切碎，炒食或做汤，也可晒干备用。药用能利五脏，助消化。

3. 形态：形如猴子的头，故名猴头。新鲜时呈白色，干燥后变为淡褐色，块状，直径 3.5~10 厘米，基部狭窄；除基部外，均布以肉质、针状的刺，刺直伸发达，下垂，长 1~3 厘米。

图 4-3-49

（二）鸡枞（图 4-3-50）

1. 别名：鸡菌、鸡肉丝菇（台湾）、伞把菇。

2. 产地及食用方法：主要分布在我国江苏、福建、台湾、广东、广西、四川、贵州、云南等地，以云南为最多。这种菌在雨季从地下白蚁窝上生出。食法同猴头菌。

3. 形态：刚出土时，菌盖呈圆锥状，伸展后中央具一乳突（形如鸡嘴），直径 3~20 厘米或更大。潮湿时有黏性，表面平滑，呈微黄色，乳突部分呈褐色或呈花皮状，往往辐射状地开裂。菌肉、菌褶白色，褶宽 5~15 毫米，呈不规则形。菌柄白色至灰白色，地下部分呈褐色至黑色，表面平滑，肉质，易于开裂，长约 3~20 厘米，直径 1~2.5 厘米，

图 4-3-50

基部膨大处可达 3.5 厘米。

（三）竹荪（图 4-3-51）

1. 别名：竹参菌。

2. 产地：产于我国西南各省市区的竹林中。

3. 形态：竹荪形态奇特，别致有趣，海绵状的菌柄上生有洁白的网状菌裙。人们形象地称其为"穿裙子的小姐"。

图 4-3-51

四、海藻类

我国漫长的海岸和岛屿生长着许多海藻，例如绿藻、红藻、褐藻。海藻一般对人体无害。海藻易于采集，但应选择那些附着在礁石上或漂浮在水中的，海滩上的海藻因时间过长可能会腐烂、变质。常见的海藻有以下几种。

（一）红毛草（图 4-3-52）

1. 产地及食用方法：我国东南沿海岛屿都有分布。这种藻生长在满潮线附近的岩礁或木头上。全体均可食用。采收后洗净，切碎，开水烫过，即可炒食或做汤。也可晒干保存，吃时再用开水烫过即可。

2. 形态：属红藻类。植物体在幼小时成单行线形体，最下面的一个细胞延长成假根。在植物体老化时，全体各处的细胞都可以产生假根，在外部形成一层胶质，假根从胶质中穿出并围绕在基根的周围；植物体的细胞在植物体幼小时横分成一线状体，植物体老时则成辐射线纵裂。因此呈一复细胞的多线体。

图 4-3-52

（二）角叉菜（图 4-3-53）

1. 产地及食用方法：生长于我国沿海的海水中，全体均可食。采收后洗净，开水烫过，炒食做汤均可，也可晒干保存，吃时再经过开水烫过即可。

2. 形态：属红藻类。全体扁形，扇状，复叉状分歧，暗紫色或暗绿紫色，略带革质。四分孢子囊

图 4-3-53

群呈红色的点状。

（三）鸡冠菜（图 4-3-54）

1. 别名：鸡脚菜。

2. 产地及食用方法：生长于我国沿海一带，海岸退潮线下的岩石上。全体可食。采收洗净，经开水烫过，切碎即可炒食或做汤，也可晒干保存，吃时再用开水烫过即可。

3. 形态：属红藻类。植物体扁平，作不规则的叉状分歧，长约 5~20 厘米，宽 1~2 厘米，膜质，新鲜时呈鲜红色，在繁殖时期表面生深红色的斑点或疣状突起。

图 4-3-54

（四）刺海松（图 4-3-55）

1. 别名：海松。

2. 产地及食用方法：生长于我国东南沿海较温暖的海水中。幼嫩的植物体可以食用。采捞后，洗净切碎，可炒食或做汤。

3. 形态：属绿藻类。植物体的基部有盘状组织，可以附着于岩石上面。在盘状组织上有很多形似枝干的假根，与珊瑚很相像。新植物体在老枝上生一个芽，芽成熟后在下面发生假根，以后和老植物体脱离，形成一个独立的新植物体。

图 4-3-55

（五）紫菜（图 4-3-56）

1. 别名：干柴菜。

2. 产地及食用方法：我国东南沿海一带的温暖海水中礁石上都有生长，低潮时在海滩上可找到。全体可食，捞出后晒干，作汤味美，也可干炒后加调料，香脆可口。

3. 形态：属红藻类。叶状体扁平，呈卵形或披针形等种种形状，一般长 15~25 厘米，宽 7~12 厘米，

图 4-3-56

基部楔形至圆形，边缘常有明显的波状皱缩。颜色通常为红紫色或绿紫色。

（六）裙带菜（图4-3-57）

1. 别名：昆布。

2. 产地及食用方法：生于海岸低潮线以下的暗石上，或生于风浪不大的海湾内，我国沿海都有生长。全体均可食。采捞后洗净晒干，吃时用开水烫过，切碎，即可炒食或做汤。

3. 形态：多年生大型褐藻。植物全体长1~2米，宽达1米。最下部呈叉状分歧，轮生。中部的柄较短，近于扁圆形，中间略隆起。上部的片部柔革质，新鲜时棕绿色，通常呈羽状分裂，全面密布有黏液腺，因此干后用水浸软后会溶出大量的黏液，并易剥离成两层。3~5月间在柄的两侧有木耳状的物体，内有孢子囊群。

图4-3-57

（七）海索面（图4-3-58）

1. 产地及食用方法：我国沿海均有生长。全体可食。采捞后，洗净、切碎、炒食、做汤均可。

2. 形态：植物体为直立分枝的条状体，体长约为10余厘米，直径约2毫米，状如面条，有胶质，下部有盘，附着于岩石上，再由此生发一至多根条状体，植物体在潮湿地区呈绿色，低潮地区呈红色或黄红色。

图4-3-58

（八）鹅掌菜（图4-3-59）

1. 别名：面其菜。

2. 产地及食用方法：生于海岸低潮线附近的岩礁上，我国沿海均有生长，东南沿海生长最多。全体可食。采捞后要晒干，吃时再用开水烫过，洗净泥土及黏液，切碎，炒食或做汤。

3. 形态：多年生大型褐藻，植物体的最下部为根状固着器，呈树枝状的叉状分歧。中部是圆柱状或略为扁圆形的柄。柄的上部为扁平的片部，稍有皱缩，暗褐色，厚2~3毫米。孢囊群在片部表面形成。

图4-3-59

海藻除上述加工食用方法外，还可用水洗净，放在岩石或木头上晒干，用石头砸平、捣碎，撒在食物上食用。

第五章

野生动物的猎取与食用

野生动物是一种重要的食物来源，通常来讲，鱼类、爬行动物、两栖动物、鸟类、哺乳动物等都可食用，并且含有人体所需的大量蛋白质、脂肪和矿物质成分。其营养价值要比植物高得多。

第一节 野生动物的寻找

首先需要了解各种野生动物的习性特征，克服对某些动物天生的厌恶感，比如蚯蚓。经验告诉我们，人在极度饥饿的条件下，凡含有营养的食物都能食用。其次，善于设置陷阱或者直接狩猎，这样才能"站在食物链的顶端"。最后，要能将把猎物有效地进行处理，发挥食物的最大效用。

一、野生动物的识别

几乎所有的动物都可能成为潜在的食物来源。而且在有些地方，肉类食物可能比植物类食物更容易获得。猎取野生动物，前提是要正确认识它们的习性。下面我们就来认识一些常见的野生动物。

（一）昆虫类

昆虫是世界上数量最多的动物群体，几乎遍布世界的每个角落。昆虫具有体形小，分布范围广，种类和数量众多，营养丰富的特点。不要低估昆虫的营养价值，同等重量的昆虫比蔬菜提供的营养高得多。昆虫体内也富含脂肪、蛋白质以及碳水化合物。例如蚁类所含的维生素 B_1、B_2 比鸡蛋和鱼都多；许多昆虫的蛋白质含量超过肉类；干黄蜂含有 80% 的蛋白质，蝗虫含有 61% 的蛋白质（图 5-1-1），而猪肉仅含 20%。昆虫常是野外求生者能获取的最可靠的动物性救命食源。有些昆虫需要尽力躲避：所有蜇人的浅色或长毛成年昆虫、散发刺激性气味的昆虫以及其他可能携带常见病菌的昆虫，如苍蝇、蚊子、扁虱等。

踪迹：大部分的昆虫在天气炎热时不活动，它们通常雨后外出采觅雨水和湿气。在树缝、角落和各种隐蔽阴暗的湿地可找到它们。蚁巢附近常会显现易于辨认的特征性松土。

图 5-1-1

> **提示**
>
> 在野外求生，最有利用价值的食源是白蚁、甲虫、蝗虫、蟋蟀、蜜蜂、毛虫以及各类水生昆虫等。

（二）鸟类（图5-1-2）

鸟的种类很多，世界各地都有鸟类活动。几乎所有的鸟类（新几内亚的黑头林鹃鸫等极少数有毒）都是可食的。

鸟类没有嗅觉，但视觉和听觉敏锐，它们多数善于隐蔽。除少数特殊种类的鸟外，大多数鸟类的足印很相似，一般只能提供有关鸟儿大小的信息。

图 5-1-2

踪迹：在沙漠或雪地，可以根据鸟类的足迹找到它们的藏身之处；鸟鸣及飞行中的鸟类有助于你发现它们的行踪；警叫声能引出其他鸟儿。相当多的粪便意味着此处可能是它们夜间栖息之地；海燕等一些鸟类在洞穴中做巢，它们的巢通常位于人迹罕至的海崖峭壁及岛屿上，它们白天整天在海上觅食，夜间归入洞中栖息。

（三）哺乳动物

哺乳动物体内蛋白质丰富，是非常美味的食物。但是也有少数动物不可食用。如海豹和北极熊的肝脏是有毒的；生活在澳大利亚的鸭嘴兽，其后腿上的爪子是有毒的；负鼠等类带有大量细菌，容易使人患病……野生哺乳动物生存地遭遇破坏，越来越多的野生动物濒临灭绝。现在，生存量大、繁殖快、安全可供人类食用的野生哺乳动物有野兔、仓鼠、野猪、鹿、鼬、蝙蝠等。

1. 兔（图5-1-3）

（1）产地：兔分布区域极为广泛，从寒冷地带的北极冰原到热带沙漠和丛林，世界各地都有兔类生存。

（2）特点：小型或中型的食草类哺乳动物，耳朵大，尾巴短小，呈圆形而且多毛，皮毛一般为褐色或灰暗色。兔子多数生活于地洞中，常常大群聚集，生活路线很有规律。幼兔在受到惊吓时常会静卧不动，甚至可直接用手捡起。

（3）踪迹：兔类有毛的脚掌使得脚印难以辨别，但可以利用其前腿短、后脚长的特征加以辨认。野兔前脚有五趾，最内一趾短小，几乎不留趾印，后脚细长，只有四趾。奔跑时后脚印会落在前脚印之前。兔类的粪便体积很小，坚硬，圆粒状，比较好辨认。被它们啃咬过的树皮上会留有两道明显的门牙痕。野灰兔一般不生活于地洞中，行动路线也无规律，捕捉起来更有难度。此外，兔类黏液分泌机能衰竭会导致许多病兔不得不在地上活动。

图 5-1-3

2. 田鼠（图 5-1-4）

（1）产地：主要分布于亚洲、欧洲、北美和北非。

（2）特点：属于仓鼠类，体型较结实，尾巴较短，眼睛和耳朵较小。田鼠可在多种环境下生活，多为地栖种类，但也可以水栖。

（3）踪迹：田鼠挖掘地下通道或在倒木、树根、岩石下的缝隙中做窝，昼夜活动，喜群居，不冬眠。它们觅食时啮齿会产生大量的腐木屑，做窝时也会把环境周围的土挖得很松散，且鼠洞相连，便于寻找。

图 5-1-4

3. 野猪（图 5-1-5）

（1）产地：主要分布于南北美洲、非洲及亚洲等地区。

（2）特点：野猪类的个体体形变化很大，多数种类皮肤上生有刺毛。这类动物气力很大，受伤后更凶猛。

图 5-1-5

（3）踪迹：野猪类的足迹为偶蹄印，幼仔有更多的点蹄。粪便通常都很松软不成形。在它们经常出没的地方，乱糟糟的地面上常有露出的树根，泥泞之地有时会有狭长形的动物打滚后留下的污迹。野猪窝容积很大，类似地洞。

4. 鹿（图 5-1-6）

（1）产地：生活在除澳洲以外所有洲的森林地带。

（2）特点：有蹄的哺乳动物，长腿，身体成桶形。雄鹿的角每年都会脱落，然后重新长出。鹿的种类很多，体型也各异。它们性情温顺且害羞，远离人类居住之地，过着群居生活。

图 5-1-6

（3）踪迹：鹿类有着敏锐的听觉和嗅觉，多数在黎明及傍晚时分外出活动。除非是在荒漠地区，否则它们绝不会在离水源很远的地方活动。偶蹄印呈两个长方形。排泄物呈长方体形或圆球形不等，通常成堆。在温带地区，它们的粪便到了冬季会更轻一些，富含更多的纤维质。幼树的茎上有它们留下的啃咬伤疤、擦疤等破损记号，可以作为寻找它们的标记。

5. 鼬（图 5-1-7）

（1）产地：主要分布于亚洲、欧洲以及北美等地。

（2）特点：黄鼠狼、白鼬、貂以及臭鼬等都具有几分神秘色彩，但在北半球的偏远地区，它们很可能是荒野中求生者重要的食物来源。不过要当心它们锐利的牙齿。

图 5-1-7

（3）踪迹：它们的足迹不明显，除非是在松软之地。它们的五趾及五爪相互分得很开，趾上的毛发会带来污渍。由于此类动物采用跳跃式前行，使得前后脚印部分重叠。黄鼠狼的脚印在这一类动物中是最小的，相对比较容易辨认。

（四）鱼类

1. 可食用的鱼类（图 5-1-8）

（1）产地：分布于全世界所有的水域。

（2）特点：脊椎呈圆柱形或纺锤状，肉味美，富含蛋白质、维生素和脂类。大部分鱼类都可食用。在淡水动物中，鱼类大概是最难捕捉的。但是如果你知道在何时、何地以及如何

图 5-1-8

钓鱼，即使没有现代化的钓鱼工具，也还是可以钓到鱼的。鱼钩和渔线很容易携带或制作，而且在靠水的多数地区，鱼饵也很容易找到。

（3）踪迹：在池塘和小溪很容易抓到野生的石板鱼、钻沙鱼、红癫皮、白条鱼、土莆鱼、昂刺鱼，还有鲶鱼、鳗鱼、鲫鱼、黑鱼以及叫不出名的野生小鱼，有些地区的泥鳅、黄鳝非常多。

有些鱼类含有毒素，一种是鱼本身含有毒素，如河豚、刺海猪、角鱼、刺鱼等，另一种是因为环境污染而使鱼含有毒素。在没有急救设施的野外应避免食用这些鱼类。

2. 有毒鱼的种类

（1）含神经毒素的鱼：如众所周知的河豚，它的卵巢、肝脏、血液和肾脏中均含有侵害神经组织的剧毒物质，仅半毫克的河鲀毒素就可致死，在专业人士处理得当的情况下可以食用。

（2）含血毒的鱼：这种鱼的血液中含有鱼血毒素。在江河中生活的黄鳝和鳗鱼都含有血毒，但经高温处理可以使毒素失效。

（3）含卵毒的鱼：含卵毒的主要是某些裂腹鱼亚科的鱼类，成熟的鱼卵毒性最大。毒物是珠朊型蛋白，高温处理后仍有毒性，人吃进100~200克鱼卵即会中毒。但该类鱼的肉无毒。

（4）含胆毒的鱼：以鲩鱼、鳙鱼、鲢鱼、鳊鱼和鲤鱼的胆毒毒力最强，常引发人的中毒。胆毒主要损害肾、肝、心、脑等组织，严重时可致死亡。

（5）含组胺酸过多的鱼：鱼内含过多的组胺酸也可引发人中毒，这一类鱼大部分是青色皮肤，红色肉，如青鳞鱼、鲐鱼、鲕鱼和金线鱼等。在适宜的条件下，存在于这些鱼体内的组胺酸经过分解，可生成大量的组胺与一种叫秋刀鱼毒素的物质使人中毒。

（6）含血卡霉素毒的鱼：生活在热带和亚热带的海水鱼吃了含有血卡霉素的藻类，使毒素在身体越积越多，并且遍布鱼身大小组织。常见的有：黄合鲳、梭鱼、鳞纯鱼、靖鱼、石斑鱼等。

3. 受环境污染鱼的识别

含有各种化学毒物的工业废水大量排入江河湖海，使生活在这些水域里的鱼类发生中毒。多种化学毒物长期蓄积在鱼鳃、肌肉和脂肪里，致使鱼体带毒。吃了被污染的鱼，人体可能慢性中毒、急性中毒，甚至诱发多种疾病，可致畸、致癌。

（1）看形体。污染严重的鱼，形态不整齐，头大尾小，脊椎弯曲甚至畸形。

（2）看眼睛。带毒的鱼眼睛浑浊，无光泽，有的甚至向外鼓出。

（3）看外观。鱼鳞部分脱落，鱼皮发黄，尾部灰青，有的肌肉呈绿色，有的鱼肚膨胀。这是铬污染或鱼塘大量使用碳酸铵化肥所致。

（4）看鱼鳃。鳃是鱼的呼吸器官，相当于人的肺。大量的毒素可能就蓄积在这里。有毒的鱼鳃不光滑，较粗糙，呈暗红色。

（5）闻气味。正常的鱼有明显的腥味，被污染了的鱼则气味异常。被不同毒物污染的鱼有不同的气味。煤油味是被酚类污染；大蒜味是三硝基甲苯污染；杏仁苦味是硝基苯污染；氨水味、农药味是被氨盐类、农药污染。

> **提示**
>
> 在没有被污染过的淡水领域捕获的鱼，是安全可食用的，海里鱼类复杂，你所要记住的是尽量捕捉你所熟悉的海鱼种类。误食毒鱼后，需立刻用手指刺激患者舌根催其多次呕吐，也可用高锰酸钾液洗胃，服用催吐、致泄剂将食进的鱼毒排出。

（五）软体动物（图5-1-9）

1. 产地：软体动物包括生活在淡水和咸水里的贝类，如蜗牛、蛤、贻贝、牡蛎、玉黍螺、石鳖以及海胆等。牡蛎和淡水贻贝很像，陆生及水生蜗牛分布在世界各地，只要有水的地方都会有。

2. 特点：躯体柔软而不分节，背侧皮肤褶襞向下延伸成外套膜，外套膜分泌包在体外的石灰质壳。无真正的内骨骼。

3. 踪迹：淡水中的软体动物，会在浅水处留下脚印，特别是河底为沙质或淤泥的浅水中。寻找它们在泥上留下的细细的痕迹或者隐秘的椭圆形的裂口，那是它们的藏身之处。在海边，等到退潮时，检查

图 5-1-9

> **警示**
>
> 在夏天，热带地区的贻贝是有毒的，不要吃那些即使水位很高时也没有被水覆盖的软体动物。
>
> 食用软体动物前必须先将其蒸一下或煮一下，或者带壳烘烤。既可以消毒，同时也可利用此方法从这类动物体内提取出盐。
>
> 建议将它们和绿色植物及块根一起炖，味道十分鲜美。

潮汐留下的小水坑和潮湿的沙子。海边的岩石上，或者再深一点的海水中的珊瑚礁上经常会粘着许多贝类。蜗牛和帽贝黏附在岩石水位较低的部分，大一点的蜗牛，也叫石鳖，则紧紧地依附在岩石水线以上的部分。贻贝通常大量聚集在布满碎石的池塘中、圆木上或者巨石的基部。

（六）两栖类（图5-1-10）

1.产地：除了海洋和沙漠，平原、丘陵、高山和高原均有分布。

2.特点：水陆两栖，四肢肌肉发达，在淡水领域，最常见的两栖动物是青蛙。青蛙的皮肤很光滑，有湿度。不过一些青蛙是有毒的，比如彩色或是背上有"X"标记的青蛙以及树蛙。务必要分清蟾蜍和青蛙。蟾蜍的皮肤表面有大小不一的疙瘩，且很干燥，它们喜欢生活在比较干燥的陆上，而不是水边。一些蟾蜍在进行防御时，其皮肤会分泌出含毒素的物质。所以一定不要靠近或接触蟾蜍，更不要把它当食物。蝾螈也不能吃，这是因为只有少部分的蝾螈无毒，所以不要去赌自己捉到的蝾螈无毒。蝾螈的生活地点在水边，且皮肤湿润、光滑，它的每只脚上都有四个脚趾。

图5-1-10

3.踪迹：青蛙喜欢待在比较稳定，安全的水边，当它们意识到身边有危险时，会立刻跳入水中，并把自己的身体埋进泥土里。它们大多昼伏夜出，白天多隐蔽，黄昏至黎明时活动频繁，酷热或严寒时以夏蛰或冬眠的方式度过，没有防御敌害的能力。

（七）爬行类

爬行动物同样有很高的蛋白质。且捕获方法简单。爬行动物的皮肤上有大量沙门菌，它们是细菌的主要携带者，当你营养不良或自身免疫较差时，很容易使你患病，甚至可能危及生命。爬行动物相对来说也带有一定攻击性，并且有些动物能够喷射致命的毒剂。除非迫不得已，尽量避免与它们打交道。

1. 蛇

（1）产地：主要生活在热带和亚热带，种类和数量繁多。

（2）特点：体圆长而有鳞，无四肢，口大、舌细长而分叉，牙齿锐利。有蜕皮现象。以青蛙等小型动物为食，大蛇也能吞食较大的兽类。

> **注意**
>
> 尽管所有有毒的、无毒的淡水蛇或陆地蛇都可以食用。但捕食时要尽量避开毒蛇，千万小心不要被蛇咬到，因为有些毒蛇是致命的，甚至即使蛇头被割下，它也会因条件反射而咬上一口，并注入毒液。

（3）踪迹：蛇的隐蔽能力特别强，轻微的动荡也会引起它们警觉地迅速逃离。在丛林中行进，你可能许多天都见不着蛇，但有时它们可能就在你身边。毒蛇的种类很多，一些种类的蛇在受到惊扰时会主动攻击人，然后逃走。还有一些热带地区的毒蛇会无端攻击人类，这类毒蛇包括非洲的树眼镜蛇和美洲的巨蝮蛇（图 5-2-11）等。

图 5-2-11

2. 蜥蜴（图 5-1-12）

（1）产地：大部分都分布在热带和亚热带地区的，也有从欧洲进入北极圈的。

（2）特点：与蛇相近，俗称"四脚蛇"（图 5-2-13），带鳞，有干燥的皮肤，属于冷血爬行动物，蜥蜴性情温和，多数以昆虫为食。有

图 5-1-12

毒的蜥蜴只有墨西哥毒蜥和希拉毒蜥这两类。大多数蜥蜴生性胆怯，但应警惕其毒腺能分泌毒液。蜥蜴和巨蜥受到攻击时会咬人，它们有着强有力的利爪。

（3）踪迹：每只脚上有五个脚趾，主要是陆栖，也有树上栖、半水栖和土中穴居。

3. 鳄鱼（图5-1-13）

（1）产地：分布在热带和亚热带地区的河流、湖泊及海岸地带。

（2）特点：长有许多锥形齿，腿短，有爪，尾长且厚重，皮厚带有鳞甲。鳄鱼性情凶猛，牙齿锋利而有力，其尾巴能够发挥巨大的剪切威力，凶狠程度不亚于它的利齿。鳄鱼类动物善于伪装，能静息于水中很长时间，等待毫无防备的猎物进入它们攻击的范围。喜食鱼类和蛙类。我国的扬子鳄属于保护动物。

图 5-1-13

（3）踪迹：离水岸较近，善于潜伏伪装，天冷潜水时间更长，脚印大而深，且中间有条线。

4. 海龟（图5-1-14）

（1）产地：分布于大西洋、太平洋和印度洋，到陆地上产卵，孵出幼体。

（2）特点：海龟上颌平直，下颌略向上钩曲，颚缘有锯齿状缺刻，前额鳞一对，背甲呈心形。蛇鳄龟基本可食，且口感丰富，味道有七种之多，它们的肉一般集中在前后肩的四周，其颈脖处也有些肉。闭壳龟很常见，却不能当食物，因为这种龟以吃毒蘑菇为生，它的身体中也有很多毒素，且靠烹制方法不能去除毒素。玳瑁海龟胸腺含有毒素，所以不要捕食。海龟基本都是保护动物，在有其他选择的情况下尽量避免食用。

图 5-1-14

（3）踪迹：生活于近海上层，以鱼类、头足纲动物、甲壳动物以及海藻为食，每年4-10月为繁殖季，常在礁盘附近水面交尾。

二、野生动物的寻找

在野外，动物的种类和数量是很多的，但并不能时常遇到野生动物。野外求生，猎取动物的前提则是寻找和发现动物，这样才能根据猎物的种类及其生活习性，使用有效的方法猎取。寻找和发现猎取对象，通常可以从动物的踪迹、排泄物、啃食信息和气味等方面入手。

（一）动物踪迹

1. 足迹。多数动物活动都很有规律，在饮水、觅食和归巢之间有很规则的路线。要留意这些踪迹信号，在湿地、雪地和松软沙石上动物踪迹会更明显一些，在密林地区还会有其他更明显的信号。足迹大小基本与动物体型成正比，通过足迹的清晰度及其内含水量的多少可以精确判断动物通过的时间。足迹越清晰，动物通过的时间越靠近。

2. 环境变化。清晨，可以留心观察环境周围情况。如果露水或蜘蛛网被碰掉或破坏，动物离去时间距现在可能不会超过几小时。有些动物，比如兔子，活动半径不会很大，相应的足迹很可能说明它们就在附近。有些动物会从茂密的矮灌木丛中打开通道，通道大小表明了相关动物的体型大小。沿着足迹延伸的道路两侧嫩枝的破损程度也会提供有关动物的信息。

（二）啃食信号

树皮被剥落的方式，啃食后留下的坚果皮壳，部分吃剩下的浆果及嫩枝上的牙痕，肉食性动物吃剩的猎物尸体及猎物巢穴被毁坏的状况，等等，都会有助于你判断生活在附近的动物种类和它们的生活习性。

1. 许多啃食植物嫩茎的鹿类动物会留下相应的牙痕，茎干树皮会留下破损的边痕。
2. 兔类啃食过的树皮边痕则是光滑的。
3. 绵羊和山羊也啃食树皮。它们留下的牙痕通常是斜歪的，而鹿类的牙痕则是垂直的。啮齿类动物啃咬的痕迹常位于树茎底部，一些野兔也会啃食小树的树皮。
4. 松鼠会爬上树茎的顶部啃食幼嫩枝条的木屑及树皮碎片通常会散落到树下。如果你见到地面上散落的松木屑，很可能树上就有松鼠落窝的巢穴。但如果同时又有坚果或松子之类散落树下，则表明这可能是爱偷食坚果的鸟类所为。在地面上一堆空果壳附近，很可能有一个啮齿类动物居住的地洞。

（三）排泄物（图5-1-15）

粪便也是确认动物类别的最好参考物之一。动物体型大小也可从中略知一二，粪便干燥程度是判断它们何时从此地经过的指标之一。随着时间的延长，粪便会变得坚硬，特征性气味也逐渐散去。飞动的苍蝇可以使你注意到附近的动物粪便。发现粪便

植食类（牛鹿兔）粪便　　　猫科动物粪便

图 5-1-15

后可以通过以下几种方法鉴别。

1. 哺乳类。许多哺乳类动物粪便有强烈的遗臭，这是由位于肛门内侧附近的腺体分泌产生的，这有标记领地、发送性信号等重要功能。

2. 植食类动物。诸如牛、鹿、兔子留下略圆的马粪状排泄物。肉食性动物，诸如猫、狐狸等的排泄物为长条形。掰开一团干燥的粪便查看能找到有关此种动物猎食习性的线索，以便在布置陷阱时选用动物偏好的诱饵。

3. 鸟类（图5-1-16）。鸟类分为肉食类和植食类，通过辨别鸟粪可以区分它们。植食类的鸟，多数情况下新鲜鸟粪为液态。肉食类大型猛禽排出丸状粪便，粪里可能还会有未完全消化的肉类残渣，如鱼、鸟、鼠或啮齿类小动物等。松散的鸟粪表明在一定的地域内可能就有水源，因为小鸟不会飞离水源太远，但是肉食性鸟类却不会因水源而限制它们的生活区域。地面上富集的鸟粪通常表明周围会有鸟类的巢穴。鸟类喜欢在枯树上就餐，是因为那里有许多蠕虫可供捕食。

图 5-1-16

（四）掘出的土堆（图5-1-17）

有些动物在地上掘洞以寻找昆虫和蠕虫类食物。如果明显有新的潮湿的碎土，很可能不久前就有动物光临过这里。野猪会翻拱大块的地面，大块泥泞加上动物打滚留下的痕迹通常是其留下的。松鼠掏挖植物根茎会在地面留下小面积扒痕。

图 5-1-17

（五）遗臭与气味

留心倾听周围的声音，注意空气中遗留的气味，它们很可能预示着野生动物何时出现。发现了一种动物存在后很可能会陆续发现其他动物——有肉食性猛兽存在之处就可能有相应的被捕食对象。有些动物嗅觉非常灵敏，尤其是狐狸。天气寒冷时，大型动物的呼气往往凝结成可以看得见的雾气，如果你处于有利地形，即便相距较远也能察觉到。

（六）地洞与兽穴

肉食性动物通常藏身洞穴之中，这在多林地带很是普遍。许多动物通常在远离水面的高地上打洞做窝。洞穴周围的排泄物或兽迹会暴露出它们的行踪。有些种类的动物，比如兔类，尽管有"狡兔三窟"之说，要捕捉它们其实也并非很困难。兔子应急的洞穴很容易被挖开，甚至用一段带倒钩的木棍就可把兔子从离地表很近的地洞里钩出来。

第二节　野生动物的猎取

在野外，根据不同的对象应该灵活地采取不同的捕捉方法，但总的原则是要劳有所获，消耗的能量不能多过获得的能量。

一、野生动物猎取的要求

猎取野生动物是为了更好地活下去，而不是为了满足口腹之欲，因此，在猎取时要考虑自身所处的生存环境，遵循一定的原则。

（一）野生动物猎取的基本原则

1. 生存需要原则

猎取的目的是维持生命的需要，猎取应遵循需要原则。这里的需要原则涵盖两层含义。一是够用即可。具体来说，正确估计个人或团队的食用需求量，由此来确定每次的摄取量。二是长期在野外应轮换猎取几种动物，以保证身体可以获得均衡的营养物质。研究表明，人要想保持清醒的头脑与充沛的体力，每天的食谱里就应当有适量的碳水化合物、蛋白质、脂肪、矿物质和维生素。在温暖的气候条件下，野外正常活动每人每天需要3000~5000卡路里的热量；在寒冷的气候条件下，每天则需要4000~6000卡路里的热量。

2. 就近和简单有效原则

在野外，通常在宿营后才开始寻猎，但无论是在宿营后开始寻猎，还是在行进中猎取，都应遵循就近和简单有效的猎取原则。在野外保存体力十分重要，因此，不做无谓的体力支出，是野外求生应遵循的守则。

3. 低风险和多效用原则

在猎取动物的过程中，食用环节的地位与寻找获取食物（包括狩猎在内）环节的地位相同。猎者应选择风险最低、效益最大的猎取方式和猎取对象。能猎取食草类动物，就不要猎取凶猛的食肉类动物；能猎取小型动物，就不要猎取大型动物；对大型动物和肉食动物，一般应采取回避的态度，有时有些小型动物也相当危险，所以猎取时应小心；尽量选择通过设置陷阱和圈套等相对安全的捕捉方式捕捉猎物，即使手中有枪也要尽可能不去捕杀危险动物；尽量猎取除食用外还有其他附加效用的猎物，比如，若捕取对象的皮毛保暖性很好，便可以用来保温。总之，请记住：猎取是为了求生，而不是去冒险，更不是自寻死路。

（二）野生动物猎取的防范措施

1. 尽量捕捉一些危险较小的动物，不要轻易去猎取熊、狼、野猫、野猪、毒蛇等可能对你造成伤害的动物。

2. 如果你没能一次性彻底把一只动物抓住，也不要步步紧逼、穷追不舍，以防它无意中伤害到自己。

3. 对于已经落入陷阱的动物，你要高度警惕，它们在拼命挣扎、企图逃生的时候，可能也会给你带来一定的伤害。

4. 对于已经捕捉到的较凶猛的动物，在确信它已经死了之前，不要贸然接近它。即使要接近它，也应该提高警惕，最好是带上木棒或是刀子加以防备。

5. 如果遇上了凶猛的动物，一定要保持镇静，不能乱了手脚，撒腿就跑往往会引起它对你的敌意。试着安静地慢慢地离开。

> **实践体会**
>
> 　　捕猎具有以逸待劳的特点。它省去了狩猎的奔波和劳累，减少不必要的体力和时间的消耗，从而提高了野外生存的可靠性和高效性。但对于集体的野外求生来说，从安全和需求来考虑，两种猎取方式都常采用。

二、野生动物捕猎的方法

　　成功的捕猎需把握三个方面：一是选择适当的猎物种类，搞清楚它们的习性；二是制作出简单有效的陷阱，诱捕并杀死猎物；三是把陷阱设置在适当的地点，并做好伪装。

　　在野外生存训练中，无论什么样的捕猎方法，都需要做到以下两步：一是在设置之前，必须仔细查找猎物的踪迹，以确定何处是设置陷阱的最佳地点和位置，一般将陷阱设置在猎物的必经之地；二是在陷阱设置后，每天至少早晚各检查一次，对于重复不起作用的陷阱应当另找地方设置。已有收获的陷阱，收获猎物后要重新布置，消除被捕动物留下的痕迹，对有损坏的部分要加以修复。

> **注　意**
>
> 　　陷阱设置目标：不留痕迹，不留气味，巧妙伪装，经常维检，确保有效。

> **实践体会**
>
> 　　动物通常会沿同一路径走动，并在相同的地方驻足，灌木下如果有动物掉落的皮毛，说明有动物必经这里，适合安放陷阱。但要防止动物对人气味的警觉，可以将动物粪便、泥土涂在手上和身上，这样做陷阱时，动物不会因闻到陌生气味而躲避陷阱。

（一）套猎

套猎是野外求生中常用的一种捕猎方法，所谓套猎就是使用各种绳索（棉、麻、棕绳或降落伞绳）、马尾、钢丝制作的圈套来捕猎动物的过程。在野外训练实践中，绳索具有多种功能，将其做成套绳用于捕捉猎物是主要的用途之一。由于制作绳套的绳索必须十分结实，因此不锈钢材料的金属线最为理想，绳子的一端有孔，另一端可以从其中穿过，同时也便于将绳套的自由端固定在树干或岩石上。绳套必须是个活结，这样才能套住小动物的喉部或大动物的腿部。

1. 简易绳套

（1）使用范围：简易绳套适用于套捕旱獭和野兔等小动物，有时也可视情况放大制作比例，以捕猎较大的动物，如狐狸和獾等。

（2）制作方法和使用要领：选取长 1.5 米、直径 1 毫米左右的钢丝，将一头弯过去，缠绕在主绳上，做成绳套。绳套的直径 13~14 厘米，套的一端拴在小树上，套子底边距地面约 10 厘米。套子要布设在疏林和林中空地或兔子通道中间，不要偏斜和歪扭（图 5-2-1）。

图 5-2-1

其设置要领为：绳圈宽度应有一拳；离地高度约四指宽；距离动物奔跑路线上的障碍物一掌；检查是否拴牢在树桩上，如果需要，可用树丫支撑住绳套（图 5-2-2）。

2. 弹性绳套

（1）适用范围：弹性绳套适用于捕猎兔类和狐狸等小型动物。将简易绳套的自由端固定在一个有弹性的扳机上，这样一旦猎物入套便会激发扳机动作，从而将猎物吊起。该绳套通常设置在动物足迹沿线的自然隘口。

图 5-2-2

（2）制作方法和使用要领

方法一：首先构建钩形扳机，并将其钩在缺口上，将缺口竖直钉牢。扳机上端拴在弹性橡胶带顶端，使之绷紧弯曲。一旦猎物入套便会拉动扳机脱离缺口，在具有弹性的树枝的张力作用下，猎物

图 5-2-3

被吊起（图 5-2-3）。

方法二：将绳套臂一端架在支持臂上，另一端通过吊绳与桩侧向连接。当猎物钻入圈套时，绳套臂一端从支持臂上脱落，从而带动桩上的绳索开关。该绳套可设置在猎物经常奔跑经过的路线上（图 5-2-4）。

方法三：在横臂上设置两个活动绳套，将吊绳向上吊起，使横臂被束缚在树桩的"V"字形槽口上，以维持平衡。一旦动物闯入绳套并拼命挣扎，就会使横臂挣脱，弹力会把猎物吊起在小树枝梢。这种设置可以同时控制空旷地带相邻的两条踪迹线（图 5-2-5）。

方法四：将绳套臂横架在两支持臂前侧面的圆槽上。上拉的绳索扳机稍向后倾，以维持平衡。中套的动物在挣扎中将绳套臂从支持臂上挣离，在弯曲幼树的反向弹力下，被吊离地面。如果在臂横架上平行地设置多个绳套，就可以控制更宽的路面（图 5-2-6）。

图 5-2-4　　　　　图 5-2-5　　　　　图 5-2-6

3. 诱饵弹性套

适用范围：这种绳套适用于捕获中等形体的动物，如狐狸等。宜设置在开阔地带，以便诱饵容易发现。首选之地为森林中的小块空旷地。将诱饵与弹性套相结合便构成诱饵弹性套。制作方法与使用要领如下。

（1）诱饵弹性套

方法一：将绳套放在地上，将诱饵通过一根小桩和扳机悬在空中，猎物叼起诱饵的同时便会拉动扳机，绳套被弹性小树弹起，套住猎物的腿部。设置时注意将支撑诱饵的树桩稍稍插入地面，因为它必须与上了圈套的猎物一起被弹离地面（图 5-2-7）。

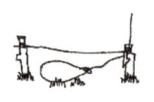

图 5-2-7

方法二：用天然树枝或两根树枝绑成叉状人字形，竖立在地面上，从弯曲的弹性树头引下的线拴在短棍上端，绳套末端附着在短棍中央，短棍另一端与系有诱饵的树枝相接触，利用人字形杈枝与它们之间的摩擦力使整个装置处于平衡状态。绳套平放于诱饵正下方的地面上。这类腿套陷阱适用于较大型猎物，比如鹿、熊和虎等。对于草食性动物鹿来说，动物血或臭腺可以唤起其好奇心。设置时应注意将短棍上端压在杈枝上，下端压在绑有诱饵的树枝上，利用拉力与压力的平衡，使整个系统得以稳定（图 5-2-8）。

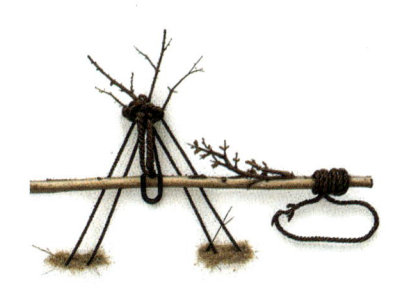

图 5-2-8

方法三：将水平诱饵臂一端括在矮木桩凹口上，另一端与竖直绳套臂连成节点。绳套平放在诱饵下方的地面上。设置一根水平臂，其两端卡在叉桩上，中间被系在绳套臂上端的弹线卡住，以维持平衡。动物拖动诱饵臂时触动连锁机关，弹线释放，带动绳套将动物吊离地面（图 5-2-9）。

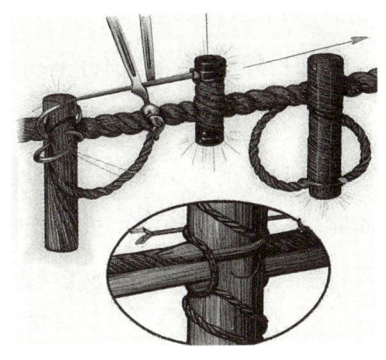

图 5-2-9

（2）诱饵双套

两根叉状木桩钉在地面上，水平臂与垂直诱饵臂在同一侧与凹槽相互连接，诱饵臂上端被弹线拉起，维持平衡，绳套末端也系在诱饵上。可布置在森林中小块空旷草地上，捕获野猪或一些小型肉食性动物等（图 5-2-10）。

图 5-2-10

（3）诱饵四套

竖直木桩钉在地面上，水平横臂卡在它的中部槽口上以维持平衡，两端各有一份诱饵。四绳套直接系在弹线上，弹线下部末端系着小棒，小棒两端卡在竖直臂与诱饵臂的小型斜槽上构成正三角形结构，以维持平衡。这种设置方法的优点在于可以捕获相反方向奔来的猎物。在森林空旷地带也可以对付小型肉食性动物（图 5-2-11）。

图 5-2-11

> **提示**
>
> 不要使用新鲜的树枝做触发装置,其渗出的汁液可能会将两个短叉粘在一起。

(4) 双弹四套

两根弹木下端分别钉牢在地面上,另一端绷紧,相互钩住以维持平衡。垂直诱饵上端系在弹木上,双面四根绳套也分别系在两根弹木上。留心弹木上端挂钩是如何设计的。绳套金属必须有相当的强度,才能维持适当的环形。猎物咬中诱饵时,带动挂钩脱离,弹木带动绳套将猎物吊离地面(图5-2-12)。

图 5-2-12

4. 坑式尖桩套

挖一个坑,坑底中央放置一诱饵,坑四周设置尖桩,确保能卡住猎物的脖子,尖桩上设置一个套绳。狐狸、野猪、野猫等都喜欢刨坑打洞,这坑会吸引它们的注意力。当猎物伸长脖子嗅闻诱饵时,其头部过了尖桩就无法再缩回去了。如果用爪子勾拉,也会被圈套套住(图5-2-13)。

图 5-2-13

5. "A" 字桩绳套陷阱

"A" 字桩绳套陷阱是比较实用的套猎方式,利用石头的重力,将猎物套牢,反应迅速,牢固性好。

(1) 用三根木头做一个 "A" 字形的装置,每个枝条的末端做一个倒刺,便于固定在树上。

(2) 在中间那根棍子上系一根长绳,从粗树枝的一端绕过去,绳子的另一端吊一块大石头。

(3) 在连接棍子的那根绳子的末端打一活结。

(4) 当触碰绳子时,活结会把动物的脚捆住,石头下降并迅速将猎物吊起。

（二）压猎

压猎，顾名思义，是通过某种设计加压重物，使野兽行经于此时被重物"压"中。压拍子是压猎法中最简便易行的一类方法，可用它捕捉各种小毛皮兽。压拍子是用一块石板或木板，或者冻土板、冰板用木棍（或绳子）支（或吊）起来，板上放置诱饵，当动物取食时，即可被捕获。实践中，捕猎者可以根据实际情况采用各种类型的压猎方式。

1. 卡棒释放型

在森林中，可用粗圆木（树干）做成压杆支设在地上，捕捉各种毛皮兽。例如，在平坦地，用两排圆木钉入地下，挡成一个槽，槽长 2~3 米，宽 25~35 厘米，槽的上方稍稍向外倾斜，木槽内一侧的中间做一个刻缺。当动物取食诱饵时，木栓脱离刻缺，压杠下落，将动物捕获。这种压猎工具，早先在我国东北的猎民中常用，俗称"陆对"（图 5-2-14）。

2. 绊线释放型

方法一：用释放棒撑住肘节棒的一端，以维持平衡。肘节另一端系着长线，利用树杈作为定滑轮，长线另一端负起重物。绊线一端系在释放棒中部，另一端穿过重物正下方地面后，系在一固定点上。植物藤条可用作绊线。动物触动绊线，从而拉动释放棒，这样肘节棒失控，重物落下（图 5-2-15）。

方法二：先固定三根小木桩，两根平行固定在树干底部，另一根固定在跨过动物踪迹的另一方向的地面上。绳索一端吊起重物，跨过树杈沿树干向下，经底部木桩（用水平扳机棒夹住，维持平衡），再沿水平方向横拉，通过地面系在第三根小木桩上。当猎物绊动绊线后，水平扳机棒脱落，巨木失衡下落，压住猎物（图 5-2-16）。

3. 双面尖桩释放型

这种压猎方式，是将叉状棒两端削尖以保证触动灵活。水平分叉位于重物的下方，前端有适量的诱饵。竖直分叉上端支撑着横木以维持重物的平衡。重物可以是重的岩石，也可以是圆木。这样，当动物扑向诱饵时带动叉状棒，使重物失去平衡从而瞬间

图 5-2-14 　　　图 5-2-15 　　　图 5-2-16

图 5-2-17 　　　　　　图 5-2-18 　　　　　　图 5-2-19

坍塌下来，砸向猎物（图 5-2-17）。

4. 单面尖桩释放型

将垂直棒下端削尖，尽可能减少与地面的接触面，提高陷阱的灵敏性。将垂直棒另一端制作成卡槽卡住平衡棒，将巨石或巨木放在平衡棒上。当猎物咬住垂直棒上的诱饵时便会拉动垂直棒，从而使平衡棒脱离，巨石、巨木失去平衡下落，压住猎物（图 5-2-18）。

5. 诱饵释放型

一根支柱撑起一块岩石或一捆圆木，支柱中部架在地面的叉桩上，以维持平衡；另一端斜撑在地面上。绳索一端系在扳机棒上，另一端穿过叉桩系在支柱的下端。诱饵棒一端支在扳机棒上，另一端支住圆木。动物扑向重物下的诱饵时，会牵动诱饵棒，使扳机棒失去平衡，重物随之迅速砸下（图 5-2-19）。

6. "4"字形扳机

其结构形式很像阿拉伯数字"4"，因而看似结构有点复杂，但好记易学，且效率很高。其大小可以任意设计，水平诱饵棒通过"4"字形切口平衡在竖直固定上，锁棒尖端斜撑在诱饵斜槽上，中部支撑在竖直棒顶端，上部撑起重物，位于诱饵上方。当猎物咬到诱饵时，"4"字结构被破坏，巨石或巨木失去支撑而落下，压住猎物（图5-2-20）。

7. 捕兽卡

捕兽卡这种猎具主要用于捕猎小动物，如田鼠、黄鼠、旱獭等。（图 5-2-21）捕兽卡是用一根细弯丝弯曲而成，两端有向外弯曲的尖，中间有供设置用的细铁丝小

图 5-2-20 　　　　　　图 5-2-21

圈。设置时，将钢丝两臂压紧，使两臂上的铁丝小圈重叠，用大头针通过后面小圈穿入重叠小圈即可。钢丝尖端设置诱饵，当动物取食时，铁丝圈即从大头针上脱落，钢丝弹向两侧，动物因钢丝卡住其嘴部而不能动弹。

8. 弓阱

选用有弹性的木材制作成一张简易的弓，然后架在叉桩上（叉桩稳固于地面），将箭搭在弦上（弦呈绷紧状），触动棒（与绊绳相连）顶在扳机棒的下端，扳机棒上端则卡在箭尾下侧的凹槽上，以便使张开的弓箭相对平衡。用固定在地面上且相距较远的三根木棒，来改变绊绳的受力方向，以便使猎物触动绊绳的同时，正好位于正对箭头的方位。此类阱用于捕捉迎面而来的大型猛兽或从绊绳侧面靠拢的动物（图5-2-22）。

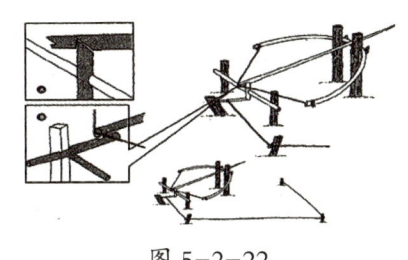

图 5-2-22

注意事项：

（1）不要在人会无意中容易闯进的地方设置陷阱，这存在很大隐患。

（2）箭尾除了弦口外，还有用来卡住扳机棒的侧下方凹口。系着绊绳的触动棒前端顶在扳机棒下端，后端顶在固定于地面的矮木桩上。

（3）另一端扳机系统：扳机棒中部的方形凹槽卡在固定于地面的方形木桩上，扳机棒前端的水平凹槽用来平衡紧绷着的弓弦的弹力。再用与前面类似的方法改变绊绳的受力方向。

实践体会

在陷阱上加个诱饵，会大大增加捕获猎物的机会，从动物的死尸到兽皮，都可以吸引好奇的猎物。在落石压猎的陷阱中，这些诱饵更能发挥作用，一旦猎物被诱饵吸引，触动了扳机，猎物便会被陷阱捕获。

三、野生动物狩猎的方法

狩猎，就是人主动追逐某些特定的野生动物，并将其杀死的过程。狩猎是人类古老的生产活动，曾经是人们主要的谋生手段。在野外生存活动中，狩猎是为了求生存，满足对食物的需要。成功的狩猎，需要掌握必要的狩猎常识，了解动物的习性和生活规律，选择合适的狩猎工具以及熟悉动作要领。

（一）狩猎基本常识

猎手需要选择狩猎的最佳场所和时机，老猎手常常是这方面的高手。老猎手狩猎的高成功率是因为他们对被猎动物习性和生活规律了如指掌。

动物通常是白天睡觉，晚上觅食。因此打猎最好的时间是拂晓或黄昏。此时可以在水边、森林中的空地、草地、山顶或灌木丛的边缘找到动物。

尽量在清晨时上山寻狩，中午时回归营地。这样，清晨上山时，动物的足迹会易于找到及辨别，因为视线的落点更靠近上坡的地面。白天里暖气流会逐渐上升，各种气息向上扩散，因此在下山回归时，你会先嗅闻到动物的气息。而且经过半日寻猎的劳累，下山也只消耗较少的能量，此时你会感到步态轻松。

（二）常见野外狩猎对象的活动规律和生物习性

1. 野兔多栖于山地、草原或有树的河谷中，白天不易遇到，多在夜间活动，主要啃食野草、蔬菜和树皮等。

2. 野鸡喜欢生活在林缘地带、灌木丛中或杂草丛生的地带，也进入森林，但很少进入密林中。冬季多在田野觅食谷物和种子，白天较少上树，多在地面走动和觅食。夜间喜在树上过夜，以避敌害。

3. 狍子喜欢在疏林、林缘栖息，林区荒地上也能发现狍子的踪迹。夏天天气炎热时，狍子多在清晨、黄昏活动觅食，最常出现在林缘、山脚下草甸中、稀疏的灌木丛、山谷和河岸的树林里。白天隐蔽在灌木丛、山腰台地的树下休息，阴雨天气时白天也出来觅食。

4. 马鹿多栖息在大面积的混交林中，夏秋季多活动在密林中，有时也向高山移动；早春和冬季在背风向阳的山坡和低洼地栖息。

5. 黄羊喜欢生活在开阔的草原上，也进入丘陵和半沙漠地带，繁殖时常进入疏林。

夏季多在早晨和晚间觅食，中午避到谷地休息，冬季在白天活动。

6. 如果秋天猎取野猪，就应到柞树林、红松林或林子附近的农田去寻找。因为野猪此时爱吃橡子、红松球果和庄稼。冬季北方降雪后，野猪的食物减少了，此时野猪常在向阳避风的山田里过冬。南方气温高，野猪多栖息在近水的高草丛或临近农田的疏林草地中。野猪的行走路线基本固定不变。在掌握了野猪上述生活规律之后，便可设法猎取。

7. 在青藏高原、内蒙古、甘肃、四川、云南等地，旱獭（俗称哈拉）多栖息于草原、地、丘陵等地区，穴居、群栖，往往一处有许多洞，夏天的洞浅，有数个出入口。冬天洞深，只有一个出入口。洞内有主房和便所。旱獭喜晒阳光，多在日间活动，以植物的茎、根和种子等为食。

（三）制作狩猎工具

1. 弹弓的制作（图5-2-23）

简便的弹弓配上重量合适的卵石，就是一种很有用的武器。首先将一小块的弹弓布，在离布的两端各剪出一个豁口，然后取一根弹性极大绳索（橡皮筋最好），使皮筋从弹弓布豁口中穿过，然后将皮筋两头绑紧在弹弓架上，一副简单易用的弹弓便制成了。皮革是弹弓布最佳的首选材料，当然坚韧的织品也可用来代替。

选择大小合适的卵石（直径约为2厘米），要尽可能选用光滑的石子（虽然粗糙的卵石杀伤力更强，但其运行的轨迹，并非呈弧线运行，不易控制）。左手举起弹弓，瞄准目标，右手将弹绳拉紧，然后释放。卵石便会呈弧线状急速飞向前方，击中目标。只有通过不断地练习和摸索，才能够准确无误地击中目标。精确度不高的话，可以缩短射击距离，同时还需要对弹弓绳的长度进行适当的调整。

2. 流星锤（图5-3-24）

流星锤是因纽特人用来捕鸟的一种武器。将多枚石块一起包在圆形布内，用长短合适的弹绳打结系好（弹绳约长90厘米）。将众多弹绳的另一端紧扎在一起，握在手中。

图 5-2-23

图 5-3-24

在头顶上方快速挥臂旋转。当离心力超过布与弹绳绳结间的摩擦力时，包有石块的圆形布便会迅速地脱离弹绳，石块散开后就急速飞向前方，飞散开后其覆盖面积也较大。南美地区的牧羊人也会使用同样的武器。这种武器在战斗中也被广泛运用。飞散开来的石块可以将飞鸟击落，也可击中动物的腿及颈部，以便提供更多的机会去捕捉猎物。

3. 弓和箭（图 5-2-25）

弓和箭是最有效的临时使用武器，制作起来也很容易。只需要在较短的时间内进行练习，很快便能掌握。

箭术：拉弓搭箭，弓部中央与视线要保持绝对平行。左手握弓，右手持箭，呈水平方向朝后拉满弦，然后在瞬间释放，箭就会快速地朝目标飞出，以射中目标。

图 5-2-25

实践体会

在开弓射箭时，经常会在箭瞬间飞离弓弦时，擦伤自己的脸颊和手部。可用毛巾或其他布料将脸颊遮挡住，将皮革护套戴在手腕部以作保护，防止被箭擦伤。

（1）弹木的挑选

使用弓柄时，应当选择具有良好韧性的容易弯曲的材料。一般长在 120 厘米左右，但具体情况要根据个人确定。在制作适合自己的弓柄时，先将右手放在腰下部的一侧，然后握在弹木的一端，左臂沿弹木向前斜举伸直后，并用手握住弹木，做好长度标识，取此长度的弹木制作弓柄，就会很适合自己。这就是使用弓形大小的基本标准，当然在弓弦的安装使用长弓时还会需要更多的技巧。

（2）加工弓柄

弓柄的中部宽约 5 厘米，越往两端越窄，直到 1.5 厘米。在距离柄尾约 1.25 厘米处刻上凹槽（图 5-2-26A），用来固定弓弦。使用时先将树皮剥掉，将弓柄削成一定的形状后，外面再涂上一层油脂。

一张制作精良的硬弓并不比弹性陷阱的效用差，更能精确地瞄准目标击中对象。

图 5-2-26

图 5-2-27

如果弓的弹性不强了，就应该考虑新换一张。

先将弓弦紧扣在弓柄的凹槽里，接着绕两圈半。在作弓柄的过程中，如果制作弓柄的材料并没有完全干透，则应在不使用时，将弓弦的一端松开，不然很容易使弓柄变形（图 5-2-26B）。

（3）箭杆的制作（图 5-2-27）

准备制作箭杆可选用任何一段直木，如桦木等。一般箭杆长约 60 厘米，直径约 1 厘米，且相当挺直（用一根弹绳紧系在两定点之间，便可检查其是否笔直），尽量要保持其光滑度。在箭杆末端，刻有一个凹槽（深约 6 毫米），用来架在弓弦上。检查每根箭杆末端的凹槽宽度能否使弓弦卡紧。

（4）箭羽的制作

制作箭羽是为了提高其精确度。鸟的羽毛为首选材料（图 5-2-28）。不过在没有羽毛时，也可用其他材料来代替，如纸片或轻布料，甚至也可将树叶削成一定形状来替用。

图 5-2-28

① 从羽毛顶部开始，将羽毛从正中部撕开，直到羽毛管的中间。

② 羽毛两端各留 2 厘米长的羽毛管，以便系在箭杆上。

③ 将箭杆圆周三等分，系上三根等距的羽毛。

（5）箭头的制作

箭杆的顶端往往是尖头。此时可将箭杆前端直接削尖，然后用火烤硬，但是如果用附加的锋利箭头在杆上紧紧系好，效果会更好。附加的箭头材质可选择马口铁；也可将燧石磨尖制成锋利的箭头；甚至只要精心制作，骨头也可以加工成锋利的箭头。将箭杆的前端从中间部分剖开一个裂口，将箭头插入其中后紧紧绑扎好。绑扎时选用动物肌腱就很不错，因为其湿润时呈扩张状态利于绑扎动作，干燥后缩紧利于箭头稳固。

4. 利用燧石来制作武器（图 5-2-29）

燧石是一种黑色石块，具有暗淡金属光泽，常在石灰岩地质层中出现，经过敲磨打碎后可制作成箭头、尖刀桩头、斧刀和刀具等武器。要先选择一定大小、片状且光滑的燧石，再选用另外一种更坚硬的石块不断地敲打细磨，直至变成所需要的特定形状，多次铲磨后使其刃口锋利。

图 5-2-29

5. 标枪

人在行走时，可用较长的木棍作为拐杖，将木棍的一端削成尖状，便可成为刺杀猎物的理想工具，也可当作投掷武器。如果想制作成不错的刺杀标枪，则要选用长度在180厘米左右的直棍；如果想制作成很理想的投掷标枪，则要选用长度在90厘米左右的直棍；特别远距离的投射，应选用45厘米左右的直棍。标枪投掷的精确度比弹弓、弓箭都要高。

制作标枪投掷器时，最好选用至少比标枪宽两倍的大树枝。树枝上最好具有一个叉柄，以便利于手向前推动。然后从大树枝的中部劈开，中央开凿出一个比较光滑的沟槽，打通前端，封闭后端。沟槽内面必须相当光滑。进行多次练习后，摸索长度合适的沟槽，以便保证投掷的标枪其自身保持一定的平衡度（图 5-2-30）。

图 5-2-30

将投掷器举到与肩部相平齐的高度，注意前端要精确瞄准目标，紧握把手，向枪头前下方快速推进，标枪则会在投掷器的推动作用下快速冲向目标。将圆木从中部剖成两半，取用半片圆木，并在半片圆木的中间开凿出一条很光滑的沟槽，沟槽后端呈封闭状，不必打通，它恰好是梭枪发射前的重要着力点。

标枪前端若固定上各式各样的枪头（图 5-2-31），其杀伤力会更强。制作枪头可选用的材料有：马口铁、锋利的燧石或者直接将尖刀绑在标枪前端。建议在只有一把刀的情况下，最好不要用尖刀，这样很容易丢失或损坏刀口（图 5-2-32）。

图 5-2-31

图 5-2-32

四、常见野生动物的猎取

（一）捕捉昆虫（图 5-3-33）

捕捉昆虫要远比捕捉其他动物容易得多。寻猎昆虫最好的地方就是已经腐朽倒地的木头，例如蚂蚁、白蚁、甲虫以及甲虫的幼虫——蛴螬。也可以采用烟熏法捕食会飞的昆虫。对于一些夜行性的昆虫可以撑开一张浅色的床单，在其后用火光作诱饵，在床单前放一盆水，昆虫会受光线吸引撞击床单而落入水盆中。

图 5-3-33

（二）捕鸟方法（表 5-3-1）

鸟类觅食、喝水等飞行路线一般是固定的，掌握这些规律之后就可以在它们的休息点、饮水点以及来回的路线上运用各种方法捕鸟。

表 5-3-1　鸟类筑巢地点与时间

鸟类	常见筑巢地点	筑巢时间
陆禽	树木、林地或田间	温带、寒带的春天或夏初
涉禽	水边的高大树木或红树林湿地	春天、夏初
游禽	沙洲或低矮的沙岛	温带、寒带的春天或夏初
海鸟	海岸的陡壁岩壁边	温带、寒带的春天或夏初
夜行性鸟类	高大树木	12月下旬至次年3月

1. 筐笼倒扣法

用枝条系成金字塔形鸟笼，用一根连接有绊线的木棍撑起金字塔形鸟笼的一边，在鸟笼下面放些诱饵，握住绊线的另一端，在一段距离之外隐蔽起来。当鸟进入笼下吃食时，捕捉者迅速牵动绊绳，拉倒木棍，将鸟扣在笼里。也可用盆、箩筐、大小适当的盒或罐子等代替自制的鸟笼，用斜棒支撑在诱饵的上方来捕鸟。

2. 平套（图 5-2-34）

做法是：用细绳索做成一个绳套平放在一块木板上，绳套一端固定在木板上，一端掌握在猎手的手里，猎手躲藏在树丛中，绳套中间放置一块诱饵。当鸟觅食时，猎手迅速拉紧绳套，即可套住鸟的脖子。

3. 翻身套（图 5-2-35）

用竹片或木杆作一个弓子，在弓子上装一夹嘴，夹嘴尖和弓弦正中间拴一个销子，弓背上闩一个别棍，用木棒和钩机可以把夹嘴压在弓背上。支设时，用别棍压住压棍，再用销子上的缺口钩住别棍先端，在销子上绑有诱饵。当套被触发之后，会翻在动物的颈上并缩紧，将其捕获。用翻身套既可套捕大型的鸟类，也可套捕较大的兽类。

4. 活动套索（图 5-2-36）

一根长杆，前端有一活动套索，是捕捉栖落在低矮树枝上的小鸟的有效工具之一。留意鸟类栖息和落巢的地点，在充足的夜光下，偷偷地靠近，先用活动套索套住鸟儿，拉紧绳索后，捕住鸟儿。

5. 罗网释放陷阱（图 5-2-37）

把网布置在鸟儿经常出没的树间，鸟在飞行时会突然触网而被抓获。如果没有罗网，也可以用蚊帐或十字形交叉绳索，系在鸟儿飞行经过的树间，鸟儿也有可能会误撞上去。

也可以将鸟网平放在地面上，网的四角用长线系在同一弹性树干顶部，另一根绷直的线连接着扳机棒与弹性树干顶端，以维持系统的平衡。诱饵平台一端抵在固定矮木桩上，另一端抵住扳机棒下沿，整个扳机触动系统要相当敏感，一只小鸟的重量就应该可以带动它释放。在网上及诱饵平台上撒放诱饵，会招来小鸟的光临。当鸟儿落在诱饵平台上时，会触动扳机，在绷紧树干的反弹力作用下，整个网的四角收起，将小鸟困在网中。

图 5-2-34 　　　　　图 5-2-35 　　　　　图 5-2-36

图 5-2-37　　　　　　图 5-2-38

6. 绳套棍（图 5-2-38）

选用马鬃毛及其他比较坚韧的材料做成直径 1.25~2.5 厘米的绳套，将这些绳套排列在长棍或树枝上系牢，棍条可放在隘口或鸟儿易去之地，绳套开口朝上，鸟儿落下时会被纠缠套住。缠住一只鸟后先别急着撤收绳套，它会引来其他鸟儿，不多时就会有更多的鸟儿落在上面。

7. 黏鸟胶

将冬青叶与富含淀粉的谷物混合并加水煮沸至黏糊状，冷却后即可做成粘鸟胶。涂在树上或其他鸟儿栖息之处，可以黏住飞落在上面的小鸟。用黏鸟胶可以有效地捕捉小鸟。

8. 陷阱

在鸟类较常觅食的地面上挖一个大约 1 米深，宽度为你准备捕捉的对象身体宽度 1.3~1.5 倍的洞。在洞的周围撒些诱饵（如谷物等），越靠近洞口，诱饵密度越大。先将诱饵放在洞的周围，鸟儿会进一步前进以获得更多的食物。这时可以冲赶它们，慌乱中它们来不及充分有效地展开双翅，会糊里糊涂掉入洞内，一时难以解脱。

9. 欧吉布威捕鸟杆

欧吉布威捕鸟杆是美洲传统的捕鸟装置。首先，选择一根长 1.8~2.1 米的树干，去掉树枝和叶子部分。然后将树干的一端削尖，使其变得锐利。在距离尖端 5~7.5 厘米的地方，凿出一小孔，将树干另一头插入地下。第二步，把一根长度在 10~15 厘米的木棍，削尖小棍一端，使其刚好能放入那个小孔。第三步，将一根绳一端系着与鸟重量相当的重物，一端穿过小孔做成一个可在栖木上自由活动的圈套。将绳子打一个反手结紧挨木棍和树干的位置，将木棍抵在树干上，这样一旦有鸟落在木棍上，木棍就会顺势而倒，反手节松开，装置可以通过重物的下垂，而紧紧抓牢鸟类的脚步，将其捕获。

10. 追捕水鸟

潜入水中，用芦苇或其他植物伪装你的头部，或是将葫芦瓢卡在头上，葫芦瓢上留有洞口，以供呼吸和观察，葫芦刚好漂出水面，隐蔽在靠近水鸟落巢或时常出没的区域。为了迷惑鸟儿，可以先扔几只葫芦漂在水面上。

11. 捕捉海鸥

最简便的方法是，在有海鸥的海边，将内裹重物（如铁块或石块等）的食物扔向天空，海鸥在张口衔取食物时双翅展开，吞食了内裹重物的食物后，体重突然增加，会瞬间跌落下来。这时立即赶往海鸥跌落的地方就可捕捉它们。

对野外生存说，鸟蛋也常是一种不错的食物来源。在一些地区和季节许多鸟巢里会有一小堆鸟蛋，地上鸟巢中的鸟蛋很容易捡到。小心靠近潜行，常可以从鸟巢取蛋成功。但像海鸥这类鸟，会誓死固守自己的巢穴，如果单人闯入群集的鸟巢群中，很可能会受到攻击。

> **实践体会**
>
> 不要将鸟巢的蛋全部拿走，留下两个，并在上面做标记，这样鸟不会察觉鸟蛋丢失，只会依据本能接着下蛋。我们就能不断取得新的鸟蛋。

（三）捕蛇

捕蛇一般可采用木叉法、泥压法、索套法等，必要时还可以先将蛇打死。木叉法用于捕捉较大的蛇，其方法是用树枝做成一个木叉，木叉柄的长短必须以捕蛇者俯身后两手能够捉到蛇的颈部为准。木头开口的大小以能叉紧蛇的颈部为宜。捕时，先叉住蛇的颈部，然后立即俯身用胸部抵住木叉柄，再用一只手抓住蛇的颈部，另一只手握住它的后部，即可捉住。

泥压法常用于捕捉在地面上或是石头上活动的不太大的小蛇。用一大块黏泥猛力地向蛇砸去，把蛇粘压在地上或是石头上，使之一时不能逃走，然后再用手迅速将其捉住。但在用手捕捉时，要尽量两手同时抓住蛇的颈部和尾部，以防被蛇咬伤。

索套法用于捕捉在乱石上、草丛间或地上翘头的蛇，或者盘绕在竹子或树上的蛇。取长约20~30厘米的竹筒，打通竹节，穿过一条具有一定弹性的细绳，做成一个活动圈套。用手拿着竹筒和绳索的另一端，从蛇的背后，悄悄地将活套对准蛇的头部，突然发力将其迅速套住，并同时拉紧活套，缚住蛇颈。

　　蛇一般是从哪条路出去，就还会从哪条路回来，如果对蛇十分了解，就能够看出蛇的行进道路。当确认蛇行进的道路后，可以将一个锋利的刀片或是竹片倒插在蛇道上，当蛇返回时，腹部就会被刀片或是竹片拉开一道口子，不久便会死亡。若有一张网眼较小的网，可以把它绑在竹竿或是木杆上，当你看到蛇时，就可以用网轻松地将其捉住。

　　如果用手直接捕捉蛇，要首先捉住蛇的尾部，将其提起来离开地面，然后迅速抓住它的颈部，但是力气不能过大，因为那样反而会有助于蛇反抗挣扎。也可以在将蛇提起后，用力抖动，不让蛇头弯上来咬人，不久，蛇就会被抖得失去了反抗的力气。抓住一条蛇后，可以将它的嘴挤开，把它的尾巴插入到它的嘴中，使之成为一个圆圈，这样，就可以把它放在地上，再去捉其他的蛇了。

　　捕蛇应特别注意防咬伤，有条件时，最好是穿上高筒靴或较厚鞋袜，戴上皮制或厚布手套。在树林或竹丛中捕蛇时，还要戴上帽子，用以防备树上的毒蛇的突然袭击。在没有防护措施的情况下，最好不要捕捉有毒的蛇，对于一些毒性较大、攻击力较强的蛇更不要轻易招惹。遇到拦路的眼镜蛇或是其他较凶猛的毒蛇时，不要惊慌，蛇类一般不会主动地向你发起进攻，它们在遇到你后首先想做的是逃走，只要你不让它们产生敌意，它们会自己慢慢地离开。

（四）捕鱼

　　捕鱼的方法多种多样，如垂钓、网捕、用鱼叉来叉，一般要根据鱼的种类选择捕捉方法。但不管哪种方法，首先都要在了解不同鱼类习性的前提下选择好捕鱼的区域和地点。

　　在通常情况下，鱼类喜欢在风平浪静、温度适宜的水域漫游。炎热夏天，鱼类喜欢在深水池中的阴凉水域；气温较低时，鱼类喜欢在太阳可以照射到的浅水区。所以，有经验的捕鱼者会选择平静的水域作为捕渔区，如河湾或者较小的支流。另外隐蔽处、岩石、水草边以及水中的杨柳林也是可供选择的猎鱼地点。

> **实践体会**
>
> 暴风雨来临前夕成群的鱼会大量地补充进食，这时也是垂钓的好时机。待风雨平静之后，水开始浑浊，此时鱼类很少出来觅食。有些鱼类喜欢在月明之夜觅食，因此可将渔网、钓线等布入水中过夜，待凌晨时收网、收钩。

1. 徒手捕鱼（图5-2-39）

在相当狭窄的常有鱼儿栖息的溪流两岸的石缝间，捕鱼者俯卧在岸边，双手缓缓插入水中，逐渐适应水温，尽可能接近水底，轻轻移动手指，直至触碰到栖息的鱼。手轻轻沿鱼腹移动，直至抓牢鱼鳃，把它拖上岸。这种方法捕鱼需要有耐心。

2. 鱼叉捕鱼（图5-2-40）

将长棍前端削尖，可制成鱼枪，若削有倒钩，效果更好。还可以用多枪头，这样可以覆盖更大范围。将竹子或藤条的前端削尖也可以成为一个鱼叉。另外将随身携带的匕首、刺刀、伞兵刀绑在木棍上，也可以做成鱼叉。

捕鱼时要确保水中没有捕鱼者的倒影，或者倒影不在鱼儿所处的水域。瞄准鱼体稍下方的位置刺出，这是考虑水的折射对视觉的影响。如果是训练有素的射手，弓箭也可用来捕鱼。

3. 浮板钓鱼（图5-2-41）

这种方法多在远离岸边的水域环境条件下使用。例如在鱼最常觅食的湖泊中钓鱼时，可利用有活动航向舵的漂浮板。舵的上端水平系紧一根短棒，两端系上长线，以便岸上垂钓者控制方向。在漂浮板下面连有龙骨木，以保证浮板在水中的稳定。浮板上系有许多钓线，线末端系牢穿有饵料的鱼钩。垂钓者可选择风向适宜的时候将浮板放入水中，根据浮板的摆动情况判断鱼上钩的情况。如果浮板摆动过大则表明可能有

图 5-2-39 　　　　　图 5-2-40 　　　　　图 5-2-41

大鱼上钩，此时应立即将浮板收回。

4. 多钩钓鱼（图5-2-42）

多重鱼钩钓鱼是专门用来捕获处于四处游动过程中的鱼的一种较好方法。做法是，在主线下端系上一根树根状的多重支线，支线末端系上鱼钩。在主线距离水面20厘米处悬挂轻便闪亮的物体。当鱼儿被亮光吸引游近时，被搅动的水流会带动众多的鱼钩，动荡不安的众多鱼钩有可能钩住鱼体。

图5-2-42

5. 鱼笼捕鱼（图5-2-43）

制作一个鱼笼，迎着水流的一端为进口，鱼儿可以自由游进，但无法游出。在狭窄的溪流中，迎着水流建一个木质或由岩石垒成的死胡同，让鱼儿顺流游进。常见的鱼笼有瓶状型鱼笼、竹圈鱼笼和柳条鱼笼等多种式样。

6. 鱼套捕鱼（图5-2-44）

鱼套用于捕捉躲在水草之中的大型鱼类。做法是：长棍上捆绑许多硬线制成的圈套，或者直接用打通关节的竹竿穿过长线，线的末端是活动绳套。轻轻从鱼尾部套上绳套，迅速猛拉，可以系住鱼身，把鱼拖上岸。

7. 袋捕鳗鱼、黄鳝

将麻袋或布袋内放置新鲜的动物内脏残余，再放入一些稻草秆、蔬菜等物。用长线系住布袋口部，线上可系有重物以确保布袋能够下沉。如果水中有鳗鱼或黄鳝，就会钻入袋中偷食饵料，当你收起布袋时，它们还缠在袋内杂物中。

8. 织网捕鱼（图5-2-45）

编织渔网，网眼间隔约4厘米。上网沿加有浮标，下网沿系有重物，将网横拦在河上，便可捕捉这一大片水域中的鱼儿。

9. 光诱捕鱼

夜间用火把或手电筒的光亮照在水面上会引来鱼儿，这时再撒网捕捉。河床边放置明亮的反光镜或其他反光材料，也可以达到反射火光或月光至水面上的目的。

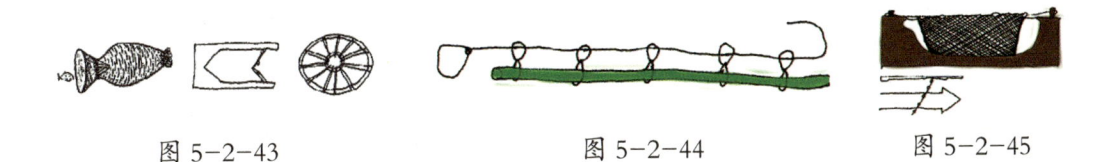

图5-2-43

图5-2-44

图5-2-45

10. 筑堤捕鱼（图 5-2-46）

在野外，如果不得不在溪流、海边长期驻留，那么可用垒石、木桩筑堤，使溪水流向一边，用石块在坝下游建一小型狭窄的水池。逆水而上的鱼儿会停留在池中。也可用拦网捕捉顺流而下的鱼。

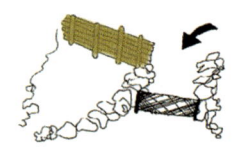

图 5-2-46

11. 垂钓

垂钓的方法和技巧多多，这方面的书籍很多，在此不再赘述。在野外，钓鱼要解决工具的问题。

> **注意**
>
> 树的韧皮是很好用的纤维之一，从大麻、荨麻、马利筋、丝兰以及芦苇中获取的纤维都是很好的制线材料。

这里介绍一下，用衣物纤维或者植物纤维制作渔线的方法：

（1）将两根线的一端结在一起，结一定要牢固；

（2）一手拿一根线，按顺时针方向拧；

（3）然后将拧好的线按逆时针方向搓在一起。

如果需要，可以增加纤维以增加渔线的长度。

> **实践体会**
>
> 学会上述多种捕鱼的方法，即便是形单影只，独处野外，也不必担心食物的问题。只要是有鱼的地方，就会有食物。捕鱼要了解鱼的生活习性，尤其在小溪里，要特别关注水落差较大和转弯处的死角地带，那里经常是鱼儿觅食和活动的区域，在那里会大大增加捕获的概率。

第三节 野生动物的食用

在生存环境中,对于得之不易的猎物,不当的处理方法可能会使食物变得无法食用。所以需要知道如何清洗和处理野生动物,并能把它烹调成美味的食物。

一、处理野生动物注意事项

(一)分清不同年龄动物的肉质。一般来说,动物越幼小,瘦肉越多,肉质越嫩;动物越老,脂肪越多,肉质粗糙;成年雌性动物的肉质最好,味道鲜美、肉多骨少。

(二)千万不能食用有病的动物,也不要食用动物的肝脏,以防传染疾病。食用时,尽量做熟,不到迫不得已不要生食。

(三)无论是从安全的角度,还是环保的角度考虑,难得一见的野生动物都可能带有人类所不了解的病菌,或者本身是受保护动物,尽量不要捕食,尽可能选择以常见的动物为食。

(四)鱼是野外生存最好的动物类食物来源之一,特别是在水域丰富的地区,食用小溪、小河、湖里的鱼、虾、蟹等基本上是安全的。但在野外宜选吃体型较小的鱼,因为这种鱼被污染的可能性要小一些。在捕捞前已经死亡的鱼不要吃,因为你不知道它的死亡原因。已经死亡的虾、蟹、贝类更不能食用。在烹饪之前去掉鱼的鳞片、脂肪、头部以及所有内脏。

(五)食用鱼类、软体动物、爬行动物之前,都必须清洗干净并经过煮熟处理,以消灭其体内的寄生虫。

二、鱼的清洗与处理食用

几乎全部淡水鱼种都可食用。除有毒的河豚需经专业处理外,普通的长度小于5厘米的鱼可以整条煮食,无须处理。大鱼必须剖膛清洗。有鳞鱼需要去鳞。大多数鱼类有许多鱼刺,食用时应小心。鱼死亡后会很快腐烂,特别是在天气炎热时,所以抓到鱼之后应尽快准备好食用。

(一)去鳞。食用鱼时,并非必须去鳞。可以直接带鳞沸煮。不过有时间最好还是除去鱼鳞。从尾部开始,用刀刮去鱼鳞。

(二)剖膛。沿腹部肛门至鱼头喉咙切口处的连线切开鱼腹,除去所有的内脏(可以用来做垂钓用的诱饵)。这样处理后的鱼肉可以保存更长时间。

(三)食用。可将鱼整个叉在棍子上,然后放到明火上烤。但是,将鱼连着皮一起煮着吃是最好的,这样可以最大限度地吸收营养。而且煮着吃,可以得到鲜美的鱼汤。

为了确保安全性,在食用任何一种淡水鱼之前都必须进行烹煮处理,在与海水有交流的淡水水域捞到的海水鱼,也需要进行烹煮处理才可食用。远洋捕获的鱼类通常可以生吃,因为这类海洋生物处于盐水环境,所以较少携带寄生虫。如果打算把鱼贮存起来以备后需,可以用烟熏干或者晒干。

实践体会

鱼去除内脏后(先不要去除鱼鳞),包覆上树叶直接放在火上炙烤。当鱼眼的眼白部分突出眼眶,那就表示可以开始享用了。剥除鱼鳞和鱼皮,里面就是鲜美的鱼肉。

三、鸟类的处理食用

鸟类的处理方法基本类似其他动物(尽管通常需要拔毛),却不需要剥皮。按以下顺序依次进行。

(一)放血。扯断鸟类细长颈部可以直接杀死它们。然后切开喉部,头朝下悬挂以便放血。也可以直接切断位于舌根下部的主神经和主动脉,鸟儿会很快死亡,放血也很容易。尽可能别捕食那些食腐性鸟类——它们很可能携带大量蜱、虱和寄生虫,以及各种易于引起感染的病菌。

(二)拔毛。在鸟体尚有余温时,直接拔毛很容易,一般先从胸部开始拔毛。只要用热水烫一下,使毛孔松软就可以容易去毛,但这种方法不适用于海鸟和水鸟——烫毛之后毛管会收缩得更紧。羽毛可用来制作箭羽。

(三)掏膛。在鸟类腹部开口,用手掏出所有的内脏器官,剁去鸟头和鸟爪,用新鲜干净的水清洗腹腔。

(四)食用。食用鸟类有很多种方法,也可以用串肉扦串起来在明火上烤。食腐性鸟类必须彻底沸煮,以免鸟肉携带病菌。

> **实践体会**
>
> 鸟很容易死,在捕获鸟类后,应立即去除头部、内脏、羽毛,不然,肉会很快腐烂,此外要尽快放血。烹食鸟肉时不妨用树叶或者用较薄的树皮包裹后糊上黄泥,然后直接放在火炭上炙烤。

四、蛇的处理

蛇是营养价值极高的动物。但许多蛇类具有很强的毒性,所以对蛇类进行处理时,必须把其毒腺去除。否则,会危害到捕捉者的安全。

(一)剥皮。可以将蛇悬挂在树枝上,沿头部向下把蛇皮全部剥去。蛇皮可以用来制作腰带、皮带,也可以食用。

(二)割头。蛇类的毒素一般集中在头部,因此,必须去除头部才可进行食用。割头时,要紧掐住蛇的七寸,防止被蛇伤害并导致中毒。

(三)取内脏。沿着头部划开蛇腹,取出内脏,保留蛇胆。因为蛇胆具有明目健身的功效,可生吞食用。记住千万不能搞破蛇胆,否则味道极苦。可以将取出的内脏用做诱饵设置陷阱。

(四)食用。蛇类的食用方法很多,最好是煮,可以最大限度保留其营养成分。

> **实践体会**
>
> 所有的蛇都能吃,但你得先处理好它的内脏和头部,因为那里面有毒囊。还有你得把它烤熟。蛇肉比较好烤,要把握好火的温度,如果能把手放在上面五秒钟,那么温度是合适的。

五、中等体型的哺乳动物处理

对中等体型的哺乳动物的处理也是从以下四个步骤入手。

（一）放血

如果肉要贮存，该步骤是必需的。放血后的瘦肉味道更加鲜美。

将猎物头朝下悬挂能放出更多的血液。用绳绑住猎物腿部肘关节，吊在树丫或自己构建的支架上。地面上放置容器以便收集血液。

构建支架需要用一些结实的木料。支架的两端相互交叉，牢牢捆紧，并固定于地面，支架上架有一横木，用来悬挂猎物。

割开猎物颈部的主静脉或颈动脉以便放血。悬挂着的猎物颈静脉与颈动脉都很明显，易于找到。切口位于耳后根部，同时要刺断颈两侧的颈静脉。也可开口更低一些，在主动脉弓分支前割开，形成"V"字形切口。

> **小资料**
>
> 别浪费动物血液，其中富含维生素和矿物质，包括盐分。这些正是求生者急需的东西。动物血可治疗缺乏维生素而引起的眩晕症。

（二）剥皮

皮革可制作衣物，也可在建棚时挡风避雨。猪类不需剥皮，因为其皮下的脂肪层很有食用价值。鸟类则需拔毛，通常无须剥皮。

在动物体温尚未降下来之前，剥皮还是很容易的，放完血后即可进行。紧贴皮下部位开口后小心剥皮，关键步骤如下：

1. 后腿膝关节上部沿环线切开皮肤，留意不要切断了绑绳；
2. 在前腿相应位置切开环线；
3. 沿后腿内侧向下切开，至两腿分叉处，小心沿生殖器周围切开环线；
4. 沿腹中线向下切开至颈部。留意刀锋不要插入过多，以免切破胃部或其他内脏器官。用手扒开皮肤，插入两指，刀尖紧贴两指，刀刃朝外，缓缓向下切开皮肤。

（三）开膛

剥皮后的猎物仍悬挂在支架上，剖开胸膛，除去肠胃，将有用的内脏分开。

（四）解肉（图5-3-1）

从关节处切断，把肉分解成大小合适的条块，便于烹饪。

1. 腰部肉：最鲜嫩的肉，仅占总体的1%，是贮存的首选。

2. 上腰肉：比腰部肉稍稍次之，剥去脂肪后可以贮存。

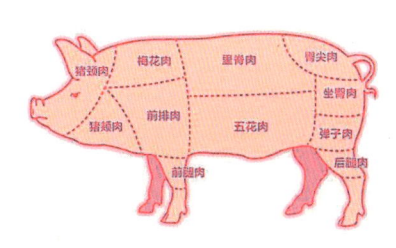

图 5-3-1

3. 臀上肉：煎炒很适宜，也可切成条形风干保存。

4. 臀下肉：多为腿上部肌肉，口感相对粗糙，可以焖烧或切成小块沸煮。

5. 顶臀肉：后腿前上部肌肉，烹烧方法同臀下肉。

6. 最佳臀部肉：后腿外上部肌肉，烧熟后极香。

7. 后肋腹肉：腹部肉，适于蒸和煨炖。

8. 腿肉：口感粗糙，肌肉很多，切成小块加以煨炖。

9. 肋腹肉：腹部向前延伸的肌肉。需烧炖相当长时间才会煮至软烂。

10. 胸部肉：烹烧方法同前腿肉。

11. 前腿肉：最好切成小块煨炖。

12. 颈肉：肌纤维组织比腿部少。煨炖很不错。

13. 颈后肉：比较鲜嫩，通常切成块煨炖。

14. 肋条肉：适于烧烤，也可慢慢烹烧。

实践体会

像这种大型的猎物，在野外很少会遇到，更难以捕获。而且，野外条件下，我们食用并带走的只是其中的一小部分，大部分会被浪费。如果你够幸运，捕获了像鹿之类的大型猎物，建议先吃脂肪，再把剩余的肉切成薄薄的条状，将肉熏干，利于保存和携带。

（五）食用

除了食用猎物的肉类外，多数内脏都是有用的。心脏、肝脏和肾都可以食用。动物的血液也可以食用。烹饪的方法不限，但必须使肉熟透，以免肉携带的病菌危害到自身的安全。

六、以昆虫为食

不少昆虫在野外弄干净后可以生吃，但如有条件，我们提倡烤熟或煮熟后食用，以便尽可能地杀灭细菌和寄生虫。食用前要除去大型昆虫的小腿及翅膀，诸如蝗虫、蚱蜢和蟋蟀等。某些种类的幼虫，可以通过压榨挤出肉质内含物来食用。甲虫的装甲式外壳要去掉方可食用。对于诸如蚂蚁、白蚁类的小昆虫可以先捣碎成糊状，通过烹烧或烤干制成精粉，与其他食物混合后食用，也可作为食品添加剂使用。

（一）普通蚂蚁

采集：根据蚂蚁踪迹很容易找到它们的巢穴。

食用：必须烹煮至少6分钟方可安全食用。

选捕和食用注意事项

1. 只采集那些鲜活、无不良气味、对皮肤无不良刺激和食用后身体无不良反映的种类的昆虫，不符合此标准的昆虫都不要。不收集那些以腐肉或粪便为食并可能会使你染上疾病的蛴螬。不选捕颜色鲜艳的昆虫，包括它们的幼虫，因为这类昆虫通常有毒。纤细无异味的种类可以用作鱼饵。

2. 在搜寻昆虫时留意它们的栖身之所有无蝎子、毒蜘蛛甚至毒蛇藏身。

3. 在捕捉大甲壳虫时，应当心大甲壳虫其强有力的口器，防止被它们咬伤。

（二）白蚁

采集：先找到白蚁群垒起的土堆，然后用石块或木棒将之捣碎成土块，放入水中，使白蚁浮在水面，即可采集；也可以利用白飞蚁和白蚂蚁经常大量落于树叶和嫩枝上的机会收集。

食用：在食用之前需除去大白蚁的翅膀。虽然生吃很有营养，但煮沸或油煎更安全些。蚁卵营养价值也很高。

（三）蝗虫类

采集：某些地区中分布众多。有些蝗虫体长达 15 厘米。在野外可用多叶树枝或衣物拍打捕捉。

食用：几乎所有蝗虫都有肥厚的身体和强健的后腿。除去翅膀、触角和腿刺，洗净后即可生吃或者油炸。油炸可以杀死可能存在的寄生虫，味道也更加鲜美。

（四）蜜蜂与黄蜂

采集：黄蜂的巢穴多半位于树枝上，外形类似一只足球或呈圆锥形，进出口在基部。蜜蜂的蜂巢常常位于中空树洞或悬于岩石之上。夜间工蜂聚在巢中，是捕捉的时机。可以用野草制成火把，点燃后靠近蜂巢，使巢内充满浓烟，再封堵巢房出口，就可以将它们杀死，安全地取得蜂蛹和蜂蜜。采集黄蜂的风险较大，要特别小心。对夜间活动型的大黄蜂，在白天也许可以捕杀，但必须在成年蜂没发觉之前找到它们的巢穴才可行动，一旦轻举妄动，后果严重。

食用：蛹、幼虫和成年蜂都可以食用。蜂蛹可以生吃，也可以在热灰中快速烤制，其味道像烤鸡蛋。除去蜜蜂的腿和翅膀以及尾刺，沸煮或油炸后即可食用。蜂蜜能极快地被人体吸收，会立即增强体力，是精疲力尽时最有效的恢复剂，暂时不吃的蜂蜜还能贮存好几年。蜂房也能食用，其中的蜂蜡是很好的防水材料，熔化后可制成蜡烛。

如果在野外观察到由于环境的原因，蜂类仅依赖单一种类植物存活，则应注意鉴别蜂蜜是否含有植物毒素，特征性气味常提供着某种线索，若有疑问，可用鉴别食用植物的方法与程序去分辨它们。

（五）水生昆虫

采集：常见淡水中会有水甲虫、蜉蝣、石虫及其他一些水生昆虫，可以收集食用。可以用一件衬衫或其他较能透水的衣物放入水中做网来捕捉，如有必要可用木棍支撑。从水的上游开始搅动，这会使水流带起水底的昆虫向下游的"网"上奔去。如果你不想下水，可以用棍棒搅动水面，也会有收获。

食用：食用前，须将从水中收集到的昆虫彻底煮沸，以确保不会受到寄生虫的危害。

> **实践体会**
>
> 昆虫随处可见，易于捕捉，可解一时之需，大部分的昆虫都可以生吃，但可能味道不如预期。有些种类的蚂蚁由于体内储存有蜜，因此吃起来格外可口。据估计，同等重量的幼虫所含的蛋白质比牛肉还多。

七、动物类食物的贮存

（一）利用天然"冰箱"储存食物

在野外活动中，可将易坏的食物用塑料袋密封，放在流动的河水中保存。冬天将羊肉密封在3层塑料袋中放在冰河（湖）里，用石块压好，随吃随取，可保持20天肉不变色、不变味。忌将肉不密封直接放入水中保存，被水泡过的肉，营养成分会流失，且会因河水中的泥沙沾在肉上而无法食用。

（二）风干法

把肉类风干也是一种保存食物的方法，藏族人喜欢吃的风干羊肉、风干牛肉就属此类食品。在每年的秋季，他们将牛肉挂在背阴处，靠干燥的风将肉中的水分吹掉，风干后食用，一般这类风干方法在内地空气中水分含量大的地区不宜采用，在青藏高原和大西北等气候干燥、湿度低的地区方能使用。风干食品，顾名思义靠风吹干，绝不能在太阳下晒。

（三）熏晒法

熏制食品可以使食品形成一层保护层，内部很干燥，不会变质，同时能防止细菌入侵，保存时间延长。一个晚上的熏制可以使肉多保存一个星期。

熏肉时需要一个封闭的环境，最好做成一个帐子形状。圆锥形的烟帐操作起来更加方便省事。圆锥形烟帐（图5-3-2）的做法：将三根长短、高低相当的木棍顶端绑在一起，并将三根木棒呈三脚架形状插入地表内，在其中间部位搭起一个平台，在正对平台的下方生火。

图5-3-2

注 意

不要使用针叶类树木，如松树、杉树或者柏树。因为这些植物冒出来的烟会使肉有一种不好的味道。

第六章

取水与净水

在野外活动中最重要的是解决水的问题。我们身体的 60%、大脑的大约 70%、血液的大约 82%、肺部的大约 90% 都是由水构成。

没有水，人支撑不了多久。资料显示，一个人不吃饭可以存活近 20 天，而不喝水却活不过 7 天，特别是在炎热地带，大量出汗使得人体流失大量水分。紧张、用力也都会使人体流失水分，流失的水分必须得到补充才能维持身体正常运作，如果补充量跟不上流失量，那么将会出现各种问题，小到轻度脱水（只要体液流失 1%—5%，且得不到补充的话），大到因热衰竭而死亡。所以野外生存最重要任务就是获得足够的水。

图 6-1　用香蕉树取植物水

表 6-1　人体在遗失体液时的脉搏及呼吸指数

遗失的体液（升）	脉搏频率（每分钟）	呼吸次数（每分钟）
0.5	100 以下	12—20
0.6—1.5	101—120	21—30
1.6—2	121—140	31—40

注意

1. 要定时补充水分以防止脱水。
2. 如果体力消耗很大，或者情况比较严重，可以适当增加水的摄入量。
3. 要喝足够的水，保证 24 小时至少排尿 0.6 升。在炎热气候下，一天必须喝 1.8～3.6 升的水，甚至更多。

> **实践体会**
>
> 在脱水的状态下发现水源时,切忌狂饮,要让身体慢慢补充水分,否则可能造成胃部痉挛,导致呕吐,失去更多水分。

科学饮水方法:在野外训练活动中,水是非常宝贵的资源,所谓"人可以一周无食,不可三天无水"。在饮水紧缺的情况下,科学合理安排饮用水对延长野外求生者的生存期限十分重要。不能将水像食物一样摄入,任何因一时口渴而狂饮的行为都是不明智的。如果一次喝个够,身体会将吸收后多余的水分排泄掉,白白浪费很多的水。

在饮水紧缺的情况下,野外求生时,科学合理的饮水方法是:少喝,勤喝;喝水时,一次只喝一两口,水在口中充分湿润口腔各部位后慢慢咽下,止渴即止。正确的饮水方法可以使一壶水(大约1升)利用时间延长5~6个小时。试验证明,一次饮1000毫升的水,380毫升由小便排出,假如分十次喝,每次80毫升,小便累计才排出80~90毫升,水在体内就得到充分利用,每昼夜喝水不大于500~600毫升,在5~6天内对人体不会有害。

海水盐度高于人体含盐量的四倍,喝了海水会使人体内总渗透压升高,虽然暂时可以解渴,但不久就会大量排尿,使体内水分丧失。有人试验,从落海第一次开始喝海水,每半小时喝一次,每次50毫升,每天只喝500毫升,连饮4~5天后,再喝淡水,结果实验者体内新陈代谢很快恢复正常。在生死的紧急关头,严格控制下才能喝海水,有经验告诉我们把海水和淡水用2:1的比例(必要时,可按6:1)进行掺和饮用,一般不会伤害人的身体且可以大大延长海上遇难者的生存期限,赢得时间去收集雨水和捕鱼挤压鱼汁。

在实在无水的情况下,尿液可以应急解渴,最好做一个过滤器,向上依次放入小石子、沙、土、碎木炭,将尿液进行过滤处理,过滤出来的水可以应急。

在能找到其他水源的情况下,不要直接喝海水、尿液以及血液,因为它们尽管可以暂时止渴,但是实际上会造成更多的水分流失,导致脱水,喝多了还会导致死亡。

> **实践体会**
>
> 　　尿液呈暗黄色、带有恶臭味，尿量减少，皮肤缺乏弹性，指甲的颜色逐渐消失，身体感到异常疲乏，出现极端口渴的现象，这些都是出现脱水症状的表现。缺水或饮用有污染的水都会导致身体功能的失调。

第一节　取水的方法

一、野外寻找水源

在野外活动中，除直接饮用外，洗漱、烹饪和降温等生活事项都需要水。所以，在野外获取大量水的唯一方法就是寻找到可靠的水源。

在寻找水源前，为了减少不必要的体力消耗，努力做到事半功倍，可以选择登上附近一个视野开阔、相对高起的地形，认真做好局地范围内有无水源的判断性观察和水源所在地的方向性观察，搜索可能存在水源的线索。例如，根据区域的地质和地貌形态特点、植被分布特征、水源指示植物的分布情况和旱地植物的分布情况等来帮助判断水源所在，决定下一步的行动。野外寻找水源切忌盲目乱找，要遵循一定的规律、采取有效的方法。

> **提示**
>
> 　　如果你身处沙漠，也不是一点水都找不到，最容易找到水源的地方就是原始流域的河床，即沙丘的边缘地带；有岩石的地方，其缝隙、凹陷处也是有水源存在的；也可以找到绿色植物吸取植物的汁液。

（一）充分利用五官功能

1. 听

多注意山脚、山涧、断崖、盆地、谷底等是否有山溪或瀑布的流水声，有无蛙声和水鸟的叫声等。特别是在凌晨或有雾的早晨，要注意倾听。如果能听到这些声音，说明离水源的地方不远了。但特别要注意的是，不要把风吹树叶的"哗哗声"误听成流水声。

2. 嗅

尽可能地注意潮湿气味，或因刮风带过来的泥土腥味及水草的味道。然后沿气味的方向寻找水源。这需要有一定的经验积累。

3. 看

观察动物、植物、气象、气候及地理环境等也可以找到水源。根据地形，判断地下水位的高低，如山脚下往往会有地下水。另外，在干河床及河道转弯处的外侧，往往再向下挖三四米就能找到水源，但需要净化处理才能饮用。

（二）根据植物生长情况寻找水源

我们还可以从植物分布得知地下水的水质情况。见到拂子茅等植物群，就可断定那里不太深的地方有淡水；生长着香蒲、沙柳、马莲、金针（也称黄花）、木芥的地方，水位比较高且水质较好；生长着灰菜、蓬蒿、沙里旺的地方，也有地下水，但水质不好，带有苦味或涩味；在许多干旱的沙漠、戈壁地区，生长着柽柳、铃铛刺等灌木丛，这些植物告诉我们，这里地表下 6~7 米深就有地下水；有胡杨林生长的地方，则指出地下水位距地表面不过 5~10 米；芨芨草指示地下水位于地表下 2 米左右；茂盛的芦苇指示地下水位只有 1 米左右；如果发现喜湿的马兰花等植物，便可知这里下挖 0.5~1 米左右就能找到地下水。在南方，根深叶茂的竹丛不仅生长在河流岸边，也常生长在与地下河有关的岩溶大裂隙、落水洞口的地方。许多熔岩谷地、洼地成串的和独立的竹丛地，常常是有大落水洞的标志。这些落水洞，有的洞口能直接看到水，有的洞口看不到水，但只要深入下去，往往便能找到地下水。初春时，若某一地域其他树枝还未发芽时，独有一处树枝已发芽，则此处有地下水；入秋时，同一地方其他树枝已经枯黄，而独有一处树叶不黄，则此处有地下水；另外，三角叶杨、梧桐、柳树、盐香柏等，这些植物只长在有水的地方，在它们下面定能挖出地下水。

（三）根据气候及地面干湿情况寻找水源

夏季总是非常潮湿、久晒不干的地面，其地下水位较高；在秋季，地表有水汽上升，凌晨常会出现像纱似的薄雾，晚上露水较重，且地面潮湿，说明地下水位高，水量充足；在寒冷的冬季，地表的隙缝处有白霜时，地下水位也比较高；春季解冻早的地方和冬季封冻晚的地方以及降雪后融化快的地方，地下水位均高。

> **小资料**
>
> 地下水位的深浅，可以试验。在地上挖一小坑，把盘子扣在坑底上，上面盖些草，早晨盘上有小水珠时，地面水位高。挖 1 米的坑，在坑中点燃多烟的草木，若烟柱呈弯曲状升起，地下水位高。

（四）根据动物、昆虫的活动情况寻找水源

夏季蚊虫聚集，且飞成圆柱形状的地方一定有水；有青蛙、蜗牛居住的地方也有水。草食性的哺乳动物会在清晨和黄昏出来觅食，它们的足迹往往可以把我们引到水源处，当一些不同的动物足迹在某处交汇形成 V 字形时，更能表明它们是从不同的方向前往同一水源区；另外，燕子飞过的路线和衔泥筑巢的地方，都是有水源或地下水位较高的地方。鸟儿通常会在清晨和黄昏盘旋在水坑的上方，像麻雀、鸽子之类的小鸟，尽情喝饱之后还会缓缓地低飞。如果苍蝇、蚂蚁、蜜蜂之类的昆虫突然成群地出现在某个地方，就说明离水源已经不远了。

（五）根据天气的变化寻找水源

天空出现彩虹的地方，肯定有雨水；在乌黑、带有雷电的积雨云下方的地表区域，定有雨水或冰雹；总带有浓雾的山谷也是藏有水源的。另外，靠收集露水也能解燃眉之急。

（六）其他寻找水源的方法

在野外，最好不要饮用从杂草中流出的水，而那些从断崖裂缝或岩石中流出的清水是野外饮用水的佳品。如果要饮用河流或湖泊中的水，可以在离水边一两米的沙地中挖个小坑，因为坑里渗出的水相比从河湖中直接提取的要清洁得多。

在野外生存，找不到天然可用的水源时，也不必惊慌，可以利用周围的一些有利条件，自给自足，获取饮用水。

实践体会

在雨水匮乏的地方，不妨寻找地面水，如山涧的注入处，快速流动的水比较安全。当然野外泉水是最好的，经过岩石的过滤，涌出的水很干净，基本不用烧开就能喝。

二、提取植物中的水分

（一）直接从植物体切口取水

1. 荒漠植物是重要的取水对象。下列是荒漠求生者主要取水对象（图6-1-1）。

（1）仙人掌：砍下柱状仙人掌的头部，然后用力挤压，里面含有丰富的汁液。

（2）椰枣：靠近根部，将树枝的下半部砍断，断裂处就会涌出大量汁液。

（3）猴面包树（又称波巴布树）：雨季结束后，其粗大的树干内存储了大量水分。

（4）霸王树：这种树的果实含有大量水分。

2. 山野中有许多植物可用以解渴，如北方的黑桦、白桦的树汁，山葡萄的嫩条，酸浆子的根茎。在南方的丛林中，到处都有野芭蕉，也叫仙人蕉。这种植物的芯含水

仙人掌　　　椰枣　　　猴面包树　　　霸王树

图6-1-1

> **注意**
>
> 千万不要饮用带有乳浊液的藤或灌木、乔木的汁液，以防有毒。椰子的水特别丰富，但喝多了容易引起腹泻，导致水分流失比补充的水多，得不偿失。

量很大，只要用刀将其从底部迅速砍断，就会有干净的液体从茎中滴出，野芭蕉的嫩芯也可食用，在断粮的情况下，可以充饥。如果能找到扁担藤、野葛藤、葡萄藤、猕猴桃藤、五味子藤等藤本植物，也可从中获取饮用水。另外，在春天树木要发芽之时，还可从桦树、山榆树等乔木的树干及枝条中获取饮用水（图6-1-2）。另外，还可以从芦荟、仙人掌及其果实中获取饮水。

3. 在热带丛林，尼巴棕榈（图6-1-3）、香蕉树、椰子等树都有大量水分。选择好已经开花的树干，用力扯下来，然后砍掉顶端的位置，每天能得到大概1升的水。尼巴棕榈的嫩芽液体也很丰富。澳大利亚的水树、沙漠橡树（图6-1-4）和红木等树的根部都很接近地面，挖开一点泥土就能找到根，然后切成30厘米左右的长条，剥下树皮，可以直接吸取根部的汁液，也可以先削成薄薄的片状物然后挤出里面的汁液来吸取。

椰果内是天然的饮用水。果壳可用来制作盛水的容器。有些竹子（图6-1-5）和藤蔓植物体内也有大量水分可以利用，但必须注意，其汁呈牛奶状或类牛奶状的不能选取，非无色的汁液也不能用，有味道的不能要（图6-1-6）。必须指出，从植物中获取的饮用"水"，容易发酵变质，最好即取即饮，不要长时间存放。有些植物的躯干或者果实里含有丰富的水分。这些水分往往是可以直接饮用的。

图6-1-2 　　　　　　图6-1-3 　　　　　　图6-1-4

图 6-1-5　　　　　　　　　　图 6-1-6

（二）植物蒸腾法取水

挖植物根部可以得到水，不过比较浪费力气。借助蒸腾作用收集水分，也是救急的好方法。具体做法是：将一塑料袋鼓气后，套在植物的嫩枝条上，然后在这一树枝的末端拴一件重物，袋口朝上扎紧，不要让枝叶与塑料袋壁接触，在塑料袋的最低处戳一孔即可。使用这种方法收集水分时，气温越高，植物蒸腾作用越强，收集的水分就越多。也可以先切好一段植物，直接放进一个干净的塑料袋里面，也可以得到凝结的水。不要用有毒的植物，它们会产生有毒的水。

实践体会

从植物中获取的饮用"水"，容易变质，最好即取即饮，不要长时间存放。从植物中取水在野外缺水时是暂时有效的。然而，单纯地依靠上述方法去寻找水源却不是长久之计，且很复杂很辛苦。只限于少数人员（3~7）和短时间（3~5天），不适合人员众多或时间过长。就安全而言，希望大家最好不要远离水源一两天的路程，也不要单枪匹马独闯丛林。

三、收集雨露

雨水是较为安全的饮用水，当天下雨时，一定要及时用塑料布和随身携带的器具收集，不过要注意的是，要把容器放在干净的石头上，防止下雨溅起的泥沙掉入容器、污染雨水。

图 6-1-7

露水也是很好的饮用水，中国古代把露水当成是上天之水，极为珍视。在脚踝处绑一些衣服或者几束细草，在太阳升起前穿过露水覆盖的草丛，当衣服或者草束吸收了露水之后，把水拧到容器中。重复以上步骤直到获得足够的水，或者露水已经自然蒸发消失为止（图 6-1-7）。

另外，如果有很大面积的不渗透的薄膜之类的物品时，也可在夜晚铺开，向下可以做冷凝取水，向上可以承接露水。

四、制作简易日光蒸馏器取水

在昼夜温差大的地区或在有湿沙和苦咸水的荒漠地区，制作一个简易的日光蒸馏器能取得不错的效果。具体方法是，在日照充分的地面上挖一个宽大约 1 米，深 0.5 米的坑，在坑的底部放一个用来接水的容器。然后在坑的上方铺一块塑料薄膜。四周用沙土或石块埋紧压实，在塑料膜中央处可以吊一块石头，以保证薄膜呈一个弧形。这样，一个简易的日光蒸馏器就做好了。光照使坑内的温度升高，蒸发产生水汽，水汽逐渐饱和，与塑料膜接触后遇冷液化，形成水珠，水滴下滑到容器中，成为可以饮用的水，每天可以获得蒸馏淡水 1.5 升左右（图 6-1-8）。这种方法，也适用于海水的淡化。

图 6-1-8

五、冰雪化水

（一）陆地冰雪化水

融冰比融雪容易，所需热能更少，可以更快更多地化出水来。同样的热能，前者能产生双倍的水量。如果只能用雪，应先融化小块的雪在罐子里，然后逐渐加多，一次性放入大量雪块的弊端在于，底部雪先融化形成的水会被上部的雪吸收，这样会产生中空，不利于进一步传热。

（二）海冰化水

在海上，冰化水是解决淡水问题的方法之一。只是要注意浮冰块的颜色。古老的冰块由于气候交替的影响，边缘会不那么光滑，一般呈天蓝色，很古老的冰，含盐量较少，有作为淡水的利用价值。成冰年代越近的冰块，含盐量也就越高，这些冰块轮廓粗糙，多呈乳白色，不宜选择作为化取淡水的对象。在无海冰的情况下，冬季也可以用容器盛水结冰取水，因为当海水结冰时，大部分溶解于水中的盐分会因水结晶而析出。

六、提取海水中的淡水

在海边，如果没有离子交换树脂脱盐剂，可以用锅煮海水和太阳蒸馏海水的方法来收集蒸馏水使海水淡化。

（一）煮海水取淡水

一个有盖子的锅就可以煮海水获取淡水。如果没有锅，那么废弃的罐头瓶、旧桶都可以。在找到的容器中装上适量的海水，盖上锅盖，把水烧开，然后在锅里放一块超出水面的大石头，石头上放上接水的容器。随着水的沸腾，蒸馏的水珠就会凝结在容器中。也可在锅盖内倒贴上毛巾，将蒸馏水的水珠附在毛巾上，再拧到其他容器内。

（二）日光蒸馏取淡水

如果没有蒸煮海水的条件，那么最简单的方法就是在海边的岩石上注入海水，用塑料布罩上，在阳光的照射下，塑料布上会有水珠出现，虽然水量不多，但也能解燃眉之急。

（三）冰冻海水取淡水

冬天，可将海水放在一个容器中冻结，当海水冰冻时大部分溶解在水中的盐分就会因结晶而析出。冰块基本是淡化的。

将剩余未冰冻的水（浓盐水）在锅里加热，熬制后可以得到结晶盐。

提示

沙漠、戈壁地区，因大量蒸发浓缩而成的盐碱水，和海水一样，没有经过离子交换树脂脱盐剂的脱盐处理，不能饮用。其淡化可以采用海水淡化的方式进行。

七、利用动物取水

野外求生，在万不得已的情况下，可以吸食马匹、骆驼和动物的血液，以补充身体水分。喝动物的体液也是缺水时补充身体水分的一种方法。研究表明，鱼体重量的50%~80%是水分，只要每天获取3千克鱼，即可以满足一个成年人一天对淡水的需要。其方法是把鱼切成小块，或在鱼背上用刀划出十字口子，然后，用力挤出水来；或取出大鱼内脏，饮用鱼内脏的汤汁。动物的眼眶里贮含水，通过吮吸就可得到。在澳大利亚西北部地区的旱季里，当地人经常挖开干黏土层，寻找沙漠青蛙。这些蛙通常在旱季钻入土层夏眠以求生存。蛙体内贮有水分，可以榨取饮用。

实践体会

在野外有许多取水的方法，但是实际上，由于野外生存的环境复杂，以及越来越严重的污染，我们所获取的大部分水是不宜直接饮用的。

第二节 水的鉴别与净化

一、水的鉴别

由于水在自然界的广泛分布和流动，特别是地表水流经地域很广，一般情况下，很难保证水源不受污染。如果有地图，要注意水源上游有无矿山，若有矿山，水源有可能受矿物质的污染。在野外找到水源后，要对水的质量进行鉴别，以明确其可用程度和适用的处理方法。如河川石块有异常的茶红色或黄色，此处河水不宜饮用。若没有鱼类或其他生物栖息，就更要慎重。

在野外没有可靠的饮用水又没有检验设备时，我们可以根据水的色、味、水迹、流动性、温度概略地鉴别水质的好坏。

（一）观水的颜色

清洁的天然水是无色透明的，在野外，水浅则见底，水深则水体呈淡蓝色或蓝色。如果水体为棕色、褐色、黄色、咖啡色和黑色，则说明水体受到污染，不能直接取用，甚至无法利用。例如在森林地带，有些水体由于枯枝落叶层和腐殖质层较厚，雨水经过后溶解了大量的腐殖质汇入地表水体中，在地下水中以泉水方式出露，呈黄褐色和黄棕色，受铁污染和锰盐污染的水体也呈这种颜色；有些类似造纸厂出来的废水，受到硫化氢污染的水体呈黑色；受到藻类污染的呈黄绿色等。这类水体无法饮用。浑浊的水不经加工都不能饮用。在野外，鉴别水的颜色和混浊程度，可以用无色玻璃杯和浅色搪瓷盆等作为工具。

（二）闻水的气味

清洁的水无色且无味。被污染的水则常有异味，不能直接饮用。如含硫化氢的水有臭鸡蛋味，含盐的水带有咸味，含铁的水有金属锈味，含硫酸镁的水有苦味，含有机物的水有腐败、臭、霉、腥、药味。为准确辨别水的气味，可以用瓶子装上至少1/3瓶水，加塞摇晃后打开瓶塞，凑近用鼻子闻。

（三）看滴水在纸上的痕迹

将水滴在白纸上，待晒干后观察水迹。清水无迹。水越浑浊、水中杂质越多，水迹越明显，则需要处理后才可利用。

（四）看水的流动性

正所谓"流水不腐，户枢不蠹"。一般来说，流动之水为"活"水，水质好。不流动的水是"死"水，水质差。在野外应尽可能找"活"水，不用"死"水。

（五）尝水的味道

在野外，如有必要，也可以通过尝味道的办法来鉴别水质。清洁的水无味。有异味的水多被污染，不能直接饮用。鉴别方法是用舌尖舔一点水品尝，之后吐掉。

（六）试水的温度

在野外，地表水随气温变化而变化，浅层地下水受气温影响小，深层地下水温低且比较稳定。如果水温突然升高，多是有机物污染所致。工业废水污染水源后也会使水温升高。如果是温泉、热泉和热气泉，最好在了解水中成分后再决定是否适合作为饮用水源。在火山分布区和地热值异常区，水的矿化度较高。

> **实践体会**
>
> 判断溪水是否安全，你可以看水流速度，如果水流速度非常快，而且很清澈，那么大概率是安全的。其次，你也可以看小溪内有没有小鱼、小龙虾、石蝇等生物在水里游动。如果有，说明水是适合饮用的。但在喝溪水之前，你需要往上游走一段距离，看是否有动物的死尸对水造成了污染。

野外求生活动实践表明，除了求生者所取之水是来自未被污染的山泉或源自清洁的深层地下水的水井，可以直接饮用外，其余的水源，不论是河水、湖水、溪水、冰雪融水、雨水、露水，还是通过渗透、过滤、沉淀或植物澄清法而得到的水，最好都

> **小资料**
>
> 在原始森林，许多小溪、河流表面上看起来很清澈很干净，实际上却含有多种有害病菌，人一旦喝下去就会染上如痢疾、疟疾这样严重的疾病。1943年，在缅甸作战的英国特种部队，因为饮用没有经过处理的地表水，短短两个月，就有三分之一的队员死亡或因患病而不能继续前进，最后英军不得不取消预定的远程渗透作战计划。

不要在未经洁净化处理（即消毒处理）之前直接饮用，否则对身体健康无益。野外生存要求对水既需要清澈化处理，也需要洁净化处理。

二、水的净化

在野外求生活动中，找到水源取水以后，常常需要对所取之水进行清澈化处理——"净化"，因为"清澈"和"洁净"是对用于饮用的水的基本要求。实际中，常是整合在一起处理的。对水进行净化处理的方法较多，下面介绍几种。

（一）用专门净水物净化水

专业性的户外人士，常常会携带明矾一类的净水物。在野外取水之后，将其收集到盆或壶等存水容器中，在其中放入少量的明矾并充分搅拌，沉淀一小时左右即可以获得清澈的饮用水。在没有明矾时，也可使用对水中悬浮物有较强沉降作用的牙膏，挤少量牙膏在水中充分搅拌后沉淀，也能达到一定的效果。

（二）用植物澄清法净化水

在没有专用的净水物时，可以用木棉枝叶（捣烂）、仙人掌（捣烂）、榆树皮（捣烂），在水中搅匀后沉淀30分钟，轻轻舀起上层的清水，不要搅起已沉淀的浊物，这样，也能得到较为清澈的水。也可以利用点篝火剩下的木炭，选择其中相对坚固的放入水中，用来吸附水中的悬浮物和重金属等有害物质。这时的木炭起到活性炭的作用，对水中的悬浮物和重金属有很强的吸附作用，并且对水还有消毒作用。如果身上带有茶叶，放入水中也可以起到一些澄清水的作用。

> **提 示**
>
> 含有糖类高分子化合物的黏液质植物，如仙人掌，霸王鞭的全株，榆树的皮、叶、根，木棉的枝和皮，水芙蓉的叶和皮，等等，与受污染的含钙、铁、铅、镁等二价以上金属盐溶液化合，形成絮状物，在沉淀过程中能吸附浑水中的悬浮物质。

（三）用过滤法净化水

所取的水比较浑浊，有悬浮物、虫卵、蠕虫及昆虫幼虫等生物时，可以选择过滤法来净化水质。

常见过滤器的制作方法：

1. 制作过滤瓶

用一个矿泉水瓶（或可乐瓶），把瓶底割掉，瓶口向下，再用小刀或缝衣针把瓶盖扎出几个小孔，在瓶里依次将干净细沙、干净木炭粉以及干净小砾石块等材料交互分层填紧，一般需 5~7 层，分层厚度一般为 2~4 厘米，这样就自制出了一个过滤器，总层越厚净水效果越好，但净水速度越慢，反之，速度快则效果会差些。将不清洁的水慢慢倒入过滤器中，等下面有水渗出时，用盆或水壶等容器将过滤后的干净水收集起来（图 6-2-1）。如果过滤后的水清澈度尚不令人满意，可以重复过滤直到满意为止。如果没有矿泉水瓶或可乐瓶，可以用树皮和竹筒等代替塑料瓶来制作过滤瓶。

图 6-2-1

> **实践体会**
>
> 按照从下到上，碎布、小石块、木炭、细沙的顺序依次分层放置，经过几层的过滤后，水会变得很清洁。

2. 制作三脚架过滤器

（1）用三根棍子或一棵弯曲的小树做一个三脚架，和过滤瓶一样用手头拥有的材料做分层，最上一层用最粗糙的材料，往下过渡到越来越精细的材料。

（2）将水倒入最上面一层。通过一层层越来越精细的材料，水被过滤（图6-2-2）。

实践中不便于制作制式的过滤器时，常用的简易做法有两种：

（1）如果周围有麦秆之类中空的植物可以加以利用，做成吸管，将木炭和碎布塞入里面，做成一个简单的过滤器。这样就可以直接饮用了。

（2）纺织物过滤。用编织较紧密的织物，如长袜、手帕、布手套、棉布衣裤的衣袖和裤腿部分等做成一个自制的过滤器，将要清洁的水倒入其中，过滤后流入下面盛接的容器中，即可得到清澈的水。

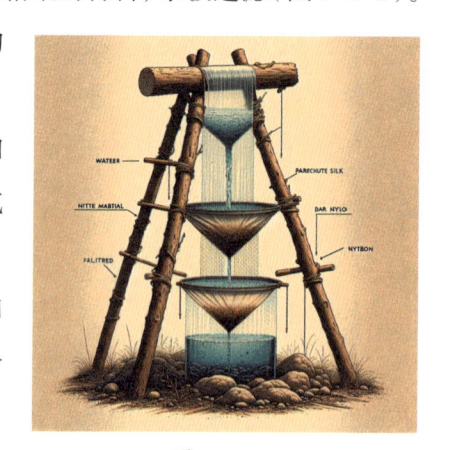

图 6-2-2

（四）用渗透法净化水

如果在野外找到的水源里有漂浮的异物或水质浑浊不清时，可以在离水源3~5米处向下挖一个50~80厘米深、直径约1米的坑，让水从沙、石、土的缝隙中自然渗出，然后，轻轻地将已渗出的水取出，放入盒或壶等存水容器中。应注意的是：不要搅起坑底的泥沙，要保持水的清洁干净（图6-2-3）。

图 6-2-3

> **实践体会**
>
> 挖坑时,不要离水源过近,那样虽然水会很快渗出来,但过滤的效果不好,一般来说要依土质而定,最好是在水源3米开外开挖,这样能保证水的质量。

三、水的消毒

绝不能随意地直接饮用自然界中的水,因为不洁净的水中经常会带有一些致病的物质,如痢疾、伤寒、霍乱等细菌病毒,血吸虫、肝蛭等寄生虫,以及腐烂的植物茎叶、昆虫、飞禽、动物的尸体、粪便,有的还可能会带有重金属盐或有毒矿物质等。所以当你在极度干渴之际找到了水源后,最好不要急于狂饮,应就当时的环境条件,对水源进行必要的净化消毒处理,以避免因饮水而中毒或染上疾病。否则,容易造成人的体能急剧下降,在很短的时间内消耗尽体力,丧失行动的能力,甚至丢掉性命。

(一)物理方法消毒处理(煮沸法)

煮沸法是饮用之前最常见也是最行之有效的一种对水进行消毒的处理方法。除非不具备生火条件,一般情况下,在野外获取到可以饮用的水后,例如湖水、河水、溪水、雨水、露水和冰雪水等,将其煮沸约5分钟,就可以杀死绝大部分的细菌,达到安全饮用的标准。

> **实践体会**
>
> 煮沸方法比任何化学处理方法都要好。在海拔2500米以上的地区,因为水的沸点降低,所以煮沸的时间应当加长,2500~4000米的海拔高度上,约需煮沸5~8分钟,4000米以上则需要煮沸10分钟。

（二）化学方法消毒处理（药物法）

可以用作对水进行消毒处理的化学药品多种多样，其消毒的方法也有所区别。

1. 使用专门的净水药片对水消毒。将净水药片放入存水容器中，搅拌摇晃，静置几分钟，即可饮用，可灌入壶中存储备用。一般情况下，一片净水药片可对 1 升的水进行消毒，如果遇到水质较浑浊可用 2 片，目前户外活动中多采用此法对水进行消毒。

2. 利用医用碘酒对水消毒。在没有净水药片的情况下，可以用随身携带的医用碘酒代替净水药片对水进行消毒。在已清澈化处理后的水中，每 1 升水滴入 3~4 滴碘酒，如果水质浑浊，碘酒要加倍。搅拌摇晃后，静置 20~30 分钟后，即可饮用或备用。也可以用市场卖的针对野外生存活动而出售的碘片。但应注意，不要连续一周饮用使用这种方法洁净的水。

3. 利用漂白剂（次氯酸盐）对水消毒。漂白剂也可以对水起到消毒的作用。在已净化的水中，每升水滴入漂白剂三四滴，水质浑浊则加倍，摇晃匀后，静置 30 分钟，即可饮用或备用。只是水中有些漂白剂的味儿，注意不要把沉淀的浊物一同喝下去。

4. 用醋对水消毒。如果以上消毒药物均没有，那么，可在经清澈化处理过的水中倒入一些野炊时用的食醋（白醋也行），搅匀，静置 30 分钟后便可饮用。只是水中有些醋的酸味。

5. 使用专门针对野外生存活动设计的水处理装置对水消毒。目前，市场上有专门针对野外生存活动设计的水处理装置出售，使用正规合格产品处理水，方便又省时。

第三节 水的储存

水是重要的生命资源，储存一定的水是十分必要的。不过要记住，水能增加负重量，多带水意味着要舍去其他装备。因此，储存水量很有限，应该在应急的时候使用。

一、制定储水计划

取来的水既要够野炊使用，也要满足饮水需要。但也不要储存过多的水，这样会浪费掉自己的体力。此外，多余的水也可能因缺乏良好的容器而难以妥善携带。根据需要制定一个合理的储水计划是必要的。储水时应考虑的因素：

（一）生理需要。人体对水的需求每天 2~3 升，可根据活动量和天候情况适当考虑增减。如炎热天气，对水的需求是非常大的。

（二）野炊用水。可根据猎物的种类和数量以及野炊的方式预留出一定的水量。

（三）所备容器是否够用。尽可能地把能用的容器里装满水，以备不时之需。

（四）水的质量。如果水源充足，应当选择水质相对较好，确保饮用安全的水，对于从植物茎叶中汲取的汁液应当即取即饮，不应纳入储水范围。

（五）生活用水。储备一定量的生活用水可以更好地改善生存状况。

（六）停留的时间。如果停留时间很长，就不得不在庇护所旁边挖一个蓄水池了。

（七）应急水源。为防止意外，如蛇虫咬伤、食物中毒以及身体脱水等，任何时候都要预留一部分的应急用水，这也是救命用水。

二、储水

理想的容器最少应该能装 950 毫升的水。而且容器的口要比较大一些，这样便于往容器里注水。当然，最好的储存水的容器就是面临生存困境的人体自身。

（一）保持身体中的水分

如果不能立即获得水，或者水量有限，降低水的流失速度就非常重要。这样可以相应减少水分补充。人在温和气候条件下从事剧烈运动，每小时以出汗的方式排出 1.5 升的体液。如果在高温情况下从事剧烈运动，必将失去更多水分。在温和气候条件下，人在休息状态下每天也能排出 1 升的水。这就意味着，只要减少出汗就能有效减少体液的流失，就能让身体尽可能地保持更多的水分。

在野外，为满足自己的日常所需，会奔波辛劳，这就更有可能导致出汗。但是也有一些方式能够减少身体水分的流失。

1. 精通野外生存所需的技能，学会如何快速地收集材料，从而减少活动，以此避免大量的水分流失。

2. 尽量在一天当中最凉快的时候从事需要大体力的工作，在极其高温的环境下，可以采取昼伏夜出的方式。

3. 避免在热的时候脱掉衣服。相反，在有些情况下，还需要添加来降温。例如沙漠地区的游牧民，他们经常将自己从头到脚宽松地披上好几层衣服来保持凉爽。在头上戴一条头巾或其他头饰也是一个很好的办法来遮挡阳光。

  4.减少呼吸导致的水分流失，就是用鼻子而不是用嘴呼吸。呼吸也可能导致大量水分流失。因此，保持身体内部温度、减少活动也有助于减少水分的流失，这一点看起来可能无关紧要，但是在野外生存条件下，这种极小的差异也可能导致完全不同的结果。

> **注意**
>
>   消化食物的时候也需要水。因此在缺水的情况下，为节水和防止脱水。尽可能地减少或避免食用蛋白质、脂肪类食物以及辛辣食物，可以适当摄入碳水化合物。
>
>   同时对喝的东西也要加以注意。不要饮酒，因为分解酒精需要大量的水，分解酒精需要的水比酒类饮品中所含的水还要多。在缺水情况下，咖啡也要避免，因为咖啡有利尿的功效。

（二）容器储水

  对于寻之不易的水源，应当加以收集并储存起来，供野炊和饮用。如果携带了军用水壶或水袋无疑是幸运的，在没有水壶、杯子、罐子或者其他类型装水容器的紧急情况下，如果善于发现，再加上点创造力，也可以找到盛水和运水的东西。例如，植物纤维可以做绳子，树干掏空可以做成一个圆柱形的储水罐。

  在不具备制式的盛水容器，又找不到像椰子壳、竹筒一样可用的容器的话，可利用身边器材制作简易容器，以满足取水的需要。甚至可以用塑料或者防水布料临时做一个，比如把塑料或者防水布折成碗状，用大头针、尖利的骨头或者其他合适的东西，固定住打折的地方。

  1.制作陶罐

  如果发现质地细腻、黏稠的黏土，可以用它来制作简单的水杯或储水罐。泥罐做好之后，让它自然风干，风干后放在火堆边烤硬。

（1）先揉出厚厚的黏土块；

（2）用圆黏土条围出罐身；

（3）将罐身围到所需要的高度；

（4）沾湿罐身，将罐的内壁和外壁抹光滑。

2. 树皮容器制作

桦树皮是民间制作容器的传统材料。桦树皮很柔软，用树脂正确处理后还能防水。

（1）将树皮裁切成所需要的尺寸，然后浸泡在水里；

（2）将四个角折起来；

（3）用树脂把角黏住，然后自制夹子固定。

> **提示**
>
> 树脂是一种来自多种植物，特别是松柏类植物的烃类（氢化合物）的分泌物。

3. 制作木碗

木碗可以用一块原木制成，先从火堆里夹来木炭放在木块的中心，让它燃烧，然后再挖掉烧焦的部分，就能得到一个容器了。

（1）用火红的木炭烧木块的中心；

（2）用锋利的小刀挖去烧焦发脆的木头；

（3）慢慢深挖，直到形成碗状。

4. 制作水瓶

可以利用大型动物的胃来制作水瓶，先用水将胃彻底洗净，然后绑紧下端，上端作为开口，并附上绳子以便随时可收紧。

第七章

取火与野炊

火对野外求生者有着极端重要的作用。野外生存活动中，火在煮烤食物、取暖、发求救信号和防御野兽侵袭等方面都有着不可替代的作用。点燃一堆火和保持一堆火的持续燃烧，对于人的心理有重要影响，甚至会影响到你决定是继续尽全力求生存还是放弃生存的希望。从某种程度上讲，一个人在野外生存能力的强弱取决于其野外取火能力的强弱。

第一节 取火准备

取火要做好充足的准备工作，这样才能避免不必要的体力消耗，尽快取得火种，解决野外生存的基本取暖和烹饪问题。

一、火的基本原理

取火之前，要了解火的基本原理。非气体状态的燃料遇火不会直接燃烧。燃料在加热后会产生气体，只有当空气中的氧气与这种气体结合才能燃烧。燃烧必备的三要素：热量、可燃物（图 7-1-1）和氧气。这三样缺一不可，否则火无法持续燃烧。

图 7-1-1

> **注意**
>
> 火为我们提供了方便，但用火不当时可能会导致烧伤，整个森林和野外生存的重要装备都有可能被烧毁。将火源转移到避身所内部时，还可能因一氧化碳浓度过高而造成窒息。

二、场地准备

场地选择及准备工作对取火非常关键，在选择合适的取火地点以及完成充足的准备工作的基础上，我们还要考虑几个问题：任务执行地的气候条件和地貌如何？可以为你所用的工具或材料有哪些？你在该地区需要待多长时间？促使你生火的动力是什么？与敌人之间的距离是否安全？都解决后，选择一个相对干燥的地方生火，基本要求是：避风效果好、靠近庇护所、便于生活、便于取材（图 7-1-2）。

图 7-1-2

假如你身处灌木丛生或者树木茂盛的地区，在确定生火地点后，就需要将此处地面的泥土充分平整，并将该地的灌木或林木清理干净。至少要清除出直径 1 米的空地，这样才能有效降低引发火灾的可能性。

在地面比较潮湿或者覆盖积雪的情况下，则要用树木搭一个基座来生火。首先在地面依次铺好一层新鲜的圆木棒，再在圆木上垫上一层薄泥土，或者是一层干石头，这样平面的火堆基座就形成了。

在时间充裕的情况下，可以使用岩石和原木等材料搭建一堵火墙。这面墙的作用在于能够反射部分热量，还能减小风力、阻挡飞溅的火星，但为使火堆能够持续燃烧，应确保有足够的空气流动。

注意

千万不要使用较为湿润的甚至能渗出水分的石头，它们在加热后可能发生爆炸。

三、取火材料的准备

在取火前，所需的材料就是火绒、引火物和燃料。如果身边有刀具，不妨做一根简易火杖（图 7-1-3）：首先用刀具将树皮微刮开来，如鸡毛掸子的样子（"羽化"树枝），这样在引火时树枝会得到充分的燃烧。这样火堆就很容易点燃。一根做得好的火杖，能提供火绒、引火物和燃料，只需要一点火星即可点燃。

图 7-1-3

（一）火绒

火绒指仅需一点热量即可点燃的材料。优质火绒只需一个火星即可引着。适合做火绒的材料有：

1. 桦树皮、干草、细木屑、鸟绒、蜡纸和衣服上露出的蓬松的棉花；

2. 干燥的真菌精研细磨成粉末；

3. 烤焦的棉花和亚麻；

4. 昆虫如树黄蜂钻孔打洞留下的粉末以及鸟类和蝙蝠粉末状的排泄物；

5. 鸟巢里鸟儿落下的羽毛，干燥的田鼠窝中的绒毛。

一些人造的物品，比如棉织品、棉球、胶卷，也可以把它们切成条状制成火绒。但无论用什么作为火绒，一定要保持干燥。随身携带防水容器，将火绒收集在里面。要在行走过程中多注意采集火绒。

（二）引火物

引火物是指那些可将燃着的火种火势增大的木质材料。适合做引火物的有：

1. 干燥的小树枝；

2. 质地松软的木柴；

3. 含有松脂的木柴；

4. 软木。

> **注意**
>
> 不要直接从地表收集引火物，它们会多少含点水分。一般可以在死去的树木上取材，其中心部分干燥易燃。

（三）燃料

燃料是为了保证火能持续燃烧。燃料一般要能够长时间持续燃烧。适合做燃料的有以下几种。

1. 干柴。一般情况下，木柴越重，释放热量越多，这对于枯柴和生柴都适用。用干柴点火，一旦火势稳定，就可加进少量生柴。将生柴和干柴混在一块燃烧会使火势长久不熄，在夜间这一方法十分管用。

2. 硬柴。山核桃木、山毛榉、栎树，燃烧充分，释放热量多，并可以持续燃烧很长时间，能够维持一宿不灭。

3. 软柴。燃烧过快且易溅出火花，其中雪松、桤木、铁杉、松树、栗树和柳树溅出的火星相对较少。

将需要干燥的木柴放在火堆上面的支架上。不能离火堆太近，否则会被引燃。在火堆风势较弱的一角放置生柴，方便将其烤干。

第二节 取火方法

明火的产生需要三个基本条件：热量、可燃物和氧气。生火包括取火、点火和使火势扩大燃烧三个基本环节，其中取火是最关键的环节。应当明确，取火不是目的，让火为实现取火者想要的功能服务才是目的。在野外，制造明火的方法多种多样，可以根据具体条件和功能需要选用。（图7-2-1）

图 7-2-1

下面介绍野外可能用到的一些取火的主要方法。

一、现代方法取火

（一）火柴或打火机取火

火柴和打火机是专门的产生火的用具，用它们产生明火十分方便和容易，基本上不需要什么技巧，只是使用它们时应注意避风，选择容易点燃而又相对能持久些的材料作为引火物，这样引火物有充足的时间去引燃可燃物，点燃引火物后，立即熄灭火源，避免浪费对于野外生存来说十分宝贵的火源。在野外，最好是能够用防水的火柴，保证火柴和擦片是可用的。市面上用于点火的金属火柴（镁条）也是不错的选择，只不过需要用刀进行反复刮刷产生火星。如果没有火柴或打火机，这时就要考虑选用其他方法取火。

（二）利用电池取火（图7-2-2）

在野外，如果携带有电池和锡箔纸之类的物品，可利用电池短路原理使锡箔纸着火。

图 7-2-2

1. 取下包装口香糖的锡纸,展开剪成长约9厘米、宽度约5毫米的长条若干。

2. 将锡纸条对折,把中间部分剪成2毫米左右的宽度,这样就形成了一个中间狭窄的长条要想取火,锡纸宽度需要适当,特别是中间部位,太窄容易断裂,太宽容易成烟不易起火,当剪裁适当,宽度保留在2毫米左右时,才会燃烧。

3. 取一节5号电池和锡纸条,将锡纸条带锡的一端接在电池的正极,另一端接在电池的负极。很快明显感觉锡纸条发热,纸条中间剪好的"窄尖儿"处开始冒烟,但没有明火出现。

4. 取两节5号电池和锡纸条,将两节5号电池连在一起,将锡纸条带锡的一端接在一节电池的正极,另一端接在另一节电池的负极。锡纸条随即燃烧出现明火,并将准备好的易燃物引燃。

当有大容量电池(手摇电话机和电台照明用的一号"甲电"),将正负两极接在削了木皮的铅笔芯两端,顷刻间,铅笔芯就会烧得像电炉丝一样通红。用这种方法取火既方便又保险,此外,还可用六节串联的一号电池(或摩托车、汽车蓄电池),将两根导线分别接在正负极上,通过正负极相碰造成短路的办法产生火花点燃火绒。

(三)利用弹药取火(图7-2-3)

在野外,手电筒和火药也可以用作取火的工具。把手电筒灯泡在细沙石上磨破,注意不能伤及钨丝,然后把火药填到灯泡内,通电后即能发火。如果野外求生者带有枪(如信号枪等),也可以利用枪弹取火。拿出一粒子弹,拔掉弹头,将一半的火药(相当于火绒)倒在引火物上,将剩下的火药保留在弹壳中,用柔软的纸轻轻堵上没有弹头的弹壳口。把这粒没有弹头的子弹上膛,向引火物开枪即能产生明火。

图 7-2-3

注 意

弹药取火时务必谨慎,防止火药散落。火帽是非常灵敏的,而且火药威力巨大,稍有不慎就会造成严重后果。

（四）聚焦法取火（图7-2-4）

在野外，可以利用放大镜（可从望远镜或瞄准镜、照相机上取下一片凸透镜来代替）、闪光灯反光罩、手电筒的反光罩，甚至一个易拉罐底、一块冰来取火。凸透镜聚焦起火的具体做法是：使用放大镜（任何凸透镜均可）把太阳光聚集照射在易燃的火绒上，热量使火绒燃烧开始后，用嘴轻轻吹风以便火种快速点燃，然后再去点燃可燃物。如果没有凸透镜这类的东西，也可以用反光罩进行凹透镜聚焦取火，做法是将引火物放在反光罩放灯泡的位置，使太阳光聚照在火绒上，待火绒冒烟起火后，用嘴轻轻吹风以便火势稳定，然后再去点燃可燃物即可。

A 凸透镜聚焦取火

B 凹透镜聚焦取火

图7-2-4

小资料

放大镜是一种重要的取火工具。利用放大镜取火最为迅速的是照射汽油、酒精、枪弹发射药或导火索，可在1~2秒内将它们点燃。

（五）高锰酸钾取火

高锰酸钾是野外生存的必备之物，因为它不仅可以净化水源、为伤口消毒，还能通过化学反应产生火星用来生火。与之配合还需要一些糖，可在植物中提取。将等量的高锰酸钾和等量的糖放在坚硬的平板上混合。用力挤压混合物，并快速摩擦以产生火星。

（六）击石法取火（图7-2-5）

用小片钢铁或小刀的刀背敲击燧石头，或者用燧石与燧石相互撞击都可以产生较多的火花，在常出现火花落处放置火绒，由于火绒遇火极易燃烧，所以当燧石被撞击时产生的大量火花不断溅落到火绒上时，就会引燃，从而获得明火。若没有燧石，在野外，可以找任意石块替代，只要能较易产生火花即可以。

图7-2-5

> **小资料**
>
> 燧石俗称"火石",较好的石器材料,一般产自河滩,经河水冲刷,质密、坚硬,高速撞击能产生火花。也有从山里直接开采的,各地均有分布。

二、原始摩擦取火

(一)手钻钻木取火(图 7-2-6)

这是一种古老的取火方法。具体做法是:用一根硬木棒,长 0.6~0.9 米,宽约 1.2 厘米。下面削成尖,两手夹住,在一个边缘钻有开放性小孔的木板上来回搓转。木板开口处要放好火绒。

(二)手弓钻木取火(图 7-2-7)

该方法与钻木取火法的原理相同,只是在用手直接钻木取火的同样工具上增加了一个加速木杆转动速度的手弓。手弓制作的方法是:找一个弹性较好的木杆,需选活树的木头,两端分别削去将近一半,使木杆更容易弯曲并且保持弹性,拴上一根耐

图 7-2-6

摩擦的细绳即可。没有绳索时可以用植物纤维搓成细绳子。使用时,把绳子在木杆上绕上一周,来回拉动手弓,木杆便会高速转动。为了增加木杆的压力,防止木杆伤手,可以在木杆上方加盖一个有凹槽的木片或者石片。底板最好是桦树、赤杨、柳枝、梧桐等。先在板子一侧的边缘切出一个凹槽以安装主轴,钻轴长度 20~30 厘米、宽度 1.2 厘米左右适宜。然后再切出一个刻痕,当燃屑在凹槽里形成时,就会通过刻痕落入燃屑盘。这是最原始的一种取火方法。

弓钻使用的材料比手钻多,但手钻在潮湿环境下不一定可靠,而弓钻在绝大部分条件下都适用。使用弓钻应注意技巧,如保证砧板与钻轴垂直,弓与地面保持平行的情况下,利用 25% 的力量来让左手腕抓紧垫板,50% 的力量向下压,然后用 25% 的力

图 7-2-7

量来推拉弓。

(三) 易洛魁式（泵式钻）钻木取火

由易洛魁族发明的这个装置取火效率相当高。钻轴的一端用两根绳子缠绕，绳子的另一端分固定在一个硬质横板（长60厘米，宽7.5厘米）上。钻轴的中间部位用一个硬质木轮做加速器，也可以利用两块木板（长45厘米，宽7.5厘米）夹住两块重量相等的石头将飞轮加重。飞轮距钻轴底部2.5~7.5厘米。当把绳子（约1米）缠好后用力向下压横板，就能使钻轴产生极快的转速，然后钻出火花。

(四) 藤绳摩擦取火（图7-2-8）

找一根直径适中的干圆木，从其中的一端的中间劈开，并在裂口里夹上细木棍，捣碎火绒纤维放进裂缝里，双脚踩紧原木，用结实绳子（如动物筋腱等）或藤条来回摩擦，里面的火绒就会逐渐发热、冒烟，最后起火。

(五) 火犁法取火（图7-2-9）

找一根坚实的木棒，用其使劲在具有沟槽的木板上来回摩擦，最后生热起火。火绒放在沟槽的前方并有部分散落在沟槽内。为加强摩擦效果，可在木槽内加入细沙石或碎玻璃。

图7-2-8 　　　　　　　　　　图7-2-9

(六) 锯竹（木）取火、火锯法取火（图7-2-10）

具体方法是：用一块带锐利边缘的竹片在另一块竹子凸起的地方来回摩擦，下面放些易燃的火绒，当高温锯屑落在火绒上时很快就会冒烟，然后用嘴轻轻吹起火苗。如果没有竹子，坚硬的木头也可以利用，只是比较费力而已。

图 7-2-10

三、火的种类

野外工作者或求生者取火的目的在于满足自己的需要，实现一定的功能，达到一定目的，例如，烧饭、取暖、驱兽等。为此，求生者在取火成功后，要根据功能需要确定设置火的地点和火的使用式样。不同形式的火，其设置和作用各不相同。应当注意的是，在野外不论使用何种形式的火，如果要借助岩石石块，则应考虑有些岩石是不能使用的，如有裂纹的石块、空心的岩石、层状岩石、松软岩石等，主要是因为这类岩石中可能含有过量水分，加热后会破裂、爆炸产生危险。

（一）篝火

篝火是一种可以实现多种功能的火。既可以用于烹饪和取暖，也可以用作发信号等。点燃篝火最好的材料是桦树皮，桦树皮的含油量20%~30%，在雨中仍可燃烧。篝火的种类多种多样，它的主要形式有下面8种。

1. 斜搭式篝火（图 7-2-11）

这种篝火适用于森林植被好，木源丰富，冬季无遮棚的野外露营。其样式为横一根较粗的圆木，上面斜搭几根较细的干木头即成，一边烧一边向内挪动。

图 7-2-11 　　　　　　　　　　图 7-2-12

2. 圆锥形篝火（图 7-2-12）

这种篝火适用于煮饭和取暖。它是由较粗的木材环绕搭建的一个中间空的锥形棚屋结构。下部放一些细的易于燃烧的木材。由于木材之间空隙较大有利于燃烧，所以，这种篝火取暖效果很好。在点火时，点火者应背对来风的方向。

在野外使用篝火的实践中，常使用反射墙来防止烟熏和热量散失（图 7-2-13）。具体设置方法是：在篝火迎风面的上风处，用排木做一反射墙，也可以在篝火周围一定位置和范围内，根据具体情况设置反射墙，以确保热量导入坐（睡）地，同时又不会有烟熏之弊。

3. 星形篝火（图 7-2-14）

这种篝火是一种比较经济的燃烧方式，燃烧放出的热量大，主要用于多人的围坐

图 7-2-13 　　　　　　　　　　图 7-2-14

或睡觉。具体设置方法是：将木柴（硬木）呈星形放射状摆放，在燃烧过程中不断向火堆中心推动这些木柴。

4. 安全过夜篝火（图 7-2-15）

这种篝火主要用于营地过夜取暖。将长木平行斜放，上面再垂直压上两根粗重圆木，在帐篷与篝火之间设置一道防火墙。

5. 长条形篝火（图 7-2-16）

这种篝火适用于冬季露营时取暖。做法是：将两段与人体长度大体相等的圆木顺风叠放，彼此之间两端边上打入湿木桩，以防止圆木滑落。然后再在两根圆木之间加几个撑子，以有利于燃烧。

图 7-2-15

6. 长效篝火（图 7-2-17）

长效篝火可以用来烤制食物和取暖。设置方法是：将两根粗大的圆木平行放置在与之垂直放置的两根较细的木棍上即成。

7. 金字塔形篝火（图 7-2-18）

先在地面上平行摆好两根很粗的木头，然后在它们的上面按照金字塔形层层平铺木柴，木柴的从下向上由粗变细，直到整个木柴堆的顶部只留下一层纤细木柴为止，点燃火种后，用火种点燃这些细木柴即可。该篝火的特点是火从上向下烧，一般能持续一整夜不灭。

8. T 形火（钥匙火）

将沟渠挖成 T 字形或钥匙状即可。在横部生火，将火炭挑到竖部，用来做饭。

图 7-2-16 　　　　　图 7-2-17 　　　　　图 7-2-18

（二）坑火（图 7-2-19）

坑火可以用于烹饪和取暖。它的设置方法是：在地面上挖一个 30 厘米 × 90 厘米 × 30 厘米的壕沟，在沟底加一层岩石块，挂上吊锅即可烹饪，撤去锅后，可以取暖，即使火势已尽，余火上也可烤制食物。

（三）洞火（图 7-2-20）

洞火主要用于熏烤肉类、干燥食品和烧烤食物，也用于燃烧处理废弃物。设置方法是：利用斜坡地形找一个泥质厚实稳固的地方，挖掘出一个深 45 厘米的坑洞，在坑洞上方用木棍插出一个大小适当的垂直孔洞，作为烟囱，再将坑中泥土清理干净，在坑内生火。

图 7-2-19

图 7-2-20

（四）炉火

使用火炉生火做饭和取暖是人们的习惯。在野外有条件时，也可以根据需要设置各种炉火来为自己服务。

1. 马蹄炉火（图 7-2-21）

马蹄炉火常用于做饭。设置方法是：用石块垒砌成高约 40 厘米，内径约 30 厘米的半圆形有开口的壳状体，向上次第内敛，以方便架锅，石块间留有间隙，方便通风；开口处方便添柴，注意开口向着来风向。这种形式的火，火力热量集中且节约燃料。

图 7-2-21　　　　　　　　图 7-2-22

2. 八卦炉火（图 7-2-22）

这是野外工地建设者们常用于烧开水和做饭的用火形式，比较适合时间较长、地点固定的野外生活。这种炉火的设置方法是：选择大小相近的长方形石头，在点火地点摆成直径约 1 米并稍微偏右的圆圈，石头之间留出 5 厘米左右的空隙，以便通风。第二层石头要压在底层石头的空隙上向圈里收缩，以此类推，七八层以后，即可堆砌成一个高 1 米左右，上口内径约 40 厘米的八卦炉，在内部生火即可使用。这种炉火有许多优点，它的火力猛，热效率高，开口处热量集中，烧水、做饭都十分快捷，中心温度极高，人们称之为八卦炉火。同时，火的大小也容易控制，不用火时，用泥土在上面封住，能够长时间保持火源，较少的雨水也不能使它熄灭。在封住期间，外面的石头有相当大的热量辐射，可以取暖、烤干衣服，石头之间的缝隙里还可以烤熟食物。

3. 看山炉火（图 7-2-23）

这是长年在野外工作的人们（如看山护林员、猎户、山区采药人、放蜂采蜜人。野外地质工作者、生物资源考察人员等）常用的一种用火形式。设置方法是：先搭建一个看山炉，在里面生火即可。这种炉火有多种功能，用于做饭、烧水和烘干衣物等。

搭建炉灶方法是：用石头、水和黏土，搭

图 7-2-23

建一个锅台，灶门开向季节风方向，在灶门相反方向修一个火道（沉降火星，预防走火），火道前竖立一个中空的枯树作为烟囱。

第三节　野炊准备

野炊是野外生存活动中最重要的内容之一。尽管有些动植物可以生吃，但是有些必须烹饪一下才能食用。在大部分情况下，吃熟食比吃生食不论从口味、营养还是安全角度来看，都有更多优点。有了火之后，如何在炊具极其简陋或者没有炊具的情况下，把食物弄熟再吃，是人员野外生存的重要技能之一。

通常是利用煮、煎、焙、烘、蒸、烤等方法来烹调食物的。下面介绍几种常用的野外烹饪的方法。

一、基本野炊方法

（一）煮

煮是最好的方法之一。因为可以留住汁液中的盐分和养分。

如果没有金属容器来煮食物，可以用一块有孔洞的石头，或者找一段中空的木头，将食物和足够的水放入木头的洞中，将木制的容器置于火的上方，然后将滚烫的石头放到食物中，等石头凉了之后取出．再接着放其他滚烫的石头，直到食物煮熟。

其他可用于煮的容器有椰子壳、海贝、龟壳、剖开的竹子，甚至用动物的胃或者皮做成的袋子。

（二）煎

煎是比较简单方便的方法。如果确实没有煎锅，可以用石头煎制食品。将一块平整、中间微凹的石头放在火上面，等石头热了之后，将油和食物放在上面加热直到煎熟为止。

（三）焙

对于坚果和谷物来说，焙是最好的选择。将坚果或谷物放在一个容器中，或者放在一块石头上，慢慢加热，直到坚果或谷物表面变焦为止。

（四）烘

烘是将植物放置在一个烘箱里，用中火慢慢烘烤。可以在火下面挖一个坑当作临时烘箱用，或者用一个密封的容器，也可以用树叶或黏土将植物包起来。

一是可以在地上挖一个坑，坑中放入一些热煤，将食物和一些水放入一个密封的容器中，将容器放在坑里面，再在容器上盖上一层煤和一层薄薄的土。

二是可以在坑里面铺一层干燥的石头，然后生火，等煤烧完之后，把煤灰拨开一个小坑，再把容器放入煤灰中，接下来的步骤和上面一样。

（五）蒸

蒸，也需要挖一个坑。烹调海鱼或者其他一些需要稍稍煮一下的食物时，蒸是最好的方法。用大的叶子或苔藓包住食物，在已经铺好了燃料的坑里先放一层包好的食物。然后铺一层叶子或苔藓，这样食物层和叶子或苔藓层交替叠放，直到坑填满。插一根棍子使之穿过食物层和叶子或苔藓层，用更多的叶子或土尽量填满坑，然后拿出棍子。这是一个虽然慢却非常有效的烹调方法。

（六）烧烤

烧烤需要用到串肉扦或烤肉叉。用这种方法你几乎可以在火上烤任何肉类食品，只需要将肉串在没有毒的棍棒上，然后放到火上烤，直至熟了为止。用这种方法可以保持肉中的肉汁，是烹调所有禽类或小动物的好方法。

小资料

燃烧后形成的木炭不仅可净化水，还是强有力的催吐剂，不管什么时候只要觉得自己中毒了，就立刻吞下去一些，它能帮助你把食物吐出来。

二、基本野炊常识

（一）煮鸡蛋

不同煮沸时间的鸡蛋，在人体内消化时间是有差异的。将新鲜无破损的鸡蛋凉水下锅，开锅后，分别计时3、5分钟，捞出过凉水。"3分钟鸡蛋"蛋是微熟鸡蛋，蛋清熟而软嫩，蛋黄刚要熟，最容易消化，约需1小时30分钟。"5分钟鸡蛋"是半熟鸡蛋，蛋清熟而嫩，蛋黄熟而不硬，在人体内消化时间为 2 小时。煮沸时间过长的鸡蛋，在人体内消化要 3 小时 15 分钟。

（二）煮米饭

洗米不应太用力，顺着同一方向揉洗 1~2 次，动作轻快。煮饭前若有时间可将米浸泡，以吸收水分，煮出的米饭蓬松柔软。夏天浸泡 30 分钟，冬天可延长至 1 个小时。煮饭量水的比例一般为 1：1，野外条件根据经验，米上一指或者手掌按住米加水过手背。若是陈米，因为比较干燥，可调整至 1：1.2。蒸煮时间一般为 10~15 分钟。大火开锅后小火，闻饭香或不再听见响声即好，切忌期间掀盖或搅动。为防止米饭粘锅导致浪费，离火后立即用冷水激一下饭锅底部。野外最好使用篝火煮饭方法，方法是在篝火点燃一会之后，把火下面红红的碳用棍子拨出来，平摊在边上，够锅大小，盖紧锅盖，过 3~5 分钟换些燃得旺的碳，煮十几分钟即可，这样米饭不糊、不粘锅。

（三）烹煮鱼

如果鱼的身体大于 10 厘米，需将鱼内脏取出来。可将鱼叉在一根棍子上，在明火上反复烤，但烹煮是最好的方法，将鱼带皮放到锅里煮，这样可以全面吸收鱼的营养，鱼汤是十分营养美味的。此外，鱼也可以参考烹煮植物类食物的方法，将黏土包裹在鱼的表面，使其成为一个球，放在火堆里，进行烤制。当黏土变硬后，我们将其敲碎，就能吃到熟透的鱼肉，判断鱼是否煮熟，只需看它的肉是否能轻松脱落。

（四）烤蛇

世界上所有的蛇都能吃，但要确保不去吃它的头部和内脏，因为里面有毒囊，而且必须烤熟。

（五）烤鸟

鸟类一般采取炙烤的方法，既可直接串烤，也可用树叶和较薄的树皮包裹，然后直接放在火炭上炙烤，必须将肉烤熟，使肉呈丝状。特别是吃腐肉为生的鸟类，一定要烹煮 20 分钟以上才能有效杀死鸟身上携带的寄生虫。

（六）虾、蟹和龙虾

小甲壳类动物，例如虾和对虾，应在沸水中煮 5 分钟，大的甲壳类动物，如蟹、龙虾，需要煮 20 分钟。除了水煮，虾和对虾还可串在串肉扦上烤。

第四节 野炊实施

一、制作炊具

在野外生存活动中的某些情况下，蒸煮食物首先碰到的挑战是没有炊具。因此，寻找炊具和制造炊具是野外蒸煮食物前必须解决的问题。

在野外没有制式炊具时，一切盒状、桶状、盆状、盘状的金属制品，如罐头盒、油桶和弹药箱等都可以作为炊具。在这些也没有的情况下，可以找一块金属薄板（片），用一块鹅卵石从金属板的中部敲击，敲出一个钵状容器作蒸煮容器。也可以利用竹筒等来作为蒸煮容器。

（一）钳子

挑选两根如拇指粗细且有弹性的树枝，一根笔直，另一根呈弯曲状且一端呈分叉状然后将它们紧紧地捆绑在一起，使末端可以伸张自如（图7-4-1）。

（二）悬锅的横杆

如果在野外，将锅吊在火堆上方烧煮食物的方法有很多种。如将一根结实且末梢分叉的木棍插入在地表里，木棍不能完全靠近火堆。在支架上放一根很长的棍子（稍粗），棍子的一端正好置于火堆的正上方，另一端用沉重的岩石压在地面上，防止后端弹翘起来。然后在靠近木棍的顶端处刻出一道或者两道沟槽，以防止器皿从木棍上滑落（图7-4-2）。

图 7-4-1

图 7-4-2

（三）摆动式的悬挂装置

摆动式的悬挂装置其制作方法为：首先将一根结实且直的木柱插入地表里。然后将两根有分叉的木棒绑在一起，使它们呈垂直状。借着这个悬臂装置可以改变吊锅或吊桶的高度，也可以推动树枝使器皿来回摆动（图7-4-3）。

（四）可改变高度的挂钩

火堆和食物之间距离的远近会直接影响烧煮时间的快慢。此时如果制作一个可改变高度的挂钩，就利于掌握食物的烧煮时间了。从灌木上砍下一段带有许多分枝的树枝，将分枝剪成15厘米左右的小段，建议将树皮剥掉，因为树皮内有可能藏着腐物及虫蚁（图7-4-4）。

（五）竹杯

砍下一段带有竹节的竹子，竹节当杯底，竹口处作杯口，将竹口周围打磨平滑，以防划伤自己（图7-4-5）。

图7-4-3 　　　　　　　　图7-4-4 　　　　　　　　图7-4-5

（六）汤匙

挑选一块比较平整的木块，将其用刀具凿刻成匙子的形状，操作时，不要将刀尖对着自己或者手的方向，不可一时心急，以免误伤自己（图7-4-6）。

> **实践体会**
>
> 像长柄勺、汤匙、和餐叉等基本餐具，用不含树脂的木材制成比较好，因为这种木材不会导致食物腐败。另外，顺着木头纹理制作的餐具防水性能会更好。

图 7-4-6 　　　　　　图 7-4-7 　　　　　　图 7-4-8

（七）白桦树皮制成的容器

利用白桦木树皮的里层物质，可制成临时用来烧煮的炊具，进行烧煮食物。在靠近顶端处，把它缝起来或者将重叠的部位扎合起来，以防散开（图 7-4-7）。

（八）使用散烟灶

一个好的散烟灶，要达到"一线、二平、三正、四形"（图 7-4-8）。

"一线"是指风向、灶门、烟道成一条线；

"二平"是指灶面平、锅放平；

"三正"是指风向正、锅底与膛要对正、烟道开在灶膛正中；

"四形"是指灶门要像窑门形、灶膛似腰鼓形、灶底呈船底形、烟道鸡爪或八字形，以达到好烧、散烟、隐蔽的标准。

各个组成部分的大概尺寸和形状：

①灶膛：大小依锅口径、高度和使用燃料而定，肚大底小，呈鼓形。一般锅灶直径为 55~58 厘米（小工兵锹除去一拳长度），灶膛鼓形直径 55~60 厘米，膛底距离锅底 25~30 厘米为宜（灶膛深 55~60 厘米），烧木柴灶膛底可成船底形，烧草可成碗底形，烧煤的要挖风道，并架设代用炉条。

②烧火槽：应与灶门相接，距灶膛 30 厘米，其大小以便烧火和存放木柴为原则，如挖灶时有沟、坡、埂可利用则不必挖烧火槽。

③灶门：底在灶膛和烧火槽相对的中央部位，大小（灶梁宽 15 厘米，灶门高 30 厘米、宽 25 厘米）、方向应根据使用的燃料和风向、风力而确定，通常灶门与风向成 45 度角，烧柴时应稍大、烧煤时宜小，风大宜小、风小宜大。

④烟道：在灶膛的前方 20 厘米处挖一个转烟坑，深 20 厘米，直径 15~20 厘米，

并与灶膛打通，然后在转烟坑前方挖一至三条主烟道，为达到散烟的目的，可酌情挖若干条支道。每条支道长约 1 米，深宽各 10~15 厘米，呈内八字形。转烟坑烟道挖出后用树枝、草皮或土块覆盖，以达到散烟的目的。

二、蒸煮食物

有炊具的情况下，居家蒸煮食物方法，不是我们这里要解决的问题。这里介绍的是野外蒸煮的方法和如何用竹筒蒸煮。

（一）野外煮饭的常规方法

在有铁制饭盒的情况下，可以利用饭盒当锅。野外做饭的操作程序分以下几步。

1. 量米。由于野外用饭盒大小有限，一般用饭盒上盖量取 2 杯倒入饭盒内即可。如果人多则多用几个饭盒做饭。

2. 洗米。将清水倒入饭盒体内，用手搓洗后倒出脏水，反复几次清洗即可。

3. 加水。将清水注入饭盒体中，适量。

4. 吊锅。吊锅方法较多，可以用岩石垒起做支架吊锅，或用结实的圆棍做支架吊锅，也可以用两根丫形树枝着支架吊锅，还可以在两棵相距较近的树之间吊锅（图 7-4-9）。吊锅应选用铁棍或较粗的木棍作横梁，将饭盒直接吊在其上；也可以用结实的木棍吊

图 7-4-9

锅，这时要用一定长度的铁丝悬挂，其长度以卧火不能烧及横梁为限。盒底与火苗之间的距离以5~10厘米为佳（图7-4-10），实际中可以根据具体情况做适当调整。多锅煮饭时，锅与锅之间应留有空隙以便热气流通。

5. 取火煮饭。按照前面所述方法取火蒸煮。只是要注意将饭盒吊得高些，以减弱火力，防止将饭煮焦，在感觉饭快熟时，可以用木棍敲击听其声音，以判断饭的生熟，如果为铿锵之声，表明饭还未熟，若为"咚咚"之响则说明饭已熟了。这时再将饭盒拿下倒置10~15分钟，即可开盖食用了。

图 7-4-10

（二）利用竹筒煮饭（图7-4-11）

把竹筒一端节上面的隔打开，放进要煮的食物，添上水（根据食物的性质决定水和食物之间的比例），然后用适当的木头塞子塞好开口，放在火边（旺火）或火上（小火）慢慢地烤熟。用竹筒煮饭应当加水适量（1:1），米放得过多会使竹筒在煮的过程中爆裂，造成食物浪费。

图 7-4-11

三、烤制食物

野外情况下，很多时候采取烧烤食物的方法将食物烤熟不仅方便，而且烤制出的食物口味比较好（图7-4-12）。以下是几种常见的烤制食物的方法：

（一）石板烧（图7-4-13）

这种方法适合个体小（如水蚤、种子、小鱼虾等），或者不易串烧的食物（如昆虫幼虫、蛹等穿成串会流失大量蛋白质），

图 7-4-12

大石板烤	小石板烤

图 7-4-13

也适合烙饼（粉末食物、鸟卵等）。

具体做法是：寻找一块薄石板，用石头架起来，在石板下面点火，烧热的石板会逐渐烫熟上面的食物。在烙饼时，为了防止干硬，加快熟透，上面可以罩上潮湿的毛巾（靠近，但不可以贴上）。如果没有大型的石板，小石板也可以使用，把小石板在火中烧热后，用树枝制成的"火筷子"夹出来，然后把食物放在上面，再在食物上面盖上树叶即可。

（二）石板烫（图 7-4-14）

找两块大而扁平的岩石（不宜用灰岩），叠放在火里烧（彼此间用小石子隔开）待岩石烧得很烫后撤火，吹去灰尘后，将要烤制的食物放在岩石上烘烤熟透即可食用。

（三）埋烧（图 7-4-15）

用树皮、树叶把要烧烤的食物包好，上面均匀地摆上一层石头，在石头上面生火。用这种方法烧烤食物不易烧焦，没有烟味。

（四）叫花烧（泥包烧烤）（图 7-4-16）

用黏性好的泥（如黄泥）将去掉内脏、头、尾和翅膀的动物、鱼或禽鸟包裹起来，裹层厚度约 3~5 厘米；然后，再将其放入火中，上面盖上一层木炭。一般鱼或禽鸟 45 分钟左右可烤熟。较大的动物则常常需要一整夜，甚至一整天时间才能烤熟。烤熟后，将黏土外壳剥去，动物的皮毛、鱼的鳞随之脱离，即可食用。如有条件，可在裹泥前加些调料，味道会更美。

图 7-4-14 　　　　　　　　　　　　　图 7-4-15

图 7-4-16 　　　　　　　　　　　　　图 7-4-17

（五）炙烤（炭烤）（图 7-4-17）

这种方法主要用于加工不适于用明火直接烧烤的食物，如鲜嫩多汁的鱼、蛹、肉等。具体做法是：自制一个金属丝网或用树枝条制成的网格，放在炭火余灰上慢慢地烤熟。

（六）串烤（串烧）（图 7-4-18）

做法是：用金属小棍或将新鲜带皮的树枝条一端削尖，然后把食物穿在上面，直接伸入火中烧烤。

图 7-4-18

串烤要把握火的温度，温度过高或接近火焰会把肉烤糊，温度过低则不能使里面的肉烤熟，这里，我们可以把手掌放在火上方能保持 5 秒钟的位置，即为最佳烧烤位置。较薄的肉片，大约只需 3 分钟，不宜时间太长。烧烤过程中，时间越长，水分和油脂流失越大，口感越干涩。

（七）沙烤

在沙漠地区，太阳直射下的沙表面的温度很高，夏季沙漠地面温度一般都能达到 70℃，所以沙漠地区的居民经常利用晒热的沙子烙饼、烤鸡蛋。

（八）烘烤

主要用于烘烤易熟和鲜嫩的食物，有时也可以用来炖煮食物。首先自制一个"烘箱"，可以用大型食品罐头盒或带有铰链的金属箱。放在岩石上，除放"烘箱"的岩石下面留一个洞用于生火、背面有一孔散发烟和热气外，其余各部均用岩石和泥土盖上封好，在下面生火，即可开始烘烤食物。

（九）坑焖（图 7-4-19）

首先在地上挖一个深度为 45~50 厘米，长短半径适中的卵形坑，坑底放置引火物。然后用圆木并排盖在坑洞口上（留空隙），再垂直第一层圆木铺摆第二层圆木，如此向上交替呈三角形铺摆若干层，每上面一层的圆木都较下层的短些，在最顶层放置些石块，点燃引火物，使圆木燃烧。在燃烧物烧完和石块一起落入坑中后，将要加工的食物放在滚烫的石块上，肉放在坑中间，蔬菜放在边缘，食物与地面保持一定距离。再在坑里放些小树枝，再放一定厚度的树叶。之后用泥土将坑洞盖严实，以达到加压蒸煮器的效果，1.5小时之后去除覆盖物，即获得可口饭菜。

图 7-4-19

> **注意**
>
> 野炊时不要用潮湿的石头，如溪流中或者其他湿地里的石头等，因为它们很可能会爆炸。封闭的竹子加热时可能会爆炸。

第八章

野外露营

必要的睡眠和休息是人最基本的生理需求之一，学会在野外露营，是确保人员在野外条件下获得睡眠休整的必备技能。在某些条件恶劣地区，组织好露营，保证睡眠可能比寻找食物和水源更重要。比如，高寒地区，暴露于严寒气候下，体能消耗大，缺乏睡眠体能得不到恢复，容易极度疲劳和虚弱，从而产生悲观失望情绪。这时，露营地的重要性超过其他需求。在野外无论是利用自己携带的简易帐篷，还是搭建临时的庇护所，其根本目的都是为了有个相对安全、舒适的休息场所，确保在野外能够保证充分的睡眠和足够的休息。

一、露营的特点

（一）条件简陋，环境复杂

野外条件下露营，通常根据露营地域的周边环境，有时在野外搭帐篷露营，有时甚至只能依靠草木、洞穴等自然地物休息，与正常情况下的住宿相比，条件相对简陋，再加上对露营地域的自然、社会环境比较陌生，给吃、住等行动带来了一定的困难。

（二）居住分散，行动不便

露营时人员在陌生复杂地域展开，甚至无法与外界取得联系，居住分散，各种不便，随时要增强警惕意识，自我鼓励，增强求生欲望。

（三）威胁增大，防护困难

人们习惯了现代高科技条件下优越的物质生活和便捷，深入环境恶劣的陌生环境时，缺乏完善的自我防护屏障和设施，露营会对人身安全造成很大威胁。

二、露营的要求

（一）加强自我保护

为应对来自空中或地面的突发情况，露营时，确保安全，减少损伤。露营地域的安全防护，是防野生动物袭击的重要措施之一。选择露营地域时，要充分考虑地形因素，结合现地环境，切实提高露营的安全可靠性。并采取各种有效手段，例如使用石灰粉、艾草、硫黄粉驱离蛇、蚊、虫，达到安全露营的目的。

（二）严格自我约束

到达露营地域后，应迅速展开露营工具，尽量减少随意走动，节省体力，高效组织露营。

第一节 露营地的选择

露营地点的选择，首先应考虑靠近水源和燃料，其次要注意防避风雨、雪崩、滚石以及突如其来的山洪和涨水等自然灾害。此外，露营通常选择在地形复杂，植被条件好，能为人员的充足休息提供有力保证，使其免受恶劣天气侵蚀，躲避酷暑严寒影响，避开动物昆虫侵扰，还可以增加人员安全感。主要从以下两个方面进行考虑。

一、从时间上考虑

夏季，露营地点应选择在干燥、地势较高、通风良好、蚊虫较少的地方，通常选在湖泊附近或通风的山脊、山顶；冬季，露营地点应综合考虑避风以及距燃料、材料、水源的远近等因素。通常选在森林或灌木丛中，但要注意避开易被积雪掩埋的地点，如避开悬崖的背风处，因为在这种地形上，风很快会吹起大量的雪将帐篷或庇护所淹没。

二、从空间上考虑

露营地点应该是可以防风、防雨、防山洪的较高处，并且此地不会发生落石、泥石流等自然灾害。同时露营地应离水源较近，附近有充足可利用的树木。这样便于取水和取材，但不能与水源过分靠近，因为那样极易受到蚊虫的骚扰；要远离独立的高大乔木和突出的高地，防止雷击；晴天时要选择在荫蔽处，防止暴晒。此外，帐篷不能搭建在野兽经常出没以及饮水的路径上。

综上所述，理想的露营地应具备以下基本条件。

（一）防风避雨。规避常发性的自然灾害，如山洪、泥石流、落石、雪崩等。风雨天应防止雷击、树倒等。

（二）便于生存。如靠近水源，既能保证做饭饮用的用水，又能提供洗漱用水。但在深山密林中，靠近水源会遇到更多的野生动物，要格外注意安全。

（三）背风。如小山丘的背风处、林间或林边空地、山洞、山脊的侧面和岩石下面等等。

（四）避险。营地上方不要有滚石、滚木，不要选在泥石流多发地露营，雷雨天不要在山顶或空旷地上露营。

（五）防兽。选择露营地时要查看营地周围是否有野兽的足迹、粪便和巢穴，要避开多蛇多鼠地带，以防伤人或损坏装备设施。同时要有驱蛇、虫、蚊药品和防护措施。在营地周围撒些草木灰是防蛇、虫的有效措施。

（六）日照。露营地要尽可能选在日照时间较长的地方，这样会使营地比较温暖、干燥、清洁。便于晾晒衣服、物品和装备。

（七）平整。营地的地面要平整，不要存有树根、草根和尖石碎物，也不要有凹凸或斜坡，这样会损坏器材或刺伤人员，同时也会影响人员的休息。

> **重要提示**
>
> 以下地方不适合扎营：
>
> 1. 谷底。山谷底处是冷空气聚集之地，多潮湿阴冷，白天天气晴朗，夜晚就有可能有霜。
> 2. 山洞。对于深不可测的山洞，阴冷黑暗，通常毒虫较多。
> 3. 有风的山顶上（可以向山下移动，寻找背风的场所）。
> 4. 半山腰的平坦之地。这里会聚集潮气。

第二节 帐篷的架设

一、帐篷的搭建

（一）清理场地

搭帐篷之前应先清理场地。平整和打扫地面，捡除石块，拔去影响搭帐篷的杂草和小灌木丛，拔不动的小灌木丛用刀贴地面砍除或用石头将其砸倒，切记不要从中折断，否则小灌木丛桩可能会刺穿帐篷底层而导致漏水。

（二）支撑内账

将帐篷内帐铺开，并于各角（帐篷有4角或6角）钉下地钉。将帐篷撑杆衔接起来，推送帐篷杆穿过帐篷杆套管，然后将帐篷撑杆绷紧插入帐篷对角的挂钩里。再将帐篷上的几个塑料卡扣卡入帐篷撑杆即可。注意如果是单层帐篷，到此扎帐完毕，双层帐篷还要搭防雨外罩。

（三）套防雨外罩

将防雨外罩的门与帐篷门对正，逐个扣住拉环，拉紧防雨外罩，同时打地钉，然后用力将防雨外罩向外拉紧，保证防雨外罩与帐篷之间留有空气层，起到防雨、保暖的作用。

（四）关闭门窗

防止蚊虫和沙尘进入。

二、营地的布置

营地的具体布置方法取决于营地的所在位置、天气状况、帐篷的大小以及个人喜好等因素。但是，为了人员的安全考虑，必须遵循一定的原则。

（一）帐篷的位置

帐篷的搭建遵循背对风向的原则。如果条件允许，可以利用树木或者灌木来做一道天然的挡风屏障。如果该地区的气候比较炎热，那么帐篷还应该搭建在树荫下面。但要注意树上可能会有一些枯树枝掉下。此外，睡觉和休息区域应远离煮食区和如厕区。如果该地区盛行某种风向的话，睡觉区还应该处在煮饭区的风向上方。

（二）如厕区

在野外露营时要在远离睡觉和煮食区的下风口处搭建一个临时的如厕区——利用天然的屏障或用帆布、防潮布围起一块区域。你可以用铲子或刀在地上挖一个小坑，作为大便的地方。排泄完毕后，用土将排泄物覆盖。小便处则应在另外一个地方。同样地，你也可以挖一条小沟，作为小便的地方。每次小便后也应用泥土将小便覆盖。

（三）盥洗处

在野外可以根据需要设置一个洗漱和洗衣服的区域，该区域应远离睡觉和煮食区，晾衣服的绳子应安置在夜间人员走动较少的区域。

（四）营火的位置

营火的位置应该距帐篷有一定的距离，以免柴火燃烧时爆出的火星把帐篷烧出小洞。此外，生火的位置应位于帐篷的下风口处，并要远离树木和灌木丛。

（五）食物准备区

准备食物的区域应距离睡觉的区域有一定距离，以防夜间动物被食物引诱到睡觉的区域。同时，也远离被食物所吸引来的苍蝇。如果可能的话，最好在煮饭地点的附近单独搭建一个用于存放食物的小帐篷。切记不要将食物放在睡觉的帐篷里面。

三、注意事项

（一）具体扎帐篷应选择略带倾斜的地块，即使下雨也不会积水，应避免在平地的低洼处，否则下雨时帐篷会被水浸漫。如果是雨季，还应在扎帐篷的较高处挖一条排水沟。

（二）扎帐前在帐篷底下垫一块防水布，以防地下水上渗。也可以找些茅草或树叶铺在防水布和帐篷之间，起到保暖隔湿的作用。

（三）将背包放进帐篷，睡觉时脱下的多余衣物要用塑料袋装好，以免被帐篷内壁的水汽或渗进的雨水弄湿。已湿的衣服可放在内外帐之间。鞋子用塑料袋装好放进内帐，保持鞋子的干燥和避免毒虫爬入鞋子。如果鞋子放在帐外，第二天穿鞋前一定要拍打鞋子，并倒出鞋中可能隐藏的蛇虫。

（四）风大时要把所有地钉钉牢，并拉紧帐篷所有的防风绳，帐篷口应背风。

（五）帐篷口的朝向，在寒冷地区或冬季扎帐，背风朝阳；在炎热地区或夏季扎帐，迎风背阳。

小资料

每次搭建好帐篷后要记住将使用的工具和其他物品都收好，不要有任何的遗漏。每次撤收在帐篷、转移营地的时候要注意认真清点所携带的所有物资，不要有任何的遗漏。

第三节 临时庇护所的修建

在野外过夜最好不要露宿，因为当人睡着之后，血液循环会变慢，皮肤松弛，对外界的抵抗力降低，皮肤上的露水蒸发时又会带走热量，使人体温降低、着凉受寒、关节酸痛。当体温下降到一定程度时甚至会导致休克。在野外露营可就地取材搭制临时的庇护所。庇护所是野外生存的重要保障，不仅可以提供温暖，还可以让你避免雨淋、日晒，减少来自风沙尘土，以及蚊虫的骚扰，确保能够得到充足的休息。

在野外要因地制宜，根据地形和材料来搭建合适的庇护所。比如探出的岩檐、巨石阵、草皮堆、洞穴和倒下的大树等都可以作为临时的庇护所或简单的挡风墙。也可以通过简单地改造自然地貌变成庇护所。例如，对于天然的地坑或自己在倒塌树干的背风侧挖的地坑，用结实的树干、木棍、树叶和草皮盖住，可以快速建成相对耐用、舒适的庇护所。如果需要让地坑的空间变高，用石头沿坑口砌起围墙，然后用草皮、树叶、泥巴糊住缝隙，将围墙固定。要合理利用所携带的材料以及能找到的任何材料搭建庇护所。例如，如果随身带有防水布、防潮布或者任何防水的布料，可以制作一个临时帐篷。先在两棵树之间系一条绳子，把布单搭在绳子上，将布单拉开，用绳子和桩钉将布单的四个角固定在地面上。如果没有绳子，可以用藤条代替，或者找高度适中的横伸大树枝，将布单搭在上面。下面介绍几种常用的庇护所。

一、一棵树庇护所

在野外经常会看到倒下但树干没有完全断开的树，可以利用这棵树来搭建一个简陋的庇护所。但是要检验树干与树枝的连接处是否足够牢固，以免突然落下时砸伤自己。砍掉内侧的树枝，清理出可以栖身的空间，在里面铺上

图 8-3-1

一层干树叶以达到舒适、保暖的效果。用一些细枝编进外侧的树枝里，并在上面覆盖一层树叶，起到防风、防雨的效果（图 8-3-1）。事实证明针叶树会比阔叶树更有效，只需较少的编织就会达到理想效果。

二、单斜顶庇护所

以小组为单位一起行动时搭建这种庇护所比较实用。选择两棵树作为主支柱，选一根较粗的树干作为承重横梁固定在两棵树之间，高度要适中。用一些树干斜架在横梁上，然后用厚厚的枝叶盖住斜架。可以在庇护所前面建一堵反射墙，将火堆的热量反射回来，提高能量的利用率（图 8-3-2）。

图 8-3-2

三、防水布庇护所

如果随身带有防水布，那么可以利用绳子和防水布在两棵树之间搭建简单的庇护所，根据防水布的大小可以搭成"八字棚"或"一面坡"形庇护所。没有绳子可以用藤条代替（图 8-3-3）。

图 8-3-3

四、A 型架子床

将两根木棒成一定角度分别平行插入地下，每两根木棒的顶部用绳索绑在一起，在木棒的适当高度横绑上两根木棒当作床架，床架搭好后可以用衣服、木棍和树枝做床面。顶部可以用防水布或者树叶做防雨材料（图 8-3-4）。在热带地区庇护所内部要高出地面以达到防潮、防蛇虫的效果。

图 8-3-4

> **小资料**
>
> 　　庇护所内如果是直接接触地面的，要在地面上铺上至少 30 厘米厚的干树叶或其他隔热材料。若直接接触地面，人体 80% 的热量会被地面吸收。铺上隔热材料后可以最大程度上减少人体热量的流失。无论天气如何，任何庇护所的四周都应该挖掘排水渠道，以便让雨水通过渠道顺势流走。

五、锥形帐篷

将三根或者更多的圆杆的一端绑在一起，作为圆锥帐篷的顶点，将圆杆的另一端斜插入地面并固定住，然后用树皮或防雨材料盖住所有圆杆。可以调整顶部圆杆之间的夹角来增大或减少帐篷的面积（图 8-3-5）。

图 8-3-5

六、雪洞避身场所

利用斜坡，崖壁上的雪，向内挖掘形成口小腹大的雪洞。在雪洞内分别挖掘三层平台。利用空气热升、冷降的原理，最高层生火，中央层休息和放置用具，下层仅容纳冷空气。为便于通风，应在洞顶开辟通气孔，用于散发燃烧产生的烟雾。用雪块堵住出入口时，为了防止门与洞壁冻融，要留有缝隙并尽量接近洞内，这样即使冻融，也能分开（图 8-3-6）。洞内侧表面修理尽量光滑，并在四周挖掘水沟，冷凝水可以顺壁流下进入排水沟后流走。

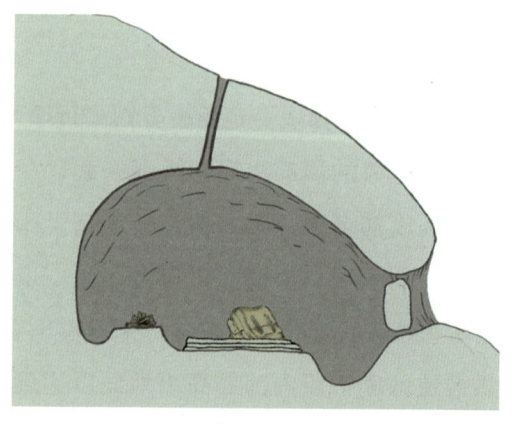

图 8-3-6

七、树坑洞避身场所

选择类似松柏等树冠低矮而且较为稠密，周边被积雪覆盖较深的大树。把树下被树冠覆盖处的树坑扩大，加深，并将坑四周的松土、雪拍紧，用树枝覆盖坑壁，同时在坑底铺上树枝、干草、雨布，就完成了树坑洞的构造（图 8-3-7）。

图 8-3-7

八、利用石块的避身场所

在野外也可利用石块，搭建避身场所。可用石块逐层垒筑，构建挡墙，用泥、树叶填充石块间的缝隙，利用树枝编织棚顶，就能构建一个较为完善的避身场所。根据需求，还可以扩大避身棚面积和高度，使生存的人员更加舒适。但增加高度时应注意，保持挡墙的牢固程度，防止因各种意外引起的坍塌，误伤棚内人员（图 8-3-8）。

图 8-3-8

九、防风墙与屏风

用并列的两根树根，或利用两根粗树枝埋到土中作为木桩。在此间放入长短相同的横木，将木桩上段绑紧，用泥巴或树叶填充横木间隙就构成了一道防风墙或屏风。为增强其防风效果，可以增加横木间的厚度，将泥土填充其间。活动防风墙既可作为其他避身场所出口的防护门，也可以用来修筑拦水坝，或者反射篝火的热量（图 8-3-9）。

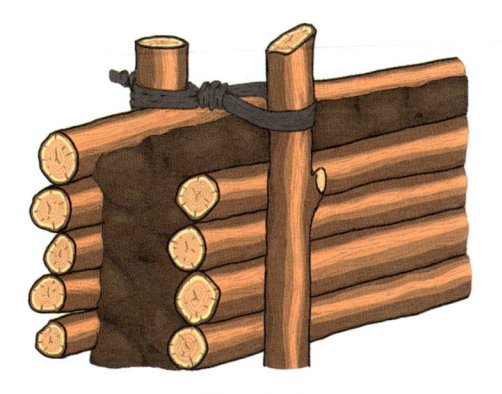

图 8-3-9

十、沙漠避身所

在极度干旱缺水的环境中，搭建避身场所时要综合考虑到消耗的时间、耗费的精力以及能起到的隔热防晒作用。在搭建过程中，可以利用降落伞、雨布、防潮布、雨衣等作为遮蔽的材料（图 8-3-10）。如果材料足够大，可以对折形成间隔 40 厘米左右的两层，这样能够降低正午的温度。不过建造这种避身所要花大量时间和体力，应该在白天气温升高之前开始建造。

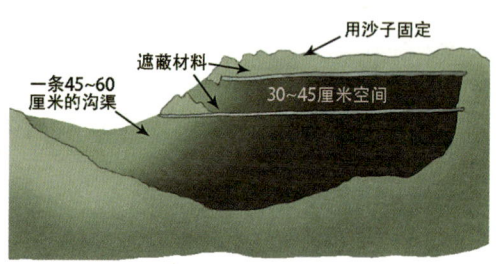

图 8-3-10

> **警示**
>
> 夜间要注意防范蛇虫，可以在庇护所的四周撒上雄黄。如果没有，可以用草木灰代替或者在庇护所的前方和两侧都生一堆火，达到防蛇虫的效果。

第九章

野外避险与急救

野外环境复杂且变幻莫测,其中许多情况都会对人类造成伤害,甚至危及生命。对于没有野外生存经验的人来说,随时都可能发生危险。即使是很有经验的人也不能说完全避免这些危险。不同的是,有经验的人可以最大限度地躲避危险,把受伤害的程度降到最低。

第一节 预防动物伤害及处理

在野外经常会和动物相遇。动物一般不会主动攻击人类，只有当动物受到威胁时，才会向人类发起攻击。有些动物的防御器官有毒或者细菌，大型动物也可以造成机械损伤。要尽量避免动物伤害到自己，如果受伤要及时处理伤口，并到医院医治。有时遭受动物伤害后并不会立刻发病，即有一定的"潜伏期"，如狂犬病、森林脑炎等。

一、蛇、虫咬伤的预防与处理

（一）毒蛇（图9-1-1）

在野外，被毒蛇咬伤而死亡的概率在动物伤害的死亡率中是最高的。所以，对于野外活动爱好者来说，掌握有关毒蛇方面的知识非常重要。一旦被咬到，首先要通过头型和咬痕判断蛇是否有毒，然后再进行处理。如无法判断，也可以把蛇打死后带到医院，这样会方便治疗，对症下药。

图 9-1-1

1. 有毒蛇与无毒蛇的区别

表 9-1　毒蛇与无毒蛇区别对照表

鉴别项目	有毒蛇	无毒蛇
头形	三角形、心形	近圆形
吻形	吻尖、吻端上翘	吻端圆、不上翘
尾形	突然变细	逐渐变细
体色	鲜艳、常具纹、斑	斑纹暗淡、不明显
颈部	可以竖立	不竖立
攻击性	较强	一般不攻击

2. 中毒症状

（1）毒蛇咬伤的普遍症状一般表现为局部充血、水肿，过段时间伤口逐渐变黑。伤口胀痛，附近淋巴结肿大。

（2）含有神经毒液的毒蛇咬伤，一般表现为伤口疼痛、局部肿胀、嗜睡、运动失调、眼睑下垂、瞳孔散大、局部无力、吞咽麻痹、口吃、流口水、恶心、呕吐、昏迷、呼吸困难，甚至呼吸衰竭。伤者可能在 8~72 小时内死亡。

（3）含有血液毒素的毒蛇咬伤，一般表现为伤口灼痛、局部肿胀并扩散，伤口周围有紫斑、瘀斑、起水泡、有浆状血由伤口渗出、皮肤或者皮下组织坏死、发烧、恶心、呕吐、七窍出血、血痰、血尿、血压降低、瞳孔缩小、抽筋等。被咬后 6—48 小时内可能导致死亡。

（4）如果是混合毒液的毒蛇咬伤，两方面的症状都可能出现。

3. 处理方法

（1）判断：被咬后，首先确定是否是毒蛇咬伤。如果可以确定是毒蛇咬伤，马上让受伤者安静下来，过多的活动会导致毒液扩散速度加快。

（2）结扎：结扎伤口近心脏方向的一端，阻止毒液扩散。结扎的原则是阻止淋巴液回流，因为蛇毒通过淋巴液的扩散是快速的、致命的。结扎的时间可以持续 8~10 个小时，并且要每 30 分钟左右放松 1~2 分钟以防止肢体坏死，然后迅速将伤者送往医院。

（3）冲洗伤口：用清水反复冲洗伤口，任凭血液外流。

（4）排除毒素：尽可能快地排出毒液，可以在伤口处用干净的刀切比伤口大一点的"十"字形口使毒液流出，并用罐头瓶或水杯拔火罐，加快毒液的排出。甚至可以用燃烧的木炭炙烧伤口，因为高温可以使毒液变性来降低毒性。但要注意不能用嘴来吮吸毒液。因为这样很容易使吮吸者中毒，尤其是口腔中有溃疡或牙龈有破损者。

（5）药物：进行野外生存训练时要带好蛇药，被蛇咬后按照说明书上的方法进行口服和外敷。另外，有些草药也可以临时救急。例如，紫花地丁捣碎外敷，煎汤内服。

（6）紧急送医院。一旦被蛇咬后，要第一时间将伤者送往医院。

4. 预防措施

（1）在多蛇地区，准备一根木棒，或用手杖，一边走路，一边在身体前用它扫打草丛，被惊动的蛇一般都会逃走。

（2）蛇类对静止的东西不敏感，喜欢攻击活动的物体。如果与毒蛇相遇，不要突然移动，保持镇静，原地不动，毒蛇便会自己离开。蛇一般不会主动攻击人类，但是，走路时要小心，不要踩到蛇。

（3）利用工具：用分叉的树枝制造蛇叉，杆长1.5米左右，分叉长10厘米左右。一定要结实，当蛇向你爬过来的时候，看准并迅速叉其颈部。

（4）遇到蟒蛇，主要是防止被缠绕。一般情况下，蟒蛇是不会伤害人类的。除非过分靠近或踩到它。但一旦被缠绕则用力去掐它的肛门和下颌部，蟒蛇感觉难受就会松开了。

警示

毒蛇是令人恐惧的，但是除了眼镜王蛇外，其他的蛇一般不会主动攻击人。蛇对栖息处的震动非常敏感，遇到响动时会逃走，因此在野外行进时可以拿根木棍"打草惊蛇"。如果需要捕蛇，要先用木棍将蛇的头部按住，然后用刀将蛇头切下来。但要注意即使把蛇头切下来也不要用身体的任何部位触碰蛇头，因为这时的蛇头可能会由于肌肉收缩而咬你一口。应该将蛇头埋入土中。

（二）蛭（图9-1-2）

水蛭，俗名蚂蟥，在内陆淡水水域内生长繁殖。体长30~60毫米，宽4~8毫米；背腹扁，体色背黑褐，腹黄褐；整体密生环纹；体前后各有一个吸盘，前吸盘中有口，在吸血的同时，唾液腺能分泌抗凝血酶和血管扩张素，使伤口流血不止。被咬部

图9-1-2

位常发生水肿性丘疹，不痛。水蛭广泛分布于我国各地的河流、湖泊、池塘、水田、水库等水域。

旱蛭，形态与水蛭类似，体色比水蛭浅，为黄褐色。旱蛭常栖息在山林的草丛和灌木中，主要生活在我国南方。旱蛭对人类的气味比较敏感，对经过的人可以迅速做出反应。可"从天而降"，落在人的身上，而且吸血量惊人，吸血后体重可以增加5倍。

1. 被蛭咬伤的处理方法

（1）不要强行将水蛭拔掉，因为越拉水蛭的吸盘吸得越紧，这样，一旦水蛭被拉断，其吸盘就会留在伤口内，容易引起感染、溃烂。

（2）发现水蛭已吸附在皮肤上，可用手轻拍，使其脱离皮肤；也可用食醋、酒、盐水、清凉油涂抹在水蛭身上和吸附处，使其自然脱出。水蛭脱落后，伤口局部的流血与丘疹可自行消失，一般不会引起特殊的不良后果。只需要在伤口涂抹碘酒预防感染即可。

2. 预防措施

预防水蛭叮咬的方法很简单，即不要到水蛭多的水里去洗澡、游泳等。需要涉水时，则应在下水之前，穿厚质长袜，将裤脚塞入袜内，并扎紧袜口。驱避旱蛭可以将灭害灵、风油精或浓盐水喷洒在裤管和鞋、袜上。在潮湿的地方行走，要经常喷洒，以免药性变弱或盐分变少而达不到效果。野外宿营的地方应选择在比较干燥、草不多的地方，不要在湖边、河边或溪边宿营。休息时经常检查身上有无水蛭叮咬，如有水蛭应及时除去。经过有水蛭的河流、溪沟时，应扎紧裤腿，上岸后应检查是否附有水蛭。尽量喝开水，不喝有寄生水蛭的水。细小的幼水蛭不易发现，喝进后会在呼吸道、食道、尿道等处寄生。

（三）蝎子（图9-1-3）

蝎子白天常隐藏在缝隙、石块、落叶下面，夜间活动。蝎子尾端有一个发达的尾刺，具有毒腺，能分泌神经性毒素。人被蝎子蜇刺后，疼痛难忍，并伴随局部或全身中毒，多处被蜇刺甚至有生命危险。

图9-1-3

1. 中毒症状

（1）伤口剧痛，局部红肿、水泡、血泡、组织坏死。

（2）稍严重者过一阵则出现烦躁、出汗、流口水、气喘、恶心，甚至呕吐。

（3）严重者可出现寒战、高热、恶心呕吐、肌肉强直、呼吸增快、脉搏细弱、昏迷，甚至呼吸麻痹而死亡。

2. 处理方法

在伤口近心端2~3厘米处，用布带扎紧，以阻止毒液扩散。绑扎的松紧以阻断淋巴和静脉回流为准,即绑扎肢体远端动脉搏动略减弱。再以小刀、碎玻璃片等尖锐物品火烧消毒后以"十"字形切开伤口,深达皮下,拔出毒针,用弱碱性液体如肥皂水、淡氨水冲洗伤口,由绑扎处向伤口方向挤压排毒,持续20~30分钟,或用拔火罐法排毒。经过上述处理后,一般可松开近心端的绑扎带。若伤口周围皮肤红肿,可用冷毛巾或冰袋冷敷。伤者应该多喝水,有利于进入体内的毒液尽快排出,但要禁止饮酒。对于蜇伤后全身症状较重者可用蛇药溶解涂抹患处。症状较重者应到医院治疗。

3. 预防措施

（1）不要赤手在缝隙,石块下摸索。

（2）放在营地地面的服装、鞋帽,在穿戴之前要检查。

（3）帐篷的拉锁一定要拉好。

（四）蜈蚣（图9-1-4）

蜈蚣是蠕虫形的陆生节肢动物,与蛇、蝎、壁虎、蟾蜍并称"五毒",并位居五毒首位。蜈蚣的毒腺可分泌出大量毒液,顺腭牙的毒腺口注入被咬者皮下而致中毒。蜈蚣有一对中空的腭牙,咬人后毒液经此进入皮下。蜈蚣越大,中毒越深。

图9-1-4

1. 中毒的症状

被小蜈蚣咬伤,仅在局部发生红肿、疼痛。被热带大型蜈蚣咬伤,可能会导致淋巴管炎和组织坏死,有时整个肢体出现紫癜。有的会出现头痛、发热、眩晕、恶心、呕吐,甚至抽搐、昏迷等症状。

2. 处理方法

（1）由于蜈蚣的毒素属于酸性,可以用一切碱性液体中和,如肥皂、石灰水等。亦可用蛇药片溶化外敷,或用鱼腥草、蒲公英捣烂外敷。可以对伤口进行冷敷。不要用碘酒或消毒水涂擦伤口。

（2）对于症状严重者,应立即送往医院治疗。

3. 预防措施

同蝎子。

（五）跳蚤（图9-1-5）

跳蚤，深褐色，极善跳跃。跳蚤体型小，通常以毫米计，不易捕捉。

1. 叮咬后症状

跳蚤叮咬人体后，可引起皮肤丘状红肿，且丘状红肿常常连片，奇痒无比。

2. 处理方法

（1）碱性液体涂抹叮咬处。

（2）龙葵捣烂涂抹可消肿。

（3）取新鲜马齿苋捣烂敷上，可以迅速止痒拔毒；伤口收敛并结一个小脓头时可以刺破，挤出脓水，然后很快就会痊愈

3. 预防措施

跳蚤常寄生于其他哺乳动物体毛中，尽量不要与动物接触。

图 9-1-5

（六）蜂类（图9-1-6）

蜂的种类有很多，如蜜蜂、黄蜂、大黄蜂、土蜂等。雄蜂是不伤人的，因为它没有毒腺及螫针。蜇人的都是雌蜂（工蜂），雌蜂的腹部末端有与毒腺相连的螫针，当螫针刺入人体时随即注入毒液。蜜蜂蜇人时，常将螫针遗弃于伤处，而黄蜂刺人后则将螫针缩回，还可继续伤人。蜂类毒液中主要含有蚁酸、生津毒素和组胺等，能引起溶血及出血，对中枢神经具有抑制作用。还可导致部分被蜇者发生过敏反应。

图 9-1-6

1. 蜇刺后症状

（1）被蜇刺后，局部有红肿、发热、剧痛感，也可有水泡、瘀斑、局部淋巴肿大，数小时或1~2天逐渐消退。

（2）严重者出现发热、头痛、恶心、烦躁不安、昏厥等全身症状，蜂过敏者可引起荨麻疹、鼻炎、唇及眼睑肿胀、腹痛、腹泻、恶心、呕吐，个别严重者会致喉头水肿、气喘、呼吸困难、昏迷、终止呼吸或循环衰竭死亡。

2. 处理方法

（1）千万不要挤压伤口，以免毒液扩散。如果有粉刺留在皮肤内，应及时用镊子、小刀或针挑出。

（2）用肥皂水或用3%的氨水、碳酸氢钠溶液、盐水或糖水冲洗伤口。

（3）被黄蜂蜇后，用食醋敷或用鲜马齿苋汁涂于伤口。

（4）将蛇药用温水溶后涂于伤口周围。

（5）用紫花地丁、七叶一枝花、鲜蒲公英、半边莲、鲜马齿苋或夏枯草捣烂外敷。

（6）如果情况严重，应立即送医院。

3. 预防措施

（1）不要主动招惹。蜂类在没有受到攻击时是不会主动攻击的，因为蜇刺就意味着它的死亡。

（2）远离蜂巢。蜂类对自己的蜂巢十分珍惜，会誓死捍卫。如果在蜂巢附近无意间晃动了其筑巢的树枝，就有可能遭到猛烈的攻击。建立营地时，应该远离蜂巢。

（3）一旦被大群蜂类攻击，千万不要去扑打，那样会引来更猛烈的攻击。可以用厚衣服裹住外露的皮肤，远离蜂巢，如果附近有水源，可以立刻钻到水里。蜂类比较害怕火和浓烟，可以用火、烟驱赶，找一把干草，迅速点燃，手拿着点燃的柴草原地转圈挥舞。

（七）毛毛虫（图9-1-7）

毛毛虫一般指鳞翅目（蛾类和蝶类）昆虫的幼虫。有3对胸足，腹足和尾足大多为5对。有毒毛毛虫体表长有毒毛，刺入人体后，毒毛随即脱落，放出毒素。

图 9-1-7

1. 受害症状

引起局部皮肤发痒、刺痛、红肿。如果大面积被毛毛虫蜇刺会引起全身过敏反应。

2. 处理方法

（1）用黏胶带或医用橡皮膏粘在被刺部位，然后拉下，这样可以拔除毒毛。如果没有胶带可以用饭团或其他黏的东西代替，然后把毒毛一一拔出。切忌用手乱搓。

（2）如果有过敏现象，可以口服氯苯那敏等抗过敏药物。

3. 预防措施

（1）在野外尽量穿长袖衣裤，并戴有面罩的帽子。

（2）工作时戴上手套。

（3）果树上毛毛虫较多，采集野果时一定要注意观察。

（八）蚊虫（图9-1-8）

蚊虫叮咬在人们眼里似乎不算什么伤害。但是，野外的蚊虫还是有必要防范的。蚊虫种类很多，它不仅吸血、刺伤皮肤、妨碍人的休息，有些蚊虫还会传播丝虫病、疟疾、脑炎、登革热等传染病，是危害人类健康最严重的昆虫之一。

图 9-1-8

1. 中毒的症状

蚊虫的喙刺入皮肤后有刺痛感，在刺伤处可出现水肿性红斑、丘疹或风团，在损害中央有一针头大暗红色的瘀点，按压时不能完全褪色，在刺点周围出现苍白圈是其特征。皮疹2~3天可自行消退。皮疹反应的程度因人而异，有的人被叮咬后可毫无症状，有的仅有轻度的瘙痒和微痛，但对某些过敏者可出现明显的红肿，甚至大片瘀斑，伴有剧烈的瘙痒和灼痛感。

2. 处理方法

（1）蚊虫唾液为酸性，可用碱性液体处理。冲洗被咬处后不要擦干，用肥皂、洗衣粉、食用碱等涂于被咬处，可立即止痒且红肿很快消失，待红肿消失后可用清水冲洗干净。也可以涂抹蚊虫叮咬药水，如在患处抹上清凉油、风油精或绿膏药可缓解痒痛症状。

（2）不要抓挠被叮咬处，以防抓破感染。

（3）鲜马齿苋茎叶少许，在手里揉搓出水后，涂擦患处，具有止痒消肿效果。

（4）用切成片的大蒜在被蚊虫叮咬处反复擦一分钟，有明显的止痛去痒消炎作用，即使被咬处已成大包或发炎溃烂，也可用大蒜擦，一般12小时后即可消炎去肿，溃烂的伤口24小时后可痊愈。皮肤过敏者应慎用。

3. 预防措施

（1）烟熏。熏蚊草等有芳香气味的植物放在篝火上，形成的烟雾可以驱赶蚊虫。

（2）有蚊虫的季节，去野外前应注射乙脑疫苗。

（3）宿营时远离死水池塘，进出帐篷一定要快。帐篷拉链一定要拉严。

（4）在野外尽量少暴露体表，尤其在进入草丛时。

（九）蜘蛛（图9-1-9）

蜘蛛种类繁多，以穴居狼蛛毒性最强。蜘蛛毒液的主要成分是一种神经性毒蛋白，对运动神经有麻痹作用。其螯肢（上颚）刺破人的皮肤后，毒液可经螯肢侵入人体而引起中毒。雌蜘蛛毒性大于雄蜘蛛。

图 9-1-9

1. 中毒的症状

被蜘蛛咬伤后会出现局部疼痛、红肿，严重时伤口处苍白，周围发红，起皮疹，可能会有坏死。全身表现有头痛、头晕、恶心、呕吐、腹痛、流涎、全身无力、足跟麻木、刺痛感、畏寒、发热、大汗、流泪、瞳孔缩小、视物模糊、血压升高及全身肌肉痉挛等症状。严重者出现休克、呼吸困难、溶血、急性肾功能衰竭、中毒性脑病、脑水肿及弥散性血管内凝血等。

2. 处理方法

立即在咬伤部位近心端扎止血带，每15~20分钟放松约1分钟，止血带结扎总时间不得超过2个小时。尽快在咬伤的局部消毒后作十字形切口，用注射器等装置负压抽吸毒液，用石炭酸烧灼或涂2%碘酊后，可放松止血带；现场处理后立即送医院治疗。

3. 预防措施

（1）蜘蛛经常会爬到人身上，不要用手抓，可以用小棍挑开。

（2）不要徒手在缝隙、屋檐下、树洞里摸索。

（3）脱下的鞋子、衣服经检查后再穿上。帐篷拉链一定要拉严。

（4）在有毒蜘蛛分布的地域工作或行走要穿高腰鞋、长袜、长裤，裤脚要扎牢。尽量避开可能有毒的蜘蛛。

（十）蚂蚁（图9-1-10）

蚂蚁有许多类型，数量也很庞大，属于社会性昆虫，一般为集体活动。南方地区咬人的蚂蚁比北方多，热带

图 9-1-10

雨林更多。

1. 被叮咬后的症状

（1）局部发炎，丘状红疹，有刺痛，一两个小时后鼓包通常变成水疱。

（2）分别出现过敏反应，表现为全身发红、瘙痒。

（3）皮肤出现破损，感染，严重可引起局部坏死。

2. 处理方法

蚂蚁的毒液呈酸性，可用肥皂水、小苏打水或淡石灰水等弱碱性溶液冲洗伤口。被叮咬后，尽量不搔抓，以防继发感染。

3. 预防措施

（1）蚂蚁在搬家、取食时有固定的路线，不要在其必经之路休息或在蚁巢附近搭营。

（2）不要将食物碎屑留在自己的身上和周围，尤其是糖和一些甜的东西。不然会吸引蚂蚁。

（3）蚂蚁不仅生活在地面上，许多种类都有上树的习惯，靠在树干休息时也应该注意。

二、来自鸟类的伤害

鸟类一般不主动袭击人类，但在受到威胁时也会向人类发起攻击。这种情况最容易发生在攀岩活动中。

猛禽喜欢在悬崖峭壁上做巢，而且巢穴往往非常隐蔽。在攀岩活动时，攀岩者很难在攀登前发现猛禽的巢穴，当攀登到距离巢穴很近的时候，猛禽为了保护自己的领地和卵或幼鸟的安全，会全力发动攻击。鸟类为了巢穴的隐蔽往往不会提前暴露自己的位置，当它们感觉到威胁时，会突然冲向入侵者。

预防鸟类攻击的建议如下：

（1）猛禽会在以巢穴为中心，大约1千米为半径的领空上盘旋，并驱逐入侵的其他鸟类。攀登者在发现有猛禽盘旋时，可以通过目测判断其巢穴的大致方位，在这个范围内，有平台或凹陷的地方一定要注意。

（2）猛禽攻击的部位主要是头部，因此要特别注意对眼睛的保护。

（3）如果正在攀登，千万要注意因为猛禽的攻击而产生坠落的危险。

三、野兽的攻击

（一）狗（图9-1-11）

山村的人家大多养狗，用来看家护院。一般来说狗都很可爱，只要不去惹它就不会咬人，除非进了主人的家。但有狂犬病的疯狗除外，当在路上看见有眼睛发直、垂头丧气、伸出舌头流口水的狗时，一定要特别注意远离它。

在野外，遇到狗时的应对方法如下：

1. 遇到狗时，特别是体型较大的狗时，一定要镇静，不要面露惧色，否则它会愈发胆大。不可以跑，因为狗的本性是对奔跑的猎物有兴趣，这容易激发它的野性。

图9-1-11

2. 如果发现狗向你靠近，可以使用随身携带的高分贝的求生哨。狗怕声响，高分贝的哨音对狗有震慑作用，这会使它躲得远远的而不敢靠近。也可以丢一个诸如乒乓球之类可以滚动的东西，转移它的注意力，进而找机会成功脱身。

3. 如果狗对你紧追不舍，可以突然下蹲做出拾东西砸它的样子，这会使它吓一跳并向后退。如果它后退了又再前进，可以重复做这样的动作，甚至真的拾东西砸它，直到把它吓跑。

4. 当狗扑来咬你时，可以用随身携带的手杖或木棍猛击它的鼻梁，那是它最薄弱的部位。

警告

一旦被狗咬，不论咬人的是不是疯狗，都要去医院打狂犬疫苗。

（二）野猪

野猪近几年常常出现在我国的许多山区或丘陵地带，也曾经有伤人及损坏庄稼的报道。但一般不会主动攻击人类，只有在其进食、饮水时受到干扰和惊吓，或其幼仔受到干扰时，才会进攻。一只受惊的野猪往往比一群野猪更可怕。成群的野猪一般不会主动攻击人，因为它们有安全感；而落单的野猪却很敏感、凶狠，尤其处于发情期时。

野猪的发情期一般在11月到次年1月之间,此时一定要严防。

在野外,应对野猪的方法如下:

1. 遇到野猪时,应尽量躲开,不要离它太近,尤其是不要靠近带着幼仔的野猪。

2. 最好不要在有野猪出没的地方过夜。如果必须这样,则最好点上两堆篝火。

(三)狼(图9-1-12)

狼的外形和狼狗相似,但吻略尖长,口稍宽阔,耳竖立不曲。尾挺直状下垂,毛色棕灰。狼的栖息范围广,适应性强,在山地、林区、草原、荒漠、半沙漠以至冻原均有狼群生存。狼既耐热,又不畏严寒、夜间活动、嗅觉敏锐、听觉良好、性残忍而机警、极善奔跑,常采用穷追方式获得猎物。杂食性,主要以鹿类、羚羊、兔等为食,有时亦吃昆虫、野果或盗食猪、羊等。能耐饥。

图9-1-12

单个的狼害怕人类,可以说见人就避。狼有群体生活的习惯,尤其是草原的狼。一般来讲,狼很少独自发起攻击,当它认为不能独立获取猎物时,会通知其所在群体,并跟随猎物之后,在路途中留下记号,吸引更多的狼加入,入夜时分即会发起攻击。当发现有狼跟随时,尽快回到公路或安全营地。狼怕火,可以利用这一点脱险。千万不要想着把那只跟随的狼消灭即可脱险,相反,这只会引发狼群的仇恨,当狼群想复仇或想救援被捕捉的狼时,会召集更多的狼(直到它们认为有绝对实力获胜为止)一起进攻,这时,火也无法让其退缩。

应对方法如下:

1. 一只狼往往比较谨慎,即使要攻击人类也不会马上进攻,这是最好的离开机会。

2. 如果不能离开,必须学会与狼周旋。如果当时有几个人,那么就轮流发出各种声音及动作,同时收集木棍并用刀削成尖锐状,做成武器,收集一切可以燃烧的东西。在适时的时候点起火把。并迅速打电话求援。

3. 单独与狼搏斗时,切记不要逃跑,否则狼在后面追是很危险的。如一只胳膊被咬住,你可以与狼抱在一起厮打。用两脚、一手击打狼肚子的任何部位。用牙齿狠狠咬住狼的喉咙。

4. 如果有武器,先打死坐在旁边观望的那只体积较大的狼,这往往是头狼。

5. 尽量不要在有狼活动的地方过夜或进行夜间穿越。

（四）熊（图9-1-13）

熊属于熊科的杂食性大型哺乳类，以肉食为主。从寒带到热带都有分布。躯体粗壮，四肢强健有力，头圆颈短，眼小吻长。行动缓慢，善于爬树，也能游泳。嗅觉、听觉较为灵敏。种类较少，全世界共有7种，我国分布有4种：马来熊、棕熊、亚洲黑熊、大熊猫。除澳大利亚、非洲南部外，多有分布。

图 9-1-13

很多人都只在动物园见过熊，很少有人见过真正野生状态的熊。熊一般是温和的、不主动攻击人和动物，也愿意避免冲突，但当它们认为必须保卫自己或自己的幼崽、食物或地盘时，也会变成非常危险而可怕的野兽。所以在有熊出没的地方行进时，最好在身上带上铃铛，一路上吹口哨，熊能听见，知道是人类来了，一般都会躲开，除非你到了它的窝。

在野外，应对熊的建议如下：

1. 明知山有熊，别向熊山行，尤其是熊经常出没的地区。一旦与熊相遇，首先应想到的是逃跑的问题。别希望徒手和熊搏斗能获胜。

2. 在野外，由于熊比较重，活动的声音也比较大，有噼噼啪啪的声音。可以通过熊的粪便和足迹来判断是否有熊，并大致判断熊的位置，然后撤离。

3. 研究表明熊不怕火，但害怕没听过的奇怪的声音。因此，想办法弄出各种各样奇怪的声音也许会吓跑它们。在熊要扑向你的时候突然吹响救生哨，或突然大声吼叫，熊肯定大吃一惊，并赶紧逃跑。

4. 熊的致命点是它的鼻子，遭遇到熊的攻击且无法躲避时可以击打它的鼻子。

（五）大型猫科动物（虎、豹、狮子）

在我国没有野生狮子，即使是去原始森林，虎、豹等也很少见。万一遇见了，对于人类来说，徒手或只有简单工具对付大型猫科动物几乎也是不可能的。所以，唯一的选择就是尽快躲避。

四、水中动物伤害的预防与处理

（一）水母（图9-1-14）

水母是海洋中重要的大型浮游生物，是肉食性动物。水母蜇刺人体后，其刺丝囊中的毒素会造成人体皮肤红肿。如果被蜇刺的面积较大，会引起麻痹，甚至死亡。在海边活动的人一定要重视。

1. 蜇刺后的处理方法

（1）用肥皂水清洗。

（2）用消炎药或食用醋或牛奶或鸡蛋涂抹患处。

图 9-1-14

（3）紧急送往医院治疗。

（4）发生呼吸困难时，应立即实施人工呼吸，或注射强心剂，千万不可大意，以免发生意外。

2. 预防措施

（1）除非必须，不要在有水母出没的地方游泳。

（2）乘小船、艇时不要把手脚放在水里。

（3）水下作业要穿防护游泳衣。

（二）鲨鱼（图9-1-15）

鲨鱼被认为是海洋中最凶猛的动物之一。全世界有370多种，对人类会有威胁的不过20余种，包括大白鲨、虎鲨、鼬鲨、砂鲛等。鲨鱼经常出没在海滩附近，尽管各地设有防鲨网，但鲨鱼伤人事件仍时有发生。

1. 鲨鱼伤害的处理方法

（1）迅速将受害者拖至岸边，视受害者状况清除口中异物、污物，保持呼吸道畅通。

图 9-1-15

（2）必要时给予口对口或口对鼻人工呼吸或心脏按压。

（3）清理伤口，消毒；当伤口较大，特别是有动脉受损时须立刻采取止血措施。

（4）采取紧急处理后即刻送往最近的医院。

2. 预防措施

（1）在可能有鲨鱼出没的水域，如水中视野不清、阴暗，切勿接近或下水，因为鲨鱼似乎善于在这种环境觅食。

（2）游泳时不要离岸太远，也不要游近深水的海峡。鲨鱼很少会游入不到一人深的浅水区。

（3）不要在黄昏或晚上游泳，鲨鱼喜欢在这个时候觅食。

（4）不要独自游泳或不穿潜水衣潜水，不要穿着白色反光强烈的潜水服（容易吸引鲨鱼），最好是结伴同游，以便观察四周情况，并及早发现鲨鱼。

（5）身上如有伤口，就不要下水，因为血腥味会招引鲨鱼。如用鱼叉捕鱼，不要随身携带叉到的鱼，而应放在船上。

（6）在水面上往往可以看到鲨鱼的鱼鳍，要早点躲避。

（7）乘小船或小艇不要把手、脚放在水里。

（8）不要把诸如尿液、粪便、呕吐物、人血等具有人类气息的排泄物和体液弄到水里。如果必要，一定要尽可能远地抛向小船行驶的相反方向。

（9）除非必须，否则不要在有鲨鱼出没的海域游泳。

（三）鳄鱼（图 9-1-16）

鳄鱼不是鱼，属脊椎动物爬行动物纲，是祖龙现存唯一的后代。它入水能游，登陆能爬，体胖力大，被称为"爬行动物之王"。在我国，鳄鱼伤害人的事情非常少。我国的鳄鱼主要是扬子鳄等小型鳄鱼，数量也比较少，其攻击性远比非洲和美洲的大型鳄鱼要小得多。在国内的野外环境里，人们很少能有机会遇到鳄鱼。

图 9-1-16

但是，鳄鱼的确属于伤害人类的野生动物。万一遇上了鳄鱼，要迅速跑上岸。如果离鳄鱼很近，又离岸边较远，可以倒退着向岸上靠近，同时把所有能用得上的东西填进鳄鱼张开的嘴里。如果不慎被鳄鱼咬伤，应尽快清理伤口并止血，然后迅速前往医院治疗。

> **注意**
>
> 在野外遇到大型鳄鱼时不要尝试与它对抗，要面向鳄鱼慢慢地倒退，以免受到攻击；遇到小鳄鱼（1米以下）时可以进行捕捉，但要注意用木棍将鳄鱼的头和尾巴挡住，以免遭受攻击。可以抓它的尾巴或者将它压在身下，从鳄鱼的背后将其抓住。注意，要及时将鳄鱼嘴绑住。

第二节　野外避险与救援

大自然的千变万化所形成的环境是多样性的，使地球千姿百态。长期的进化过程使人类早已适应了大自然的大部分有规律的变化。然而，像地震、台风、火山爆发等这些对于大自然来说是很平常的运动，对于人类来说，还没有充分地适应。所以，大自然也会在某些时候给人类带来伤害。人们称那些还不能充分适应的自然变化为自然灾害。

一、水害

水害是指一切与水有关的直接或间接灾害，包括洪水、暴风雨、冰雹、急流、海啸等。

（一）求生方法

1. 在洪水到来时，如果来不及撤离，可以就近爬到结实的建筑物上面，但是别忘了带上求生必需品。

2. 如果不幸被卷入急流中，想办法抓住不会被冲走的树、石头、建筑物等，先让自己停下来，环顾四周，然后再根据具体情况决定下一步怎么办。

3. 无论会不会游泳，想办法抓住一切可以漂浮的东西。

4. 如果什么利用物都没有，在沉下去前，先深深吸气，然后钻进水里。大多数的人体本身就有一定的浮力，存吸气后，可在水中漂浮。切记：在水里换气时，要用口吸气，用鼻孔吸气容易呛水。

5. 被冲到宽阔的水域，水流渐渐平缓时，可顺应水流的方向，斜着向岸边游，并快速上岸。

6. 在深水区，一定要脱掉鞋子和吸水后比较笨重的衣物，即使很重要的东西，也要放弃。

7. 当船马上就要下沉时，应该提前下水，迅速游离它。因为船在沉没的最后时刻会形成巨大的旋涡，把人带入水下淹没。当然，下水之前别忘了穿好救生衣，或者找好结实的漂浮物。

（二）救援方法

1. 在水比较急时，一定要先跑向下游实施搭救。马上寻找最佳营救点，并做好自我保护，准备营救。

2. 如果落水者比较清醒，可以向他前方能够到的水中抛投木头、气垫等漂浮物，或抛绳子，并让其抓住。

3. 如果没有必要的保护措施，即使会游泳，也不要盲目下水搭救落水者。因为落水者这时都极度恐慌，他们看到施救人员便会死死地抓住。不仅妨碍救援，也对施救人员的生命造成威胁。因此，下水救援时，一定要注意尽量不要接近落水者。可以伸过去一根木棒让他抓住，也可以递给他一个漂浮物，总之，一定要让他手里有抓的东西，而不是抓住你。

4. 如果有很多人在岸上，可以利用长竿和绳子保护前面的救援人员。

5. 落水者被打捞上来以后，应马上实施抢救。先清除口中的堵塞物，再把落水者以卧姿放在膝盖上，倒出体内的水。如果没有呼吸及心跳，要进行人工呼吸和心肺复苏。

6. 尽早求救及叫救护车。

（三）预防措施

1. 去野外之前，一定要收听当地的天气预报。在野外露营时，先了解营地是不是容易发水，如果是，就要考虑以下问题：如果夜里发水，应往什么地方跑，那个地方会不会被淹没？要不要换个地方等。

2. 雨季来临时，千万不要在干涸的河床上宿营，营地一定要搭建在高一点的地方。

3. 一旦洪水到来，来不及做其他的事情时，最简单的方法就是往高处跑。如果有时间，尽量带上火种、食物、衣服及可以信赖的漂浮物。这样，一旦跑不了，也可以有个漂浮物做依靠。如果没有高点或者来不及跑向高点，应该马上寻找可以信赖的漂浮物。

二、泥石流

泥石流是指在山区或者其他沟谷深壑、地形险峻的地区，因为暴雨暴雪或其他自然灾害引发的山体滑坡并携带有大量泥沙以及石块的特殊洪流。泥石流具有突然性以及流速快、流量大、物质容量大和破坏力强等特点。发生泥石流常常会冲毁公路、铁路等交通设施甚至村镇等，造成巨大损失。泥石流一般发生在雨季，并在雨中和雨后出现。

（一）求生方法

迅速离开危险区，并防止在泥石流中被撞击和滑倒，否则，很可能被接下来的泥石流吞没。

1. 立刻向河床两岸高处跑。
2. 向与泥石流成垂直方向的两边山坡高处爬。
3. 来不及奔跑时要就地抱住河岸上的树木。

> **警告**
> 一定不要往泥石流的下游方向逃生，一定不要顺着泥石流方向奔跑。

（二）救援方法

1. 如发现有人被困在泥石流当中，可以通过侧面挖掘泥石流的方法营救。救援者应有绳索保护。
2. 如果有人发生休克、昏迷，应及时检查是否发生骨折或脑损伤，根据情况立即进行人工呼吸及心脏按压。

（三）在野外防止遭遇泥石流的方法

1. 去野外活动前要了解、掌握当地的气象趋势及灾害预报。

2. 一旦听到连续不断雷鸣般的响声，应立即向两侧山坡上转移。

3. 在穿越沟谷时，应先观察，确定安全后方可穿越。

4. 在雨季，尤其在下雨过程中，避免在山谷水流汇集处活动。也不要把营地搭建在沟谷的低点。

5. 在山地活动时，如果遇上大雨，一定选择山脊、树木多的山坡通过，不要走在两山之间的低谷。

6. 当泥石流来临之前，要躲到离泥石流发生地较远处的高地上。一定不要站在泥石流岸边观看，不要躲在河谷旁边的大石头后面。

7. 在雨季泥石流滑坡可能来临前，提前做好必要的物资准备，在可能的情况下，在避灾场所预先做好必要的生活物资准备：

（1）应事先在避灾场所搭建临时住所；

（2）事先将部分生活用品转移到避灾场所；

（3）根据实际情况，适当准备交通工具、通信器材、常备药品及雨具等；

（4）准备充足的食品和饮用水。

8. 不要在刚下过大雨后就到野外活动或雨后到山野河沟中戏水、劳动等。

（四）泥石流发生后的应对方法

1. 千万不要饮用被污染了的水。可收集雨水饮用。

2. 食品不足时，应适量进食以维持生命，同时一边寻找山果等充饥，一边等待救援。

3. 水源被污染时，应立刻停止使用被污染的水，以免发生中毒现象。

三、雷击

在阴雨天气里，云中的电荷可以形成强大的电流袭击地面。人体被雷击后轻者受伤，重者致残甚至死亡

（一）求生方法

团身法：闪电击中物体之后，电流会经地面传开，因此不要躺在地上。潮湿地面尤其危险。应该像刺猬一样把身体缩起来，双手抱住小腿，头靠在膝盖上，手脚最好

离地。尽量减少与地面接触的面积。

短路法：雷击时会有类似受到静电的袭击，紧接 2~3 秒后强大的电击就将到来，此时唯一的方法就是双手着地，并低头，希望电荷从手臂传到地面，避免内脏受损。

（二）预防措施

闪电的危险性在于击穿物体和人体，引起火灾，以及所产生的雷声震破人的耳膜。所以应该记住以下几点。

1. 如必须在户外活动，应穿着胶鞋，胶鞋有一定的绝缘作用，可以阻断电流通过人体。

2. 最好的防护场所就是洞穴、沟渠、峡谷或高大树丛下面的林间空地。如果进洞避雷，应离开所有垂直岩壁 3 米以外以免岩壁导电伤人。

3. 如果在露天场所，应离开孤立的大树高度的两倍距离之处有闪电的雨天，在方圆一公里之内，不要使自己成为最高点。

4. 当感觉到电荷时，即头发竖起，或皮肤颤动，那很可能就是受到了电击，要立即倒在地上，施以自身保护。

5. 如果在孤立的突出物附近躲避，则该突出物的顶部至少应高出自己头部 15~20 米。

6. 应离开垂直的墙壁或悬崖、避开裸露的山峰和山脊以及平坦的开阔地形。万不得已，可以坐在散落的石块中间。

7. 在海边，雨天不要站在礁石上工作、钓鱼。

8. 在遇有雷雨时，不要搭建帐篷，如必须搭建，则帐篷杆不要向上举。

9. 汽车往往是极好的避雷设施，可以躲在汽车里。

（三）救援方法

1. 一个人在野外，且被雷击中，可能会出现烧伤、下肢麻痹、失明、呼吸困难等症状。如果还有意识，一定要想办法移动到有人经过的地方。

2. 应就地及时抢救被雷击者，抢救方法：人工呼吸、胸外心脏按压。心脏按压应选择在伤者胸口下 1/3 处，按压深度 3~4 厘米最佳，下手不要太重，以免压坏内脏。每按 30 次后可以口对口进行人工呼吸 2 次，这样循环操作。

3. 有条件的尽快送医院抢救。

四、风灾

风灾中对人类直接造成伤害的主要是台风、龙卷风。在野外表现为帐篷不易扎住，风灾一般伴随着雨雪，天气恶劣。如不必要，不宜外出。

（一）求生方法

1. 尽量不要待在山的高处，如一时不能马上撤离，想办法抓住坚固的固定物。防止被风刮走。在确定风力已经下降时，马上撤离。

2. 在野外，可以利用山洞、岩石、树洞、有凹陷的石壁等背风处避风。防止被飞石等击伤。

3. 在沙漠地区，要跑向迎风口，防止被流沙吞没。

4. 在野外，遭遇龙卷风时，要避开龙卷风的行进方向，并迅速移动到附近的低洼处，抓住或抱住绝对坚固的物体。不要待在汽车或不坚固的建筑物内。

（二）预防措施

1. 去野外活动前，注意收听当地的天气预报，然后制订计划。

2. 风较大时，不要在有滚石的山崖下活动，以防被滚动的石块砸伤。更不要进行水上活动。

3. 风较大时，不要站立在悬崖边、码头等地，以防突然被风吹落。

五、坠落时的求生与救援

在野外活动中，尤其是登山时，坠落是非常危险的。很多人在坠落中受伤甚至死亡。

（一）求生方法

1. 从悬崖坠落

根据当时的情况可以用以下的方法减轻伤害：尽量保持脚尖先着地，然后迅速进行屈腿缓冲，以缓解冲击力，并就地团身滚动，如果悬崖下面有植物，想办法落上去。

2. 从陡坡滑坠

从陡坡滑坠时身体制动的方法如下：抓住树木、岩石等固着物；把身体张成"大"字形；主动滚向灌木丛；面向坡面，用手中的登山杖、木棍、刀等刺向坡面，并紧紧压住。此方法也适用于冰雪坡面。

（二）救援方法

对于坠落的伤员，先不要乱动，以免已经骨折的颈椎、脊柱等因为移动而造成神经损伤。先观察伤者的情况，弄清楚受伤部位再做处理。如果伤势很严重，应送伤者去医院。可以根据事故地点、当地的情况等做出选择：是叫救护车，还是想办法运送伤员，还是二者同时进行。

（三）预防措施

1. 攀登时禁止拉拽干枯树枝。在陡坡或冰雪山地活动时，队员之间要有救生绳索连接。
2. 不攀登有风化岩石的岩壁。
3. 不要在瀑布附近的上游游泳或搞漂流活动。

第三节 野外求救与急救

在野外，生存环境非常恶劣，各种灾难会不期而至。对野外生存者来说，及时了解自己所面临的困境，通知别人，求得救援，是非常重要的。野外急救是对在野外条件下被各种意外情况或其他原因而致伤的人员进行的抢救治疗。

一、野外求救

遇险求救时，要通过各种方式与别人取得联系，发出的信号要足以引起人们的注意。求救信号往往具有通识性和国际性。根据自身的情况和周围的环境条件，发出不同的求救信号。一般情况下，重复3次的行动都象征寻求援助。

（一）信号的种类

1. 烟火信号

火光作为联络信号是非常有效的，遇险时可根据具体的情况灵活运用。为保证其可靠程度，白天可在火堆上放些苔藓、青嫩树枝、橡皮等使之产生浓烟；晚上可放些干柴，使火烧旺，火苗升高。

燃放 3 堆火焰是国际通行的求救信号。将火堆摆成三角形，每堆之间的间隔相等最为理想，这样安排也方便点燃。如果燃料稀缺或者自己伤势严重，或者由于饥饿，过度虚弱，凑不够 3 堆火焰，那么点燃一堆也行。

不可能让所有的信号火种整天燃烧，但应随时准备妥当，使燃料保持干燥，一旦有任何飞机路过，就尽快点燃求助。

火堆的燃料要易于燃烧，点燃后要能快速燃烧，因为有些机会转瞬即逝。白桦树皮就是十分理想的燃料。可以利用汽油，但不可将汽油倾倒于火堆上。用一些布料做灯芯带，在汽油中浸泡，然后放在燃料堆上，将汽油罐移至安全地点后再点燃。添加汽油前要确保添加在没有火花或余烬的燃料中。

2. 烟雾信号

在白天，烟雾是良好的定位器，所以火堆上要添加散发烟雾的材料。浓烟升空后与周围环境形成强烈的对比，易引人注意。在夜间或深绿色的丛林中亮色浓烟十分醒目。在火堆中添加绿草、绿树叶、苔藓和蕨类植物都会产生浓烟。其实任何潮湿的东西燃烧时都会产生烟雾，潮湿的草席、坐垫可熏烧很长时间，同时也可使飞虫难以逼近伤人。黑色烟雾在雪地或沙漠中最醒目，燃烧橡胶和汽油可产生黑烟。如果受到气候条件限制，烟雾只能近地表飘动，可以加大火势，这样暖气流上升势头更猛，会携带烟雾到相当的高度。

3. 图形信号

图形信号包括文字和图形，其中国际通用且家喻户晓的著名求救信号就是用各种方法组成的 3 个英文字母"SOS"，也就是中文的"救命"。当需要救援时，想办法组成这样的图形，并使之醒目，放在容易被发现的地方（图 9-3-1）。例如，在雪地和沙滩上，可以直接写成大"SOS"，为引人注意，每个字母应该尽可能写得大些。在开阔地上也可以用石块摆成这样的 3 个字母。

符号	含义	符号	含义
I	伤势严重，需要立即转移病人，也可表明需要医生	→	按这一路线行进
II	需要药品	K	表示前进方向
F	需要食物和饮水	JL	不理解
N	否定的	□	需要罗盘和地图
A	肯定的，使用"Y"也表示相同意思	△	认为此处可安全着陆
LL	一切都好	┆	需要无线电/信号灯/电池
X	不能行动	⌐⌐	飞机损坏严重

图 9-3-1

4. 声音信号

如距离较近可大声呼喊，三声短三声长，再三声短；间隔 1 分钟之后再重复。也可借助其他物品发出声响，如用斧子、木棍敲打树木、罐头盒、桶等。也可吹救生哨。

5. 灯光

用灯光（手电、头灯、蜡烛）及遮盖物同样可以发出"SOS"的标准求救信号，即短促三下，接三长闪，再接短促的三闪。

以上介绍的都是一些国际通用的求救方法，事实上，一切能够引起救援人员注意并能前来救援的方法都是好的求救方法。可根据实际情况进行选择。

（二）其他的救援方法

1. 风筝

如果还可以活动，但因腿或脚受伤无法移动，其他的求救方法也不奏效，那么试试这样的方法：用纸或者衬衫、手帕做个风筝，用救生包里的渔线或用毛衣拆下的线把风筝放飞，到最高处时割断，脱线的风筝会飞得很远。要注意在风筝上写上处境和位置。

2. 地对空信号

利用对比鲜明的颜色或阴影制作信号，并且尽可能大，以引人注意。推荐的尺寸是每个信号长 10 米、宽 3 米，每个信号间隔 3 米。

这些代码应在开阔地带放置或制作，而不应在陡峭的溪谷或峡谷深处，也不应在方向相反的斜坡上使用。利用救生包中的指示器板，如果没有这些东西可简易制作。

或者挖出狭窄的壕沟,在边缘垒上土块墙,加深壕沟的深度。用岩石或树木使其更为醒目。如在雪地中,可以直接用脚踩出这些信号,直到下一次下雪它们都能保存。一旦获得了联系,对由飞机发出的信号可用字母 A（表示肯定）或 N（表示否定）传达自己的回答,或者使用身体语言。

3. 体示信号

当搜索飞机较近时,可用肢体展示信号(体示信号)表达遇险者的意思。

国际通用的求救信号指示如图所示（图 9-3-2）。这些信号为世界各国所通用,通俗易懂,可以被绝大多数空中救援人员理解,你能够据此表达自己想传达的信息。在传递信号时,要注意一些细节,例如从身前到两侧的位置改变、腿与身体姿势的运用、手部的动作等。如果需要特别强调时,可以在手上拿一块布条加以突出显示。

图 9-3-2

注意

做这些动作时,要求十分清晰,且幅度尽量大。

及时检查血液循环是否通畅。吊带等绑扎过紧,可能导致手指血液供应不足而变青或发白。

4. 旗语信号

将一面旗子或一块色泽亮艳的布料系在木棒上,持棒运动时,在左侧长划,右侧短划,加大动作幅度,做"8"字形运动。如果双方距离较近,一个简单的划行动作就可以,在左侧长划一次,在右边短划一次,后者应比前者用时稍短（图 9-3-3）。

图 9-3-3

5. 漂流瓶

海上遇到危急情况时的一种求救方法。

6. 灰尘

在干燥的土地上用树枝等工具扬起的灰尘也能引起注意。

7. 反光信号

利用阳光和一个反射镜即可射出光线信号。任何明亮的材料都可加以利用，如罐头盒盖、玻璃、金属箔片，镜子当然更加理想。持续的反射将规律性地产生一条长线和一个圆点，这是摩尔斯代码的一种。即使不懂摩尔斯代码，随意反照，也可能引人注目。无论如何，至少应掌握SOS代码。

即使距离相当遥远也能察觉到反射光线信号，但由于并不知晓欲联络目标的位置，所以要多试探。注意环视天空，如果有飞机靠近，就快速反射光线信号。这种光线或许会使营救人员目眩，所以一旦确定自己已被发现，应立刻停止反射。

8. 留下信息

当离开危险地时，要留下一些信号物，以备让救援人员发现。地面信号物使营救者能了解现在或者过去的位置，方向指示标有助于营救者追踪行动路径。一路上要不断留下指示标，这样做不仅可以让救援人员追寻而至，在自己希望返回时，也不致迷路——如果迷失了方向，或找不着想走的路线，它也可以成为一个向导。常用的方向指示器包括如下8种（图9-3-4）。

（1）将岩石或碎石片摆成箭形（图9-3-4a）。

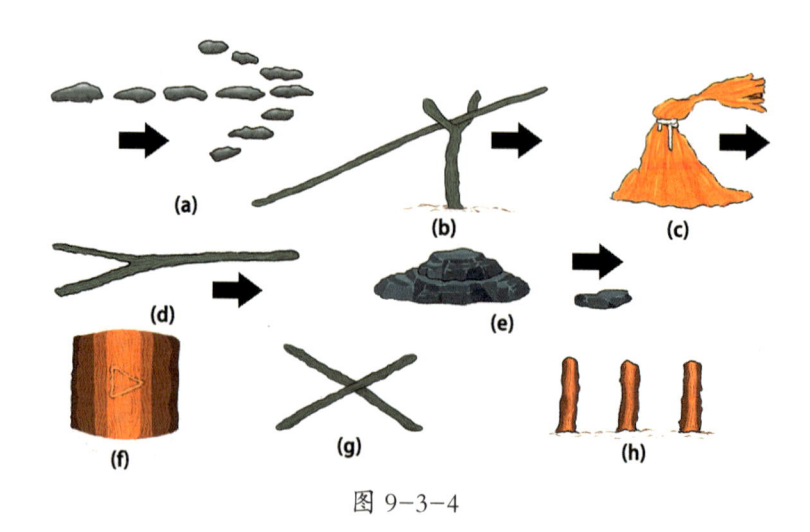

图 9-3-4

（2）将棍棒支撑在树杈间，顶部指着行动的方向（图9-3-4b）。

（3）在较高的杂草中上部系上结，使其顶端弯曲指示行动方向（图9-3-4c）。

（4）在地上放置一根分叉的树枝，用分叉点指向行动方向（图9-3—4d）。

（5）用小石块垒成一个大石堆，在边上再放一小石块指向行动方向（图9-3-4e）。

（6）用一个深刻于树干的箭头形凹槽表示行动方向（图9-3-4f）。

（7）两根交叉的木棒或石头意味着此路不通（图9-3—4g）。

（8）用三块岩石、木棒或木桩表示危险或紧急（图9-3—4h）。

二、野外急救

在野外经常采用这种自救互救的方法，来挽救伤员的生命。面对大自然的险恶环境，或多或少都会受到伤害。这时，人员之间的自救互救起了很重要的作用。

（一）急救原则

在野外发生事故时如果附近有医院或医生，应尽可能向医生求助。在无法找到医护人员必须自行急救时，应遵循以下原则。

1. 发生意外时，尽可能保持冷静、谨慎作出判断。遇到事故时，应沉着大胆，细心负责，分清轻重缓急，果断实施急救方法。先处理危重病人，再处理病情较轻的病人，在同一患者中，先救治生命，再处理局部；观察现场环境，确保自己及伤者的安全；充分运用现场可供支配的人力、物力来协助急救。

2. 处理前检查伤者心跳与呼吸，评估伤者身体状况。在做具体处理前，需观察患者全身，并掌握周围状况。判断伤病原因、疼痛部位、受伤程度，或将耳朵靠近听呼吸声。尤其要注意脸、嘴唇、皮肤的颜色或确认有无外伤、出血、意识状况和呼吸情形，仔细观察骨折、创伤、呕吐的情况。

观察后选择具体的处理方法：对呼吸停止、昏迷、大量出血、中毒的情况，不管有无意识，发现者均应迅速做紧急处理，应对休克采取措施。若患者意识昏迷，需注意确保呼吸道畅通，谨防呕吐物引起的窒息死亡。有心脏、呼吸骤停必须马上实施心肺复苏，大量出血的伤口要立即止血，否则将危及患者生命。若有撞击到头部的要水平躺下，若脸色发青需抬高脚部，而脸色发红者需稍抬高头部，有呕吐感者需让其侧卧或俯卧为宜。

3. 缓解身体的剧烈疼痛。

4. 精心护理伤者，同时组织救援。发求救信号，运送伤者去医院。原则上，搬运患者需在充分处理过后安静地运送。

（二）一般急救方法

1. 急救体位

患者体位应为"仰卧在坚硬平面上"。如果患者是俯卧或侧卧，在可能情况下应将其翻转为仰卧，并放在坚硬平面上，如木板床、地板，或在背部垫上木板，这样，才能使心脏按压行之有效。

2. 翻身的方法

抢救者先跪在患者一侧的肩颈部，将其两手向头部方向伸直，然后将离抢救者远端的小腿放在近端的小腿上，两腿交叉，再用一只手托住患者的后头颈部，另一只手托住患者远端的腋下，使头、颈、肩、躯体呈一整体同时翻转成仰卧位，最后，将其两臂还原放回身体两侧。

3. 打开气道

抢救者先将患者衣领扣、领带、围巾等解开，同时迅速将患者口鼻内的污泥、土块、痰、呕吐物等清除，以保持呼吸道畅通。

4. 看、听、感觉呼吸

患者气道畅通后，抢救者利用看、听、感觉法，检查患者有无自主呼吸。

检查方法：

一看患者胸部（或上腹部）有无起伏；

二侧头用耳贴近患者口鼻，听患者口鼻有无呼吸的气流声；

三感觉有无气流吹拂面颊感。

（三）有生命危险时的抢救方法

1. 使伤者保持昏迷姿势

昏迷时的自然姿势能使失去知觉的伤者的颈部伸展，保持其呼吸道畅通；能使聚集在口中的液体流出，以免窒息。

怎样使伤者摆出昏迷姿势呢？步骤如下：

（1）使伤者侧卧；

（2）将伤者压在身下的一侧手臂尽量拉直；

（3）将伤者近地面侧的腿弯曲；

（4）小心地将伤者远离地面一侧的肩部和腰部拉向自己（用腿托住）；

（5）将伤者压在身下一侧的胳膊肘小心地向后拉；

（6）将失去知觉者的头部向后伸展，脸部略微朝向地面；

（7）将伤者上面的一侧手臂平放在脸颊下面。

2. 呼吸停止时抢救方法

（1）口对口吹气法（图9-3-5）

口对口吹气法是最有效、最迅速的方法。此方法在急救中由于操作相对容易，又便于掌握和理解，最关键的是救护人员吹入被救人员体内的气体量接近于正常人呼吸的气体量。这种方法使用效果较好，使用频率也最高。

操作方法：

①确认现场安全后，迅速将伤员体位调整至仰卧位。

②救护人员跪在伤员头部一侧，深吸一口气，为防止漏气，救护人员的嘴要包住伤员的口将气吹入，使伤员被动吸气。同时一只手将其鼻孔捏住，避免吹入的气从伤员鼻孔漏出。

③当救护人员与伤员的嘴分开时，救护人员松开伤员被捏住的鼻孔，同时用另外一只手向下按压伤员的胸部，使伤员能够呼气。

④连续不间断操作，每分钟吹气14~16次为宜，救护人员吹气力量的大小，依据伤员的具体情况而定。救护人员应一边吹气，一边观察伤员的胸廓是否有轻微隆起，否则为无效吹气。

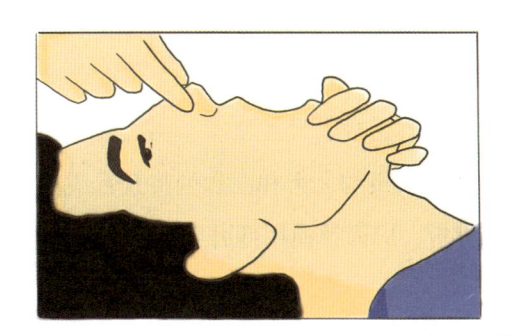

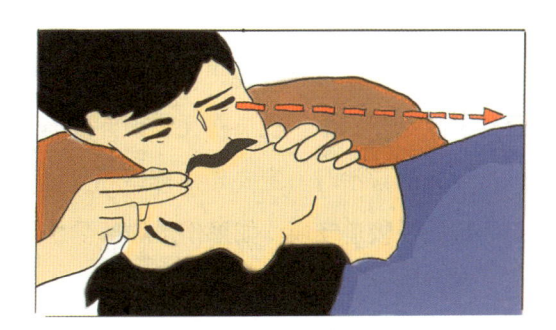

图9-3-5

在做人工呼吸时，一个易犯的错误是忘记捏紧伤员的鼻子。如不捏紧，你吹进伤员口中的空气将从其鼻中出去。在已规范操作后，人工呼吸的方法还是无法使伤员呼吸恢复正常，应再次确认伤员的呼吸道是否通畅，检查伤员的头部是否处于正确的仰卧位。

（2）俯卧压背法（图9-3-6）

俯卧压背法是一种古老的人工呼吸方法，但在日常救护中较少使用。采用俯卧压背法救治时，要先将伤员放置成正确的俯卧姿势，并用手从伤员的牙齿和面颊处将其舌头伸出，确保伤员的呼吸道畅通。如果伤员的受伤部位在胸、背部，应慎用此方法。

操作方法：

①确认现场安全后，将伤员取俯卧位，两臂前伸掌心朝下，一只手臂微曲，枕于脸下，使脸偏向一边，这样利于固定体位。

②救护人员面朝伤员头部方向，两腿跨在伤员身体的两侧跪下，将大拇指放于伤员的脊椎处，四指自然弯曲稍张开，平放在伤员的背部，贴紧其身体。

③救护人员慢慢向下推压伤员，注意逐渐加大用力，切忌用力过猛，再松手减压，让伤员的胸廓得到扩张。连续不间断操作，频率为每分钟15~18次。

图 9-3-6

（3）仰卧压胸法（图9-3-7）

仰卧压胸法的优点是更容易观察伤员的表情，且气体交换量也接近于正常的呼吸量。但缺点是，由于伤员在无意识仰卧时舌头后坠，气道极易发生堵塞，因此在使用仰卧压胸法救治时一定要先清理口腔异物，并用手从伤员的牙齿和面颊处将其舌头伸出，确保呼吸道畅通。如果伤员胸部受伤或肋骨骨折，应谨慎使用仰卧压胸法。

操作方法：

①确认现场安全后，将伤员放置成仰卧位，两臂放置于其体侧，在身下垫些松软

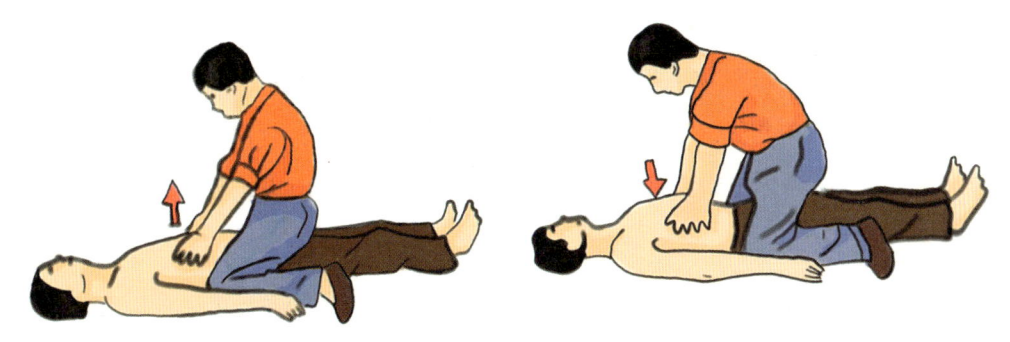

图 9-3-7

物品抬高背部，突出胸部。

②救护人员两腿跨过伤员身体的两侧，朝向伤员头部跪下。大拇指放于胸骨的下端，四指放松自然弯曲放在伤员的胸廓上。快速、用力下压胸部。

③仰卧压胸法动作和俯卧压背法动作相同。

实施人工呼吸的注意事项：

确认施救现场安全，把伤员移到空气新鲜、坚固平坦的地方。

了解伤员昏迷的时间，迅速去除伤员的衣服，以免影响操作。

根据伤情选择适用的人工呼吸法并记录开始救护的时间，要排除胸部、背部骨折的可能性。

在人工呼吸前，应开放气道。可以将舌根从咽喉后部抬起，以确保救护人员给予的呼吸可将空气送入伤员的肺部。

人工呼吸时，要观察伤员的胸部是否有隆起。按压用力适当，不可过猛过快，每分钟 100~120 次为宜。

施行人工呼吸很辛苦，如果可能，每隔 2 分钟轮换一次，中断的时间不要超过 10 秒。

3. 心跳停止时抢救方法

如果在做了 10~12 次人工呼吸后，病人的状况仍无明显改善，并且依旧感觉不到脉搏，此时应立即施行心跳起搏术（图 9-3-8）。

操作方法：

①确认现场安全后，将伤员仰卧在地上。用

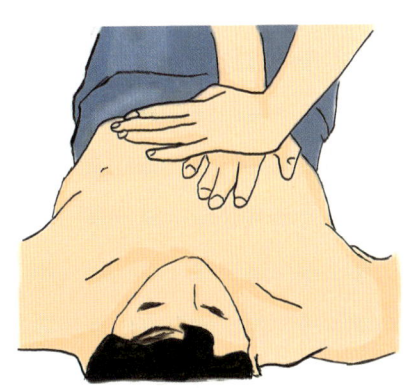

图 9-3-8

手掌猛击胸骨下部（两乳头连接线的垂直线的中下部），一边观察是否刺激到心脏，心跳是否恢复跳动。如果没有改善，应适当增大力度，并持续进行。

②救护人员面向伤员，跪在其腰侧，两手十指交叠，掌骨放在伤员乳头连接线的中间。两臂伸直，身体带动手臂向下加压于伤员的胸部。每次人工吹气后，紧接着做6~8次按压（图9-3-8）。

其中，按压动作应迅速连贯，切勿粗暴，避免造成二次伤害。下压深约4厘米，每分钟按压至少重复60次。应将儿童和婴儿区别对待，减轻按压力度。儿童用一只手掌按压，频率控制在每分钟80~90次，婴幼儿用两手指代替手掌施压，每分钟按压频率要达到100次。

> **提示**
>
> 心肺复苏要抓住"黄金4分钟"，在4分钟之内得不到有效抢救，患者就可能进入生物学死亡阶段，生还希望就极为渺茫。

4. 休克

休克俗称"虚脱"，是指因人体内的有效血液量不足，导致重要器官供血不足而引起的一系列病变过程。轻度休克主要表现为头晕、胸闷、恶心、脸色苍白、乏力、脉搏加快、四肢变凉且出冷汗。

（1）休克的原因

①心源性休克，严重的心脏功能缺损，心脏功能不足，急性心肌梗死。

②低血容量性休克，如身体的内、外出血。

③感染性休克，如严重的化脓性感染。

④过敏性休克，人体对某些生物制品、药物或动物性和植物性致敏原发生过敏反应。

⑤神经源性休克，因创伤、剧痛、害怕、惊恐等引起。

（2）休克时的救助方法

①当休克病人表现为不安、害怕、精神错乱时，要使其保持平静，需要时可服用

安定药。有剧痛时应止痛，服用有效止痛片，没有药物尝试穴位止痛，合谷是人体内的"止痛片"，可以用大拇指用力掐按合谷来止痛（合谷在大拇指和食指中间的虎口处）。

②注意为受伤者保暖，将防潮垫垫在身下，盖上毯子或其他保暖衣物。

③如果病人能开口说话，可以喂一些热水，但绝不能饮酒。

④随时测量脉搏，观察病人面色。

⑤如果是血液感染引起的休克（主要是蜜蜂、黄蜂叮咬导致的中毒），必须使用可供吸入的肾上腺素气体喷雾和可的松药物，没有这些药物时应立即送往医院救治。

⑥尽快对引起休克的原发伤病采取处理，如创伤制动、大出血止血、保证呼吸道通畅等。

⑦对轻度休克者，可搀扶着走一段时间，不适的感觉就会消失。没有走动能力的，可平躺，衣领松开，头部略放低，然后抬高下肢做轻微的抖动，症状可得到缓解。

⑧因严重感染而休克的病人，应及时采用静脉滴注抗生素治疗，积极清除原发病灶（如引流排脓等）。

⑨必须注意的是，不论患者休克程度如何，在急救时不要给患者喝任何饮料或服药，以免出现呛咳而导致呼吸困难。待其清醒后才让其喝些温开水，并特别提醒患者注意保暖和休息。

（四）开放性损伤及其救护

开放性损伤的伤口与外界相通，容易引起出血和感染，最常见的有擦伤、切伤、刺伤和撕裂伤等，还有一种是开放性骨折，覆盖骨折部位的皮肤及皮下软组织损伤破裂，使骨折断端暴露于皮肤之外。

1. 开放性伤口的一般处理

皮肤擦伤是户外活动中最常见的损伤，即便损伤范围比较大，也不过是浅表损伤和毛细血管出血，不可能造成大量失血。其伤口处理，主要是预防感染。

①每次处理伤口前都要洗手。

②观察伤口。

③被严重污染的伤口要用煮过的盐水（1升水中放1茶勺盐）冲洗，用器械的尖端剔除脏东西。

④将伤口周围的皮肤消毒，以保持伤口的清洁。

⑤如果受伤时间不超过 6 小时，应清洁伤口边缘，清除破碎的组织。将伤口边缘合拢并固定（缝合、夹住或用胶布粘贴）。

⑥时间较长的伤口用抗菌敷料包扎。

⑦固定身体受伤的部位。

⑧定期重新包扎伤口（间隔 1~2 天），并检查伤口情况。

⑨如果从伤口向心脏方向延伸出红色痕迹或是发热，立即服用抗生素。

⑩如果是头皮则出血比较严重，因为头皮的血管丰富，出血量自然比较多。头皮比较脏，处理时要注意彻底清创，以免感染，可先剃去毛发再清洗、消毒、包扎。

2. 咬伤、刺伤

咬伤分为软组织咬伤和骨骼咬伤，刺伤、咬伤的伤口较深，有不洁物质导致感染、中毒或病原体侵入的危险。

（1）救助方法

①用水或肥皂尽量深入清洁伤口。

②用双氧水或盐水杀菌。

③涂抹莫匹罗星或类似药物，然后包扎。

④服用抗生素。

⑤固定伤者身体，定时观察。

⑥如果已经注射破伤风疫苗可以减少感染的危险。

（2）受伤后的免疫方法

①被狗咬后定时注射狂犬病疫苗，严重者还应加注射血清或免疫球蛋白。

②被铁器刺伤后在 24 小时内注射破伤风抗毒素和人体破伤风免疫球蛋白。

3. 大量出血的伤口处理方法

大量出血可能是动脉出血，危险性很大，必须止血。面对大量出血的伤口不要慌张，要冷静处理。首先应使用指压止血法控制出血，然后再利用手头的棉织品加压包扎。如果遇到大动脉出血难以止血时，还要选择止血带止血。

（1）野外上止血带的方法

常用的止血带是橡皮带、止血带、三角巾、有弹性的棉织品（如宽布条、毛巾）等，每次户外出行前要准备若干，不要用铁丝、电线、尼龙绳、麻绳等做代用品。

上止血带的位置要求严格。上肢出血，止血带应扎在上臂上 1/3 段，禁止扎在上臂中段，避免短时间内损伤神经而导致残疾；下肢出血，止血带应扎在大腿上段，尽量不在小腿、前臂上止血带，因为小腿、前臂都由两根骨头组成，无法捆扎夹在两根骨头中间较深的动脉。上止血带前，在肢体无骨折的情况下，要先将伤肢抬高，尽量使静脉血回流，减少出血量，并严格遵守下列要求。

①止血带不直接与皮肤接触，利用棉织品做衬垫。

②上止血带松紧要合适，以止血后远端不再大量出血为准，越松越好。

③止血带定时放松，每40~50分钟松解一次，松解时要用手进行指压止血2~3分钟，然后再次扎紧止血带。

④做好明显标记，记录上止血带的时间，并交代给接替人员。上止血带的总时间不要超过2~3小时。

（2）止血的步骤

①抬高流血的部位。

②挤压相关的大动脉。

③合拢伤口边缘。

④直接用绷带加压包扎。

> **注意**
>
> 　　每15分钟将固定的木板松开一次，否则会发生肢体坏死，导致截肢。在野外，有时因意外而造成身体某部位损伤出血，小的出血无须特殊处理可以自行愈合，而严重出血常会危及生命，须采用紧急的止血措施。如果是小伤口，用手指或清洁布块直接压在伤口上即可止血，血渗透布块需及时更换，直到出血减弱，这时再用消毒纱布盖好、绷带固定。

（3）包扎

包扎伤口是各种外伤中最常用、最重要、最基本的急救技术之一。包扎部位的选取以及包扎的松紧度都非常重要，将直接影响后期的搬运及治疗。包扎能起到加压止血、保护伤口的作用。常用的包扎方法有绷带包扎和三角巾包扎。

①绷带环形包扎

绷带包扎操作简单，使用最广。根据绷带的缠绕方式，可分为环形包扎、蛇形包扎、螺旋包扎、螺旋反折包扎等。

该包扎方法常用于包扎腕部、腿部、腹部等粗细大致相当的部位，包扎时绷带作环形重叠缠绕。为了防止滑脱，更好地固定绷带，第一圈缠绕后逐渐外斜，依次缠绕，然后剪开或撕开绷带斜伸出缠绕圈之外的尾部，最后使用活结打结方式固定（图9-3-9）。

图 9-3-9

②三角巾包扎

三角巾包扎主要是使用三角巾进行包扎、止血，能够广泛运用于人体很多部位的伤口包扎，例如头部、面部、胸背部、手足、膝关节等。三角巾制作和使用简单便捷，功能比较强大，还能用于固定夹板、悬吊手臂等，其操作要点为：固定边、拉紧角、伸展中部、贴实纱布。三角巾包扎常用的方法分为两种。

a. 头部包扎

风帽式头部包扎有两种。一种是把三角巾的底边折叠约二指宽，顶角放在脑后，从前额包起，两个底边在脑后相交后打结，注意结要打在受伤部位的另一侧，拉直顶角向上翻卷（图9-3-10上层）。另一种是把三角巾的底边紧贴于额前，顶角置于鼻尖上，三角巾左右两角在枕后交叉后，拉至前额处打结（注意不要压到伤口），最后把顶角上翻，卷折，包裹固定（图9-3-10下层）。

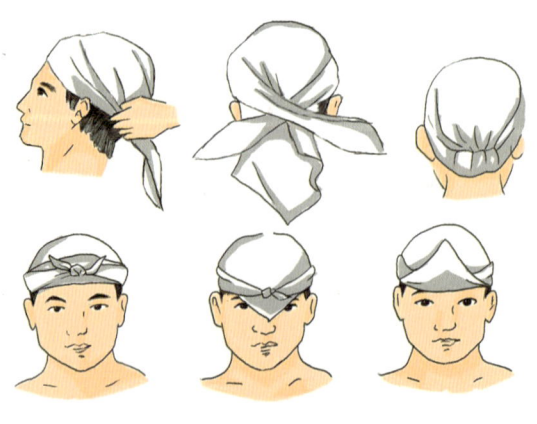

图 9-3-10

b. 手、足部包扎

把三角巾的顶角向上折，包住手指、足趾，顶角在手背或足背部上面，然后交叉两个底角，在手腕或脚踝的两面缠绕打结（图9-3-11）。

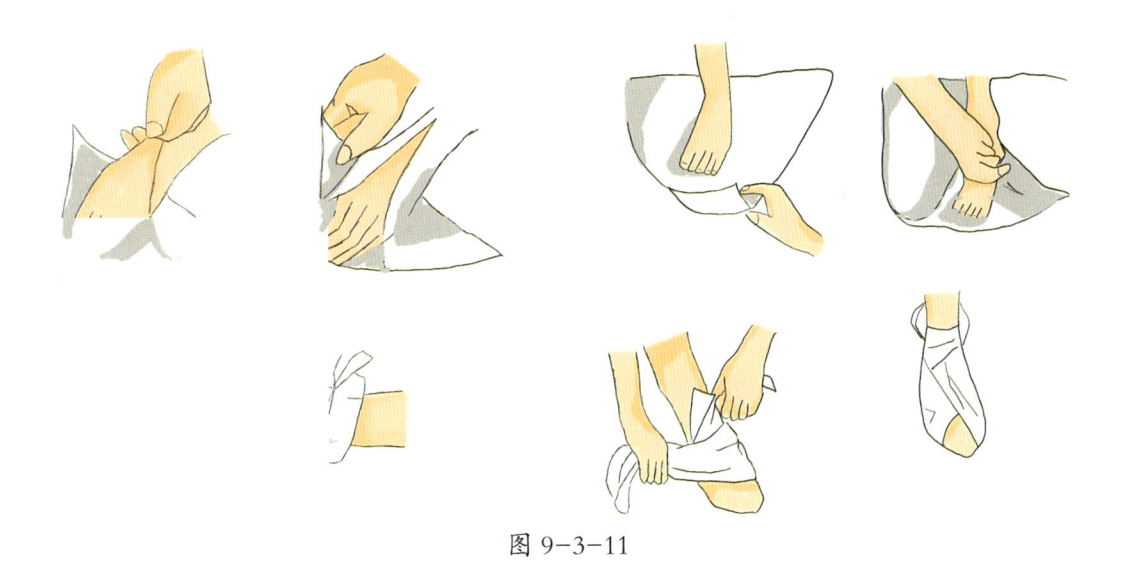

图 9-3-11

（五）闭合性损伤的处理方法

野外生存实践中，脚滑倒或身体失去平衡而摔倒很容易发生骨折、脱臼或扭伤。野外生存的闭合性损伤多发生在手腕、脚腕及腰部，高空坠落时常有脑震荡及四肢的骨折发生。

1. 关节扭伤

（1）原因：运动中关节发生异常扭转，引起关节囊、关节周围韧带和关节附近的其他组织结构损伤。

（2）症状：伤处疼痛、肿胀、活动受限，皮下淤血，行动困难。

（3）处理：受伤后应立即冷敷或用自来水冲淋，抬高患肢，检查是否有错位、骨折，在确诊没有问题时可固定伤位、敷药，24小时后热敷、按摩。如怀疑有骨折、骨裂时应及时送医院拍X光片确诊。

2. 急性腰扭伤

（1）原因：因腰部受力过重，肌肉收缩不协调，或脊椎运动超过正常生理范围而致伤，严重时可发生错位并压迫神经。

（2）症状：疼痛、腰部肌肉痉挛、运动受限、神经受压迫时下肢酸麻，甚至失去知觉。

（3）处理：腰部急性损伤后，让患者平卧，一般不应立即扶动。如果疼痛剧烈，则用担架送医院诊治。处理后，应该睡硬板床或者腰后垫一个高度合适的枕头，使肌肉韧带处于放松状态，24小时后方可施行按摩、针灸、外敷等。若是轻度损伤，则停止运动，稍作休息，等自行恢复后，加强腰部肌肉的训练。

3. 关节脱位

关节面失去正常的联系，叫作关节脱位。关节脱位时，通常伴有关节囊撕裂，关节周围的软组织损伤或破裂。关节脱位后，受伤关节疼痛，有压痛和肿胀，关节功能丧失，受伤的关节完全不能活动，出现畸形，关节内发生血肿。如果复位不及时，血肿会机化而发生关节粘连，增加关节复位的困难。

（1）原因：外力使关节完整接连受到破坏。关节脱位常伴随韧带及关节囊的撕裂，甚至损伤神经。

（2）症状：关节脱位后常出现关节畸形，局部疼痛、肿胀，失去正常功能，甚至发生肌肉痉挛等现象。

（3）处理：用夹板固定伤肢，如没有夹板可将伤肢固定在自己的躯干或健肢上，防止震动、及时送医院做复位治疗。

> **警告**
>
> 不要硬将脱位的肘关节弄弯，避免二次损伤，应该顺势将伤肘固定在腰部。

4. 骨折

当身体受到暴力撞击时易造成骨折。骨折属严重损伤，可分为完全性骨折和不完全性骨折。骨折发生后，患处立即出现肿胀，皮下淤血，剧烈疼痛，活动时疼痛加剧，肢体失去正常功能，肌肉产生痉挛。骨折部位可能变形，移动时可听到骨摩擦声。严重骨折时，伴有出血、神经损伤及休克等，开放性骨折（骨折断端部暴露于皮肤之外）还可能导致感染，发烧直至休克。

闭合性骨折须将关节固定，即先固定骨折的两个断端，然后固定上、下两个关节。

固定材料可就地取材，如树枝、竹竿、木板、木棍、报纸卷、杂志、雨伞等，用棉花、衣服、帽子等作垫子，用腰带、皮带、背包带、绳索等作固定带，无物可取时，上肢可用布条将其悬吊并固定于下胸前，下肢可与健侧绑在一起。捆绑时，夹板和肢体之间要垫棉花、衣服等物，防止皮肤受压。四肢要露出指（趾）尖，以便观察血液循环。如出现苍白、发凉、麻木等应放松。

正确及时的固定可以减轻疼痛、避免发生疼痛性休克，以及避免骨折断端因活动而可能造成血管、神经被刺伤，进而影响愈合，甚至由此造成肢体畸形或残疾，也可以防止再损伤或再感染，为进一步治疗创造条件。

如骨折端穿破皮肤，直接与外界相通，即为开放性骨折。这种骨折容易感染，易引发骨髓炎与败血症。复杂性骨折，即骨折断端刺伤了血管、神经等主要的组织与器官，发生严重的并发症，引发一些危及生命的症状。

对骨折患者进行搬运时应小心谨慎，一般可采用单人背负、两人搀扶、担架搬运的方法。对于脊椎受伤的患者，一定要放在平坦而坚固的担架上固定后送往医院，身体不能弯曲，否则可能会造成脊髓损伤而导致瘫痪。

（1）肘部以下骨折（图9-3-12）

肘部以下的骨折固定需将伤臂抬高吊于肩上，应从肘部至手部（指尖露出）用夹板加垫固定。抬高手臂可以避免损伤加重，减轻水肿和疼痛。

图9-3-12

（2）肘部骨折（图9-3-13）

肘关节骨折是属于关节内的骨折，固定时肘部弯曲，用三角巾或者吊带做支撑。因为需要限制上臂的摆动，所以需把受伤的上臂与胸部捆绑在一起进行固定。同时应确保脉搏和血液循环畅通。如果血液循环受阻，应对手臂位

图9-3-13

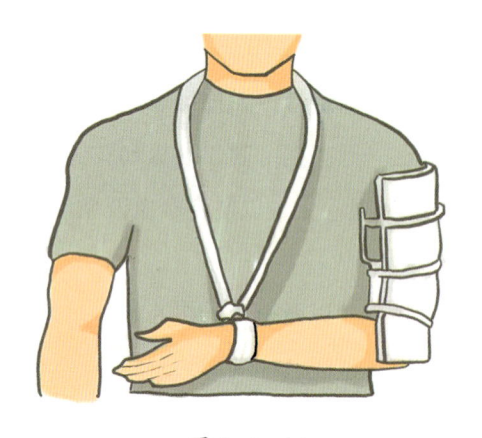

图 9-3-14

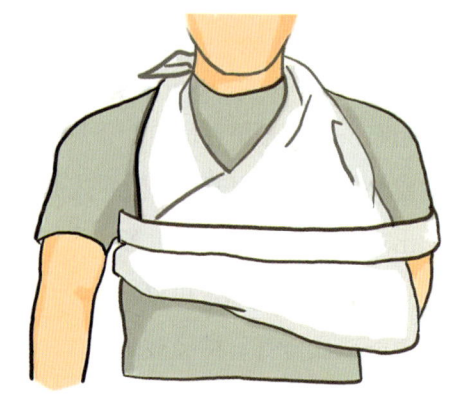

图 9-3-15

置进行调整，使血液循环正常后，再加以固定。

（3）肱骨骨折（图 9-3-14）

将夹板放在伤臂的外侧，用绷带将骨折的上下部绑好，将小臂悬挂在胸前，不要托肘。

（4）锁骨骨折（图 9-3-15）

通过绷带将臂部与胸部固定，防止肩关节活动牵拉骨折端，导致移位。

肩胛骨骨折方法同上。

（5）大腿骨折（图 9-3-16）

用两块长夹板分别从大腿内侧和外侧进行固定，其中内侧从大腿根部至内踝，外侧从大腿根部至外踝，然后用绷带从胯部捆绑至足踝部固定。

图 9-3-16

可用木板替代夹板，野外可用树枝等替代，要将伤肢固定于对称的另一条腿上（图 9-3-17）。

（6）膝部骨折（图 9-3-18）

膝部骨折是非常严重的意外，发生骨折后要第一时间选择木板、夹板等固定住膝盖，避免因为挪动导致膝盖骨骼二次受伤的意外出现。切勿强行拉直，有条件可加以冰敷。

图 9-3-17

图 9-3-18

图 9-3-19

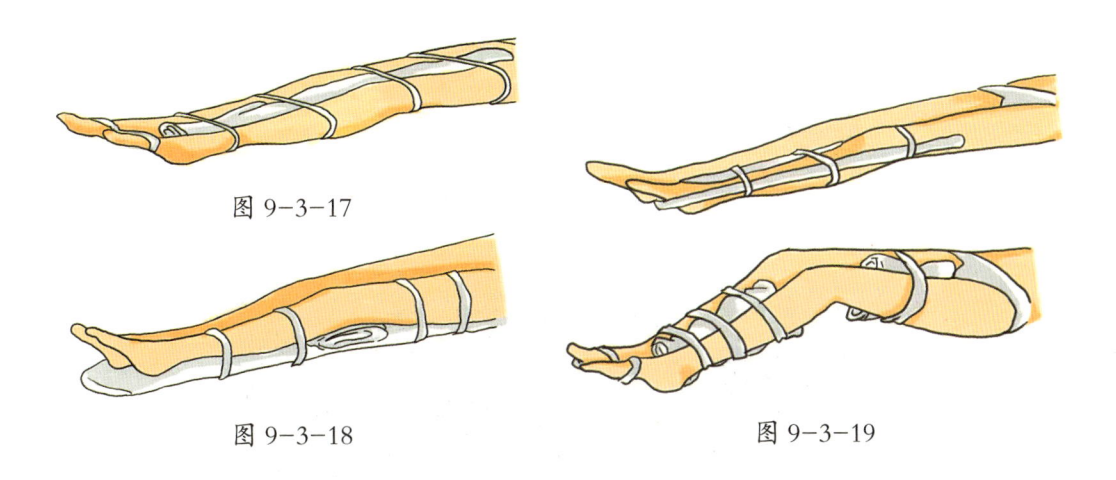

（7）小腿（胫腓骨干）骨折（图 9-3-19）

胫腓骨干骨折在全身骨折中较常见，无移位骨折可直接从膝上部开始用夹板固定，有移位的骨折应在整复或术后从膝上部开始用夹板固定。

（8）足、踝部骨折（图 9-3-20）

足、踝部骨折时，要尽可能抬高足、踝部，以减轻肿胀，缓解疼痛。野外可将衣服、毛毯折叠当衬垫包裹足、踝部，不需要用夹板。注意露出脚趾，用作观察血液循环是否良好。

（9）骨盆骨折

骨盆属于环形结构，固定不好容易导致骨折错位，造成第二次损伤。应将整个身体分别从肩部、下腹部固定于担架或者门板上，双腿弯曲分别捆绑膝盖和踝部（图 9-3-21）。

图 9-3-20

也可在两腿之间加垫后用绷带等捆绑固定足、踝、膝、大腿和骨盆部（图 9-3-22）。

（10）后背部脊椎骨折（图 9-3-23）

脊柱骨折应使伤者脊柱保持正常生理曲线，切忌使脊柱做过伸、过曲的动作。胸

图 9-3-21

图 9-3-22

图 9-3-23

腰段骨折轻度椎体压缩属于稳定型。伤者可平卧硬板床，腰部垫高。

（11）颈椎骨折（图 9-3-24）

对颈椎损伤的伤者，要扶托其下颌和枕骨，沿纵轴略加牵引力，使颈部保持中立位。伤者置于木板上后要用沙袋或折好的衣物放在头颈的两侧，防止头部转动，并保持呼吸道通畅。如果有条件的话，在等待救援时，利用比较宽的绷带将伤者的双腿进行绑扎，甚至全身固定。

图 9-3-24

> **注意**
>
> 1. 紧急情况下，要灵活运用，没有夹板可以用木板、竹竿、树枝等代替，同时用衣物、毯子等加垫。
>
> 2. 固定骨突部位要加垫，先固定骨折两端，后固定两个相邻关节，四肢指趾尖要暴露，便于观察。骨折位于关节区需要达到解剖复位，必须有坚强的内固定，满足生物力学的基本要求。
>
> 3. 夹板捆绑时要避开骨折部位，未充分固定不得随意搬运。

第四节 常见疾病及救治

野外生存由于环境的改变、气候的剧烈变化等容易引发一些疾病,如果得不到及时的判别与救治,将会带来严重的后果。这里主要介绍一些常见疾病的症状及救治方法。

一、一般感冒

（一）症状

野外感冒一般因过度疲劳、出汗不能及时擦干等外感风邪引起,以发热恶寒,全身疼痛,鼻塞流涕,喉咙咳嗽等急性上呼吸道感染为主要表现。

（二）救助方法

1. 一般感冒可以自愈,无须服用药物。

2. 多喝水：可以加快病毒的排出,最好是白开水,如果喝不下去,可以加维 C 含量高的果汁。

3. 葱蒜粥：野外如有野葱野蒜,取干净的葱白 10 根,切碎,大蒜 3 瓣,大米 50 克,加水煮成粥。每次 150 毫升,每日 2 次。

4. 保持足够的睡眠。

5. 当感冒症状较重时,可适当服用药物以减轻感冒症状,如维 C 银翘片、白加黑等药物,有高热时,可加服退烧药。

6. 当感冒未得到控制时,炎症向下蔓延则可发展为急性支气管炎。急性支气管炎起病较快,开始为干咳,之后咳黏痰或脓性痰。常伴胸骨后闷胀或疼痛、发热等全身症状,多在 3—5 天内好转。建议尽快离开野外环境,特别是高原地带,以免发生危险。

二、病毒性脑膜炎

病毒性脑膜炎大多数为肠道病毒（柯萨奇病毒及埃可病毒）感染,其次为腮腺炎病毒及淋巴细胞脉络丛脑膜炎病毒,少数为疱疹性病毒包括单纯疱疹病毒及水痘带状疱疹病毒。病毒侵入大脑会引起脑膜炎发生。

(一)症状

起病急性或亚急性，发热、头痛、恶心、呕吐、腹痛、腹泻、喉痛、全身无力，较快出现颈部强直及典型的脑膜刺激征如 Kerning 征阳性。重者可出现昏睡等神经系统损害的症状。少数患者出现唇周疱疹应考虑是否为疱疹性病毒所致，腮腺肿大者应当考虑有腮腺炎病毒感染的可能。

(二)救助方法

1. 当出现典型的颈部强直或典型的脑膜刺激征如 Kerning 征阳性时，及时送医院治疗。如果事发地离医院较远，应同时应用抗病毒制剂，如阿昔洛韦或其衍生物更昔洛韦，或感冒的抗病毒制剂。

2. 保持呼吸道通畅，对高热者应作物理降温，保持水、电解质及酸碱平衡，对卧床不起者，应注意及时吸痰、排痰、翻身，防止坠积性肺炎和褥疮的发生。重症必要时行气管切开术。

3. 注意休息，劳则伤气，气虚则加重病情；加强营养，进食低脂肪、高蛋白、高维生素饮食。尽量避免吃糖和加工食物。

(三)预防措施

病毒性脑膜炎、脑炎是由多种病毒引起的急性中枢神经系统感染性疾病，病情轻重不等。按时接种麻疹、风疹、腮腺炎、乙型脑炎等疫苗，灭蚊、防蚊可防止病毒传染；平时多锻炼，可提高抗病能力，预防感冒与肠道感染。此外，常吃大蒜能预防脑膜炎，因为大蒜对脑膜炎球菌的杀灭能力很强。

三、急性化脓性中耳炎

突然发生的耳痛，常伴有感冒或咳嗽。由上呼吸道感染后，鼻咽部分泌物可因擤鼻、吞咽及呕吐等进入鼓室，是造成中耳炎最多见的途径。

野外活动中外耳进水、外耳损伤等引起外耳道感染的情况比较少见。

急性重度传染病和脓毒血症，细菌经动脉直接进入鼓室，亦可由静脉血栓感染而进入鼓室。此类很少见。

(一)症状

一侧或双侧耳朵疼痛，听力下降，明显耳鸣、耳聋和剧烈耳痛，发热达 38~40℃。

（二）救助方法

1. 热敷。用热毛巾外敷患侧耳朵。
2. 及时就医，在医生的指导下使用药物，以利咽鼓管通畅。
3. 局部1%麻黄素滴鼻，以利咽鼓管通畅。
4. 给患者喝大量液体，如水、牛奶等，用以补充因发热而损失的水分。
5. 小心伤风咳嗽，以减少因咳嗽而导致中耳感染的危险。

四、急性腹痛

腹痛为临床极其常见的症状之一，野外出现的急性腹痛，病因较为复杂应谨慎对待。

（一）病因

1. 腹腔内脏器的急性炎症，如急性肠炎、急性胰腺炎、急性阑尾炎、急性胆囊炎等。
2. 腹腔内脏器梗阻或扩张，如肠梗阻、急性胃扩张、胆道结石、泌尿系结石等。
3. 腹腔内脏器扭转或破裂，腹内有蒂器官急性扭转、异位妊娠破裂。
4. 腹腔外疾病所致的腹部牵涉痛，如心绞痛、心肌梗死、急性心包炎、肺炎、肺梗死、胸膜炎、食管裂孔疝等。

（二）症状

1. 疼痛的部位：一般最先出现腹痛的部位多是病变的所在。例如，胃及十二指肠疾病、急性胰腺炎，疼痛多在中上腹部，胆囊炎、胆石症、肝脓肿等疼痛多在右上腹，急性阑尾炎疼痛在右下腹McBurney点（位于脐与髂前上棘连线的中外1/3交界处），小肠疾病疼痛多在脐部或脐周。
2. 腹痛的性质与程度：阵发性绞痛，疼痛相当剧烈，冷汗淋漓，多见于胆石症或泌尿系结石；持续性、全腹剧烈疼痛伴腹壁肌紧张或板状腹，多为急性弥漫性腹膜炎。
3. 诱发因素：某些疾病的腹痛与饮食有关，如进食油腻食物可诱发胆囊炎或胆石症发作；酗酒、暴饮暴食诱发急性胰腺炎、急性胃扩张。

（三）救助方法

腹痛在对症治疗中应尽快明确诊断，严密观察病情的发展，禁止进食，慎用镇痛药，以免影响病情观察。疑有肠穿孔、肠梗阻或阑尾炎者，禁用泻剂或灌肠。出血性疾病禁止热敷。

尽快转诊，转诊中应禁食、禁用止痛剂与镇静剂，非痉挛性腹痛禁热敷、禁按摩。在转诊中应注意病人的面色、体温、血压、心率和呼吸等生命体征以及腹痛性质的变化，并观察有无呕吐、腹泻、黄疸、进行性贫血等。

一般消化不良引起的肠胃病如胃胀、胃痛、腹泻等，可服用常规药物化解疼痛，如助消化的药物和促进胃肠蠕动的药物。因食用不洁食物引起的肠炎口服小檗碱。

五、中暑

中暑是夏季野外生存最为常见的疾病。热天进行野外生存活动，体内因热产生的毒素如果不及时排出体外，就会造成人体中暑现象。中暑属于急性热毒疾患，可分为先兆中暑、轻症中暑、重症中暑，而重症中暑又依据程度不同分为热痉挛、热衰竭和热射病。

（一）症状

一般初期症状为头晕眼花、浑身乏力、上不来气、口渴、体温稍微升高等；轻症中暑时，则表现为体温明显升高、面部潮红或者苍白、呕吐、大量出汗、脉搏细速、血压下降等；如进一步发展，则出现高热、肌肉痉挛、意识模糊、昏迷等。

（二）不同中暑类型的救助方法

1. 先兆与轻症中暑

野外发生中暑时，要尽快离开高温潮湿的环境，转移到阴凉透风处坐下休息，喝些糖盐水或其他饮料，在两侧太阳穴擦些清凉油。如果是因为在强烈的阳光下或闷热的环境中停留时间过长，表现为面色潮红、皮肤发热的病人，要根据现有条件给予降温处理。用冷水擦身，若有冰块则可敷在病人的额头、颈部、腋下和大腿根部，尽快使病人体温下降并清醒。神志清醒者，可服用清凉饮料、糖盐水及人丹、十滴水或藿香正气水等清热解暑药。若病人昏迷不醒，掐病人的人中穴（位于鼻唇之间中上 1/3 交界处）和内关穴（位于手腕内侧上方约 5 厘米处）以及合谷穴（即虎口）等。

2. 重症中暑的救助方法

（1）热痉挛

当大量饮水而盐补充不足时，血液中氯化钠浓度降低，引起肌肉兴奋性提高，造成肌肉痉挛。因而要多喝冷却的盐开水，补足体液，其他与中暑的救助方法相同。如仍有四肢肌肉抽搐和痉挛性疼痛，则迅速送医院救治。

（2）热衰竭

在炎热季节里进行大强度运动或劳动，大量出汗，如果没有及时补充水分和盐分，可导致脱水、低钠、血液浓缩及血液黏稠度增高，加上血管扩张，血容量不足，引起周围循环衰竭。以中暑的救助方式降温、补体液，在积极进行上述处理的同时，应将其尽快送往医院救治。

（3）热射病

在烈日下运动，头部缺乏保护直接受到烈日暴晒，可见光线及红外线长时间作用于头部，可穿透头皮和颅骨引起脑膜充血、水肿和脑组织损伤。此时，大脑组织的温度可达40~42℃，但体温并不一定升高。头痛、后颈疼痛直至后颈强直，恶心，神志不清甚至不省人事。热射病预后严重，病死率可达30%。

现场可采取以下救助措施：物理降温，尽可能用温度较低的水湿润皮肤，甚至浸浴在温度4℃的水中，并按摩四肢皮肤，加速血液循环，促进散热；如神志清醒应送服凉水、人丹、十滴水或藿香正气水等清热解暑药。有条件的及时用空调车转送医院救治。

（三）预防中暑的措施

1. 出行躲避烈日

夏日出门要备好防晒用具，最好不要在10点~16点时在烈日下行走，因为这个时间段的阳光最强烈，发生中暑的可能性是平时的数倍！做野外生存活动也要合理安排时间，可安排在清早或傍晚温度稍低的时间。如果此时野外温度太高必须外出，一定要做好防护工作，如戴遮阳帽、戴太阳镜，有条件的最好涂抹防晒霜，准备充足的水和饮料。此外，在炎热的夏季，防暑降温药品，如十滴水、龙虎人丹、风油精等一定要随身携带，以备应急之用。外出时的衣服尽量选用透气性高的服装，以免大量出汗时不能及时散热。另外，穿浅色的衣服，因为白色、浅色衣服吸热慢，散热快，穿着凉爽；而黑色或蓝色衣服吸热快，散热慢，穿着闷热，容易中暑。

2. 多喝水

不要等口渴了才喝水，因为口渴表示身体已经缺水了。最理想的饮水方式是根据气温的高低，每天喝1.5~2升水。野外生存出汗较多，可适当补充一些盐水，弥补人体因出汗而失去的盐分。另外，夏季人体容易缺钾，使人感到倦怠疲乏，含钾茶水是极好的消暑饮品。

3. 合理饮食

夏季野外活动少食高油高脂食物，以减少人体热量摄入。以新鲜的蔬菜瓜果为主，如生菜、黄瓜、西红柿等蔬菜的含水量较高；新鲜水果，如桃子、杏、西瓜、甜瓜等水分含量为 80%~90%，都可以用来补充水分。另外，乳制品既能补水，又能满足身体的营养之需。连续在高温环境中活动，应适当补充含有钾、镁等元素的蔬菜与饮料。

六、急性腹泻

（一）原因

最常见的急性腹泻是食用了被细菌污染或带有病毒的食品或饮料引起的食物中毒，饮食或睡眠贪凉导致胃肠功能紊乱，饮食无规律、进食过多导致消化不良，外出水土不服等。

（二）症状

有腹胀、腹痛、腹泻、恶心、呕吐、发热及全身不适等症状。伴发热者多见于急性细菌性痢疾、伤寒或副伤寒、肠结核、病毒性肠炎等症。重度失水者常见分泌性腹泻，如霍乱及细菌性食物中毒等。

（三）救助方法

至少在 24 小时内禁食，大量饮水，补充盐分和糖分，在失水过多的情况下，在 1 升水中加入 1 茶勺盐、2 茶勺糖、1/2 茶勺碳酸氢钠后饮用。从第二天起，可以吃性质温和的食物，如麦片粥或大米粥。从第四天起渐渐恢复正常饮食。只有在万不得已的情况下服用肠道药，因为这些药物会拖延病原体或毒素排出体外的速度。如果上述措施不起作用，则服用抗生素或使用化学疗法，如服用磺胺类药物。

七、体温过低

人体散热大于产热时，可引起体温过低。体温过低最常见于寒冷季节或浸泡在水中，但若代谢性或活动性产热（发抖）不能维持核心体温时，也可发生于夏天或温暖季节。严重外伤也可导致体温过低。固定不动时，湿衣服和寒风会增加发生体温过低的危险性。体温降至 35℃ 以下被认为体温过低。在野外生存过程中，因落水、雪地迷路等情况体温过低常有发生。

(一)症状

1. 32~35℃轻度低温

没有生气,思维混乱,颤抖,机体协调能力下降。当体温在34℃~35℃时,大多数病人会剧烈颤抖,感觉极度寒冷,四肢无力,协调性、记忆力下降,出现语言障碍,不能识别方向,轻微神志不清,极度烦躁,全身疼痛。当体温下降到34℃时,会出现健忘、发声障碍、呼吸频率升高的情况。33℃时的典型症状是运动性失调。一般来讲,轻度低温病人的血流动力学指标正常,能够在复温后完全消除低温症状。

2. 29℃~32℃中度低温

精神错乱,反射活动减慢。耗氧量降低,中枢神经系统活跃性降低。大多数32℃或更低体温的病人处于昏迷状态。当核心体温降到31℃以下时,肌体不再能够通过颤抖来产生热量。体温降至30℃时,病人可能会心律不齐,出现房颤、脉搏减慢、心排血量降低的情况。体温降到29℃~30℃时,瞳孔明显扩大,对光线的反应下降到最低,出现类似脑死亡的状况。

3. 低于29℃重度低温

皮肤寒冷,反应消失。肌体特别容易发生室颤和心肌收缩。28℃以下,躯体僵硬、呼吸停止、无脉搏、无反射、无反应、瞳孔固定。

(二)救助方法

避免一切没有必要的运动。在等待救援时双膝弯曲至胸部,双臂抱腿,像胎儿在母体内的姿势。如果遭遇翻船、船身破裂等情况必须在水中等待救援时,同样避免运动。在运送体温过低的病人时,需要特别小心,以保存体内余温。四肢不要做不必要的运动。仰卧运送。既不要为病人按摩,也不要用雪摩擦病人。逐渐温暖病人的身体,首先不要脱去病人的衣服,而是用温水(不是热水)浸湿病人的躯干(不要直接在四肢浇水,否则会引起休克)。此外,可以用温暖的湿毛巾覆盖在胸部、后颈、腰部和腋下等处,让病人吸入温热的水蒸气。如果没有温水,可以将病人夹在两人之间用体温逐渐温暖病人,并为其戴上毛线帽,盖上被子保暖。病人昏迷时不断为其检查脉搏,如果发现心跳停止,立即采取心肺复苏措施。当病人的体温恢复到34℃时,可以在温暖的室内(如有火炉取暖的帐篷内)脱去衣服,如果病人神志清晰,可以大量喝热的甜饮料。不要饮酒,也不要服用止痛片。如果病人的肌肉再次颤抖,说明病人已经脱离危险。

（三）预防措施

野外生存预防体温过低的措施主要是防止体热的大量散失，其次是提高肌体对寒冷的适应能力。具体方法如下：

1. 注意着装保暖，穿防寒服。防寒服隔热值高、携带方便，既能防风，又能防水，是一种理想的防寒用具。在野外，夜晚的气温会更低。衣服要扎紧袖口、裤口，扣上领口，放下帽耳，戴好手套。保持服装的通气性相当重要。衣服不可穿得过紧，这样不仅不会使人感到暖和，反而会感到寒冷、难受。穿一件厚衣服不如多穿几层薄衣服为好，这样有更多的空气层，保温效果更好。要保持服装的干燥，淋湿或汗湿的衣服要及时烘干，衣服上的冰雪要及时抖掉。

2. 寒从脚下起，鞋的材料要选通气性好的，如帆布鞋、皮革鞋等。穿橡胶与塑料鞋，脚易发生冻伤。硬而紧的鞋子妨碍脚部的血液循环，也易发生冻伤。当脚趾有麻木感时（冻伤预兆），可作踏步运动，以促进血液循环。

3. 发现体温过低要及时处理，防止身体热量进一步散发。置身室内，避风，脱去潮湿的衣服（不能脱光），换上干衣。不要让病人直接躺于地面，要采取保暖措施，如用身体或温热岩石暖和病人。病人清醒时，让其饮用温热饮料，食用含糖食品。

4. 经常活动按摩，要尽量减少皮肤暴露部位，对易于发生冻疮的部位，有必要经常活动或按摩。避免接触导热快的物品。如金属与手或雪与臀部的接触，可使热量加速丧失，引起局部冻伤。

5. 及时补充能量，食用高热量的蛋白质、脂肪类的食物。人体在寒冷环境中要维持体温，就必然代谢增加，体力消耗增多，只有增加营养物质的摄取量才能满足人体需要。寒冷时绝对不要饮酒，饮酒虽然暂时可以带来身体发热的感觉，但实际上酒精使血管膨胀，增加了身体的散热，会导致体力衰弱。

八、冻伤

当气温降到零下1℃时，冰雪宿营最容易发生冻伤。人体容易冻伤的部位一是体表裸露的皮肤，如手、鼻、耳、脸等；二是人体远离心脏的区域，如双脚，这主要是因为远离心脏的区域受血液循环的影响最小。

（一）症状

冻伤初期首先会感到刺痛，接着皮肤会出现苍白的斑点，伴有麻木感。而后就会出现卵石似的硬块，伴有疼痛、肿胀、发红、起疱，最后减弱直至消失。

（二）救助方法

1. 初步冻伤：将冻伤部位放到温暖的地方，如把手夹在腋下，或将脚抵在同伴的胃部。如果发现皮肤出现冻伤的现象，要及时用手或干燥的绒布摩擦伤处，促使血液循环，减轻冻伤，如果冻伤不是很严重，第一次采取的治疗措施可能就达到了冻伤痊愈的效果。

2. 深度冻伤：发现后应及时阻止伤势进一步恶化，最好的办法是将冻伤的部位放于28℃~28.5℃的温水中慢慢恢复，但不可用雪揉擦或用火烘烤。如果身体发生冻僵的情况，不要立即将伤者抬到温暖的地方，这是冻伤最忌讳的方法，一般都是先摩擦受冻的部位，待恢复知觉后，再到较温暖的地方采取更具体的急救措施。

3. 严重冻伤：此时可能发生的症状是起水疱，不但很容易受到感染，也很容易转为溃烂。继而被冻伤的部位将逐渐变灰、变黑、坏死，最终剥落。这时候要尽快将伤者送往医院治疗，不要把水疱挑破，也不要摩擦伤处，伤处受热会产生剧痛。冻疮未溃破者，用白酒将云南白药药粉调成糊状外敷，并注意保温。冻疮已溃破者，将患处洗净后，直接撒云南白药药粉于创面，用消毒纱布包扎，数日内可愈。

（三）预防措施

长期在户外的人可能都会碰到这样类似的问题，在高寒地带，都有可能或多或少地受到寒冷的影响。虽然局部的冻伤可能不会致命，但是后遗症是不能避免的，并且如果失温太严重，甚至有可能导致死亡。如果能在户外的时候采取适当的预防措施，就有可能避免或减轻冻伤的程度。必须清楚地认识到，预防冻伤比治疗冻伤容易得多，而且治疗也不一定能及时痊愈，更有可能留下后遗症，如斑点或死皮等现象。所以，采取适当的预防措施是很有必要的。具体的方法有如下几种。

1. 最原始的方法：在高寒地带，不要把易受冻的部位暴露在外，如手、脸部、耳朵，这些部位习惯性地暴露在外，极易受冻伤，可适当地采取"武装"。戴一副暖和的皮手套，要扎紧袖口、整理好衣物，防止风雪侵入衣服内，脸上可戴上专业的护脸套，耳朵也要戴上耳罩，这样才能防止这些敏感的部位发生冻伤。

2. 不要站在风比较大的风口处，切记不要在疲劳或饥饿的时候坐卧在雪地上，这样就有可能对雪地产生疲劳的感觉，时间久了会很危险。

3. 被冻伤的部位在初期可能没有明显刺痛感或是其他症状，因此要随时注意观察自己易被冻伤的部位,也可以让同伴观察自己的脸上是否有冻伤症状。

4. 为了防止冻伤,要及时通过揉搓或摩擦等方式活动使其发热,如衣服的某个地方湿了应及时烘干。

5. 户外条件好的话,可使用温水浸泡自己易发冻疮的部位,水的温度不宜太高也不宜太低,否则效果只能是适得其反,一般在43℃左右最好。

九、高山病

高山病也称"高山适应不全症",是人体对高山缺氧环境适应能力不足而引起的各种临床表现的总称。特别是达到海拔3000米以上时,这种反应尤为突出,这时大多数人会感觉到仿佛突如其来的高度变化。海拔越高,空气越稀薄,高山反应越严重,高山病发病率越高。

(一)症状

呕吐、耳鸣、头痛、呼吸急迫、嘴唇和皮肤泛青色、食欲不振、发烧、睡意朦胧、严重者会出现感觉迟钝、烦躁不安、精神亢奋、思考力、记忆力减退,听、视、嗅、味觉异常、产生幻觉等,也可能发生浮肿、休克或痉挛等现象。

(二)救助方法

休息、使病人保持安静、吸氧及降低高度是最有效的急救处理。若有休克现象,应优先处理,注意失温及其他并发症。将患者移至无风处,若病情严重(如头痛剧烈),可服用镇痛剂止痛。如果仍不能适应,则需降低高度,直到患者感到舒服或症状明显减轻为止。一般而言,高山病患者降低至平地后,即可不治而愈。虽然如此,严重患者仍需送医院治疗。如果不能转移到低海拔地区,可用如高压袋这种增压装置治疗严重高山病患者。相当于降低海拔的增压装置是由用轻型纤维制成的袋或帐篷和一个手动泵组成。把患者放入袋中,密封后用手动泵向袋中加压。病人在袋中停留2~3小时。用这种方法补充氧气同样是一种有效的临时措施。

(三)预防措施

预防高山病的最好方法是减慢登高速度,用1~2天的时间上升到2400米高度,然后,每天登高300~600米。按适合每个人自己的步速登高比跟着固定速度登高,更有助于预防高山病。登至一半高度停下来过夜休息可以减少发病的危险。身体健康的人患高山病的危险较小,但不能保证在高海拔地区不出现高山病。到达目的地后头两天要避免大量出汗，喝大量的水，避免吃盐或含盐的食品。在高海拔地区饮酒应特别小心，高海拔地区饮一杯酒精饮料的影响相当于海平面地区的两倍。酒精过多的表现类似某些类型的高山病。

登山开始时和到达目的地后几天内，服用小剂量的乙酰唑胺或地塞米松可减少患急性高山病的危险。出现高山肺水肿症状时可使用硝苯地平。布洛芬对减轻高海拔引起的头痛最有效。多食用高碳水化合物食物。少吃多餐比多吃少餐更好。

第十章

野外制作工具

应急工具在野外生存中必不可少,它可以解决在野外生存中存在的许多问题。例如可以克服悬崖峭壁;可以制作罗网捕猎;可以制作野外应急武器防身;可以捆绑物资及救助伤员;可以为搭建露营地提供帮助等。

第一节　野外应急武器制作

武器有两个作用。一是可以用武器猎取和处理食物以及进行自卫；二是武器能使你有安全感并使你能够在行进中猎取食物。下面介绍几种简单武器的制作方法：

一、棍棒

棍棒可以扩大你的防卫范围，在不伤害自己的情况下增加打击的力量。以下是棍棒的三种基本类型。

（一）简单棍棒

用一根简单的棒子或者树枝制成。要长度适中，足够结实，粗细程度要适合抓握，能够对目标造成有效的伤害。直纹的硬木最好。

（二）加重棍棒

加重棍棒就是在简单棍棒的一端增加重量，可以是自然的重量，如木头的结，也可以是人为加上去的，如一块石头。要制作人为加重的棍棒，首先要找一块适合绑在棍棒上的石头，最好是沙漏状的石头。如果找不到合适的石头，可以在棍棒或者石头上做一个凹槽，以便于固定。然后按照一定的方法将石头捆绑在木棒上，这样就制成了加重棍棒。捆绑的方法主要有以下三种：

1. 劈开棍棒捆绑（图 10-1-1）

（1）在距木棒一端 15~20cm 处用绳子缠绕捆绑；

（2）劈开一端至捆绑处；

（3）放入石块；

（4）上下交叉捆绑好石头；

（5）紧紧绑住分岔处，确保石头

图 10-1-1

不会脱落。

2. 叉状树捆绑（图10-1-2）

将石头放入分叉处后，用绳子从分叉处开始进行捆绑，防止裂开。

3. 盘绕棍棒捆绑（图10-1-3）

（1）取一根较粗的硬木棒，在一端削出一个卡槽，直径为原来的一半左右；

（2）取一块和卡槽相适应的石头，放进卡槽内；

（3）用绳子将石头紧紧绑住。

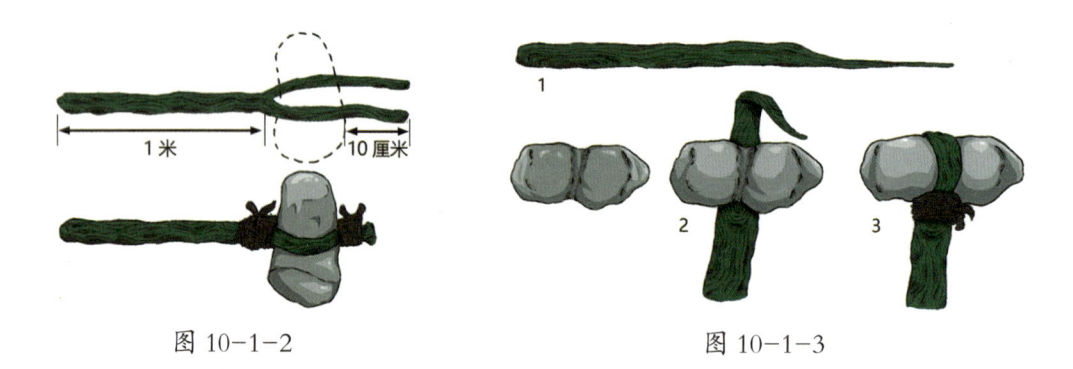

图 10-1-2

图 10-1-3

（三）投石棒（图10-1-4）

投石棒是另一种加重棍棒。将一个石头或者是其他的重物用一根结实、柔韧的绳子系在木棒的一端，重物与木棒的距离为8~10厘米。这种木棒不仅扩大了打击范围，也大大增加了打击力量。

图 10-1-4

二、矛（图10-1-5）

选取一根长度为1.2~1.5米的硬木直杆，然后把它的一端削尖。在条件允许的情况下，可以用火将尖部烤一下，这样可以使矛尖更坚硬。竹子是做矛最好的材料。为了让竹矛的刃部锋利而坚硬，可以只削竹子的内部，在火上烤矛尖的时候也只烤内部。

侧视图　正视图

图 10-1-5

三、投掷棒（图10-1-6）

投掷棒一般称为猎兔棍，是对付小动物的很有效的工具。猎兔棍是一根自然呈约45度角的钝树枝。削平两边使之形似飞镖。

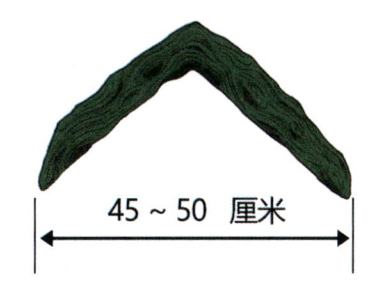

图 10-1-6

四、流星锤（图10-1-7）

流星锤是一种比较容易制作的野外应急武器，在捕捉奔跑的猎物或者低飞的禽鸟时特别有效。使用流星锤时要握紧中心结，在头顶上方旋转流星锤，然后放手使之飞向目标。

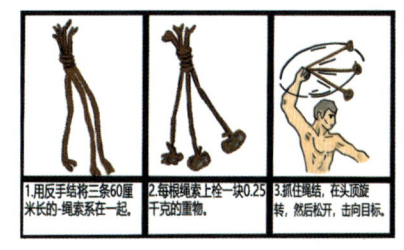

图 10-1-7

五、挖掘棍

挖掘棍是将一根简单棍棒的一端削成两个平面，一面为30度，长8~15厘米；另一面为45度~60度，长5~10厘米。使端扣成"一"字形。它主要是用来在地上进行挖掘。

小资料

如果要用木材制作攻击性工具的话，就必须先进行硬化处理。将工具的尖端放到木炭中并不停地转动，30秒后取出并插入湿土中降温。反复进行3次即可。同时注意要将木材上的树皮剥掉，使工具保持干燥。

第二节　野外应急工具制作

在野外生存中不可能随身携带许多工具，因此我们需要制作一些武器和工具来帮我们更好地生存下去。

一、绳索和捆扎绳

可以用大自然中的一些东西直接当绳索用,比如藤条。但在做绳索之前要先做几个测试,了解材料的耐用性如何。首先在其长度方向上用力拉,检测一下材料的强度;然后,用你的手指尖折弯并捻一捻。如果经过这种处理而不断的话,就用反手结把材料系在一起并轻轻拉紧。如果结很牢固,那么这种材料就可以使用。

将一束纤维的一端打成结后,然后将它们均匀地分成三股(图10-2-1-①),先将左边的一股放到中间(图10-2-1-②),再将其右边的一股放在上面(图10-2-1-③),将现在的左边的一股再绕到中间(图10-2-1-④),以此类推(图10-2-1-⑤和⑥),进行缠绕编织下去,编织结束后,最终形状同辫状。

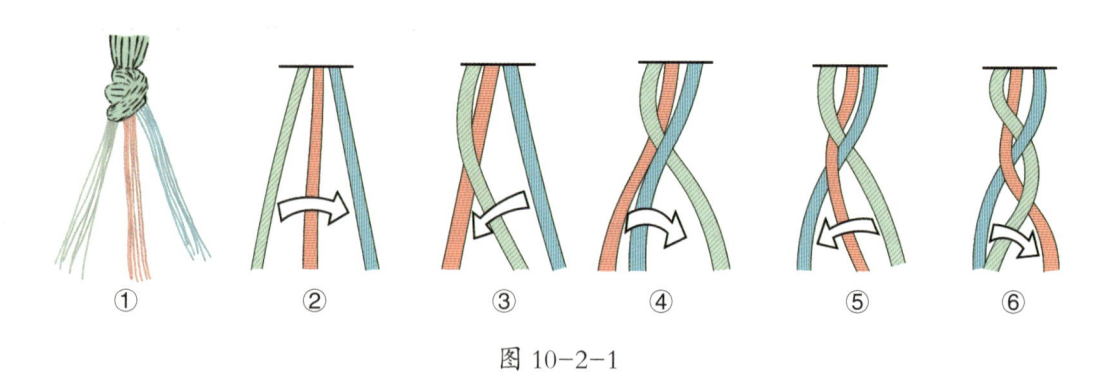

图 10-2-1

二、背包和衣服

(一)制作背包

制作背包的材料有很多种,如树木、竹竿、绳索、植物纤维、布制品、动物的皮、帆布等都可以用来制作背包。这些方法都比较简单实用,可以在野外缺少材料的情况下,就地取材选择最方便可行的方法。

1. 马蹄背包(图10-2-2)

马蹄背包很容易制作,也很好用,特别适合单肩背。制作过程为:第一步,将雨衣、毛毯或者一块布平整地放在地面,最好是正方形。第二步,把要打包的东西放上去。如果东西很

图 10-2-2

硬可以用软的东西做缓冲。第三步，把布和要打包的东西从一角开始向另一个角卷起来，然后把另外两个角打结，这样就可以背在身上了。

2. 方形包（图10-2-3）

制作这种包需要用到绳索。用绳索加上竹竿、枝干或者木头等做成方形或长方形的框架。这个包的大小取决于背包的人和需要打包的物品。

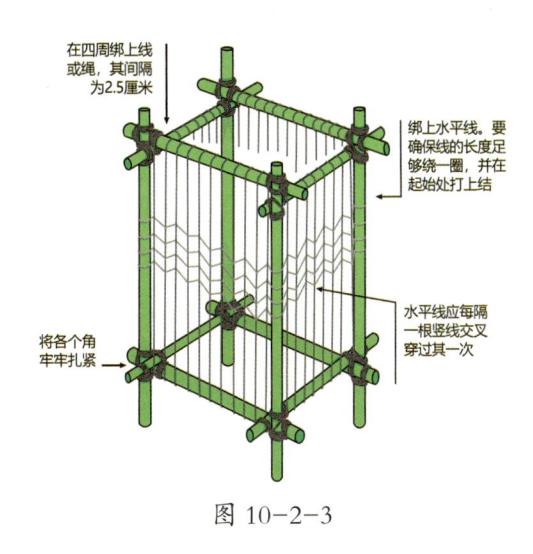

图 10-2-3

（二）衣服和保暖物

制作衣服和保暖物品的材料有很多。人工材料有降落伞等，自然的材料有动物皮毛和植物等。

1. 降落伞

降落伞的所有零件都可以当作制造材料，包括伞的顶部、伞的绳索、接头连接器和背带等。在做之前要先想好我们身上还有什么东西、要用降落伞的零件来做什么这两个问题，然后再把降落伞拆散。

2. 动物皮毛

在野外，我们能使用什么动物的皮毛取决于我们能捕捉到什么动物。你可以选择捕捉皮厚肉多体积大的动物，但尽量不要选择生病和受到细菌侵染的动物。因为在自然环境里，虱子、跳蚤之类的害虫都是寄生在动物身上。所以，我们必须仔细地把使用的动物皮毛洗干净。在没有水的情况下，也要把寄生虫都抖出来。还要将生的动物皮的全部脂肪和肉剔除，然后晾干动物皮。动物臀部和腿部的皮可以用来做鞋子、手套或袜子。剩下的大张皮毛可以披在身上取暖。

3. 植物纤维

有些植物是可以起到抵御寒冷作用的。在湖泊、池塘和小河汇水的地方生长着一种沼泽植物叫香蒲，它的茎顶部的绒毛就像羽毛一样，放在夹层里可以抵挡冷空气从而起到保暖的作用。还有一些乳草属植物的种子跟花粉差不多，也是一种很好的御寒物资。椰子外壳上的纤维可以用来编织绳索。晒干的话还可以用作燃料或者御寒。

三、烹调和食用工具

（一）碗

木头、骨头、角、皮或者其他类似的材料都可以制作成碗，只需要能装下食物和足够的水在火上加热。但要注意不要用有气泡的石头，比如石灰石和沙石，因为这些石头在火上加热时可能会产生爆炸。用竹子的竹节煮食物时要确保没有封闭的竹节，因为竹节中有空气和水，在加热时也可能会产生爆炸。

此外，也可以用树皮、活树叶来制作容器。不过，这样的容器其水线以上的部分容易烧着，因此在煮食物时要确保火苗足够低。

（二）叉、餐刀、勺

制作这些餐具时要注意不要使用树皮上有或切开时有汁液或树脂一样液体的树，需要采用不含树脂的树木，如橡树、白桦树和其他硬树木。制作勺子时可将一小块木炭放在木材上将木材灼烧一下，这样便于在木材上挖出凹槽。

（三）锅

可以用龟壳或木头做锅。就像使用木碗一样，把热的石头放进去效果非常好。在使用龟壳做锅时要注意先将壳的内面彻底煮好。竹子是制作炊具的最好材料。

四、竹筏的制作

竹筏可根据竹子的粗细和承受的重量制作成单层竹筏或者双层竹筏。将竹子砍成

小资料

炊具可用木材、兽骨、角、树皮或其他类似的材料制作。如果想用木材制作碗之类的炊具，可以从火中取出来滚烫的火炭，把它放在木材上，并不断的吹气，使木材与炭火接触的地方逐渐炭化形成空穴，然后用刀将其修整平滑。不含树脂的木材可用来制作刀叉、汤匙，这种木材易导致食物腐败。

约 3 米长的一段，将两端和中央分别钻孔，利用坚硬的树棍穿过竹孔，再用藤条把每根竹子与树棍绑牢。双层竹排间要交错压紧并绑牢（图 10-2-4）。

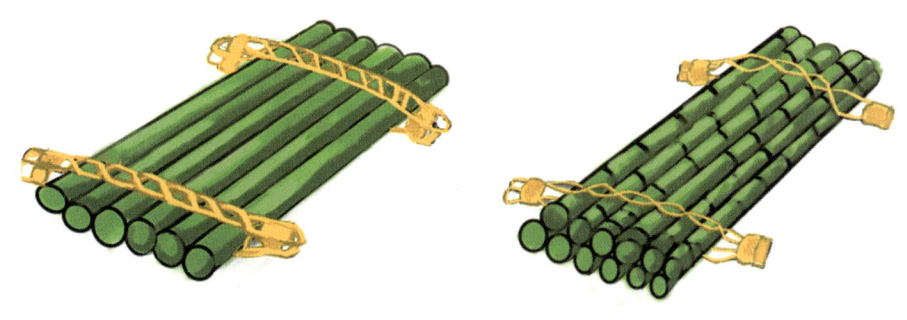

图 10-2-4

第三节 基本绳结与捆绑技巧

绳结在野外生存中的用途非常非常广泛，可用于攀登、固定、救援等。绳结要简单牢固、好结易解。绳索可由柔软的多纤维材料制作而成，通过多股纤维的紧密结合从而达到足够的强度和所需的长度。因此，掌握选择绳索和打结的方法对野外生存来说至关重要。

一、实用绳结

在生存困境中，需要掌握各种绳结的使用，以及在不同的困境情况下该使用哪种绳结。下文表述中，绳索活端是用于打结且被提起的一端，固定端或固定部分是绳索的其他部分。

（一）反手结（图 10-3-1）

反手结是相对比较简单的一种绳结。我们可将绳索的一端绕成环状，将活端从绳索固定部分的上面或者下面穿过此环后拉紧即成为反手结。此结通常用于在绳的一端形成结点（防止散开）或作为其他绳结的组成部分外，运用较少。

图 10-3-1

（二）"8"字形结

"8"字结其用途类似于反手结，也是用于形成结点固定活端，但相较反手结而言更为可靠、牢固。可将绳索活端绕成环状，然后将活端从绳索固定部分后面绕过，再将活端沿着前面环的下方，从环中穿过，拉紧即成"8"字结（图10-3-2）。

图 10-3-2

第二种编织的"8"字结通常运用于需将绳索固定于锚上，或是在由于物体过高或已形成环状，无法将结套于其上时。首先使用绳索的活端按"8"字结的打法，形成一个松弛的"8"字结；其次将绳索活端绕过需固定物体，并顺沿原"8"字结的结绳线路反向返回形成一个的新"8"字结，拉紧（图10-3-3）。

图 10-3-3

（三）平结（图10-3-4）

平结又称为方结，是所有绳结中人们最熟知、使用频率最高的绳结。将粗细相同的绳索使用平结进行连接，既能承受很大的拉力，又十分结实，而且容易解开。

①将右边绳索活端放在左边绳索活端的上面，进行交叉放置（a）；

②将右边绳索活端向下环绕，并向上拉起折回（b）；

③将向上拉起折回的绳索活端放在另一个绳索活端上面，进行交叉放置（c）；

④再做一次向下环绕，要确保左右两个环可以相互滑动，如果环绕和穿环错误，就会导致绳索无法系紧或容易散开，或在结两端受力后不易解开（d）；

⑤同时拉动结两端绳索，将其系紧；或者使绳索活端受力，也能使其系紧（e）；

⑥做好平结后，如果想要平结更牢固，可以将平结的每一个活端在绳索上再打半个索结（f）。

如果我们想要将绳索系在物体上，也可以通过使用平结来实现。在执行营救任务时，通常运用平结，因其光滑平顺，使用者不易受伤。

第十章 野外制作工具 285

(a) (b) (c) (d) (e) (f)

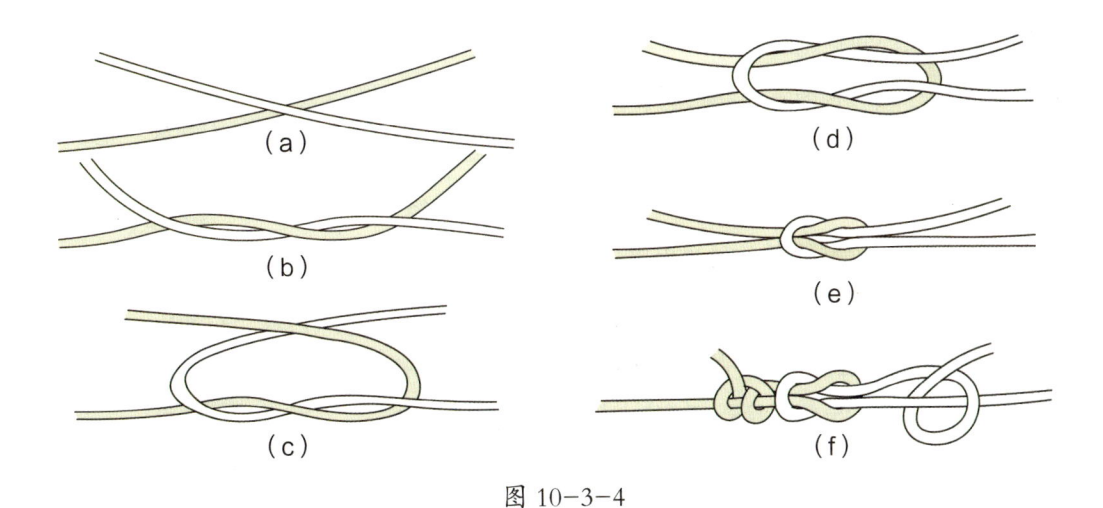

图 10-3-4

> **注意**
>
> 将粗细不一的两根绳索连接到一起时通常不使用平结；尼龙绳过滑，也不宜应用平结。

（四）绳索连接结

1. 单编结（图 10-3-5）。绳索连接单编结是将两根粗细相同或不同或材料不同的绳索系在一起，此结比平结更为结实牢靠。特别是连接不同材质的绳索，或者受潮、结冰的绳索，该结效果更好。

连接单编结相对简单，在连接的绳索未受拉力时易于松解，当连接方法正确，且连接的绳索受力均匀稳定时，则不宜松解。

①将绳索活端回绕环状，将另一绳索的活端 a 在绳环上方向右，再从绳环后侧环绕至其前侧成环，并将活端从本绳上侧与另

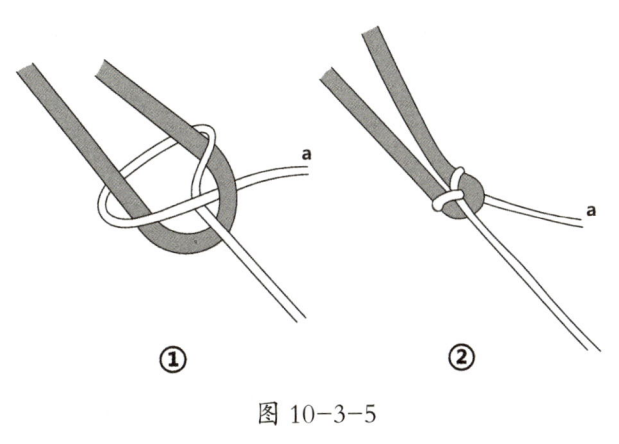

① ②

图 10-3-5

一绳下侧形成环间穿过。

②用力拉动两根绳索，此结就会系牢。

2. 双编结（图 10-3-6）。双编结较之于单编结更加牢固，尤其针对受潮绳索、连接两根粗细差别悬殊的绳索，或者两根相对都较粗的绳缆时效果更佳。单编结在绳索受力不稳定的情况下容易滑落，而双编结则不会滑落。

①将粗绳回绕呈环状，将细绳其活端 a 从粗绳上侧向下穿越此环，并移至粗绳活端下侧，再绕过粗绳活端至其上侧，环绕粗绳环一周，然后从粗绳环下侧将细绳的活端穿越细绳与粗绳的活端之间。

②再将细绳活端由粗绳环上侧至下侧绕粗绳环一周，从相同位置穿越。

③增加粗细两绳拉力将其拉紧，双编结完成。

如果此结制作时没有拉紧，在粗细两绳受力时候易松解，同时不宜用类似尼龙渔线等质地较为光滑的绳索制作双编结。

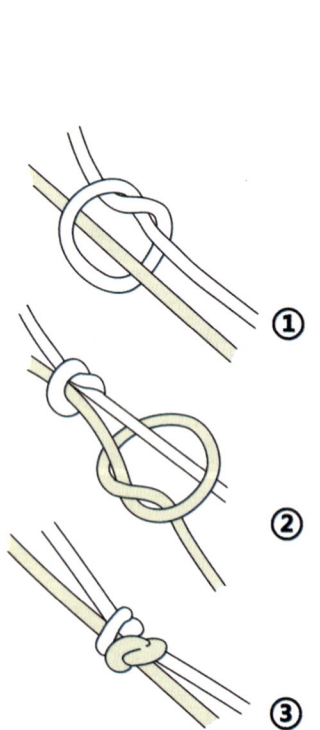

图 10-3-6

（五）渔人结

1. 单层渔人结（图 10-3-7）。将两根质地较为柔软、受潮、打滑的绳索连接时可使用渔人结。例如捕鱼时钓线的连接——可将其在水中浸泡至柔软后再使用渔人结连接。在不能确定平结、单编结是否牢固有效，用此方法连接细线较为牢固，且不易松解。但连接较粗的绳索或者尼龙细线时，不宜使用此种方法。

①将两根需连接绳索活端相反并列放置，将其中一根绳索的活端绕过另一绳索后制作反手结。

②同上，利用另一绳索的活端再制作一个反手结。

③轻拉两个反手结，两个结相向滑动靠近，再系紧两结。

注意：粗笨的绳索或尼龙线不可使用此结。

图 10-3-7

2. 双层渔人结（图10-3-8）。双层渔人结相较于普通渔人结更为牢固，但尼龙线、绳及直径较粗的绳索，由于过于顺滑和不易收紧，慎用此结。

①其中一根绳索的末端环绕另一根绳索，连续环绕两次，并形成两个环。

②将活端从两环中穿过。

③另一根绳索打法与前一根绳索相似，即重复前两个步骤。

④轻拉绳索，使两结相向滑动靠拢，拉紧两结即成。

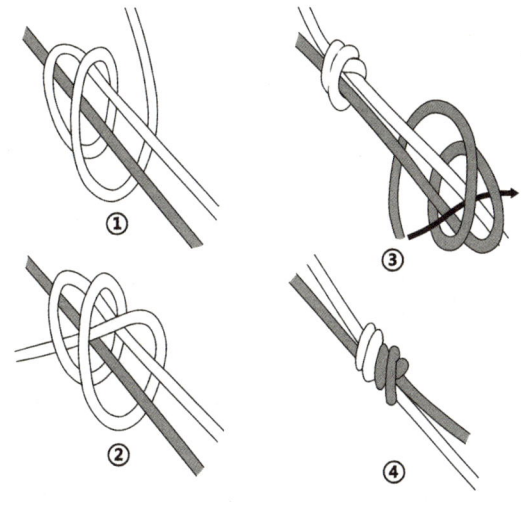

图10-3-8

（六）带结

运用带结将形状扁平、材料质地表面平滑的绳索进行连接时，效果较好，如皮带、布带等。如遇到紧急情况或者无法找到绳索时，也可利用被单等其他织物连接（图10-3-9）。

①在一根扁平状绳索的活端，松散地制作反手结。

②将另一根扁平状绳索的活端顺沿上步反手结的反向轨迹绕穿此结。

③保持两根扁平状绳索的活端均在结内，两端拉紧即成。

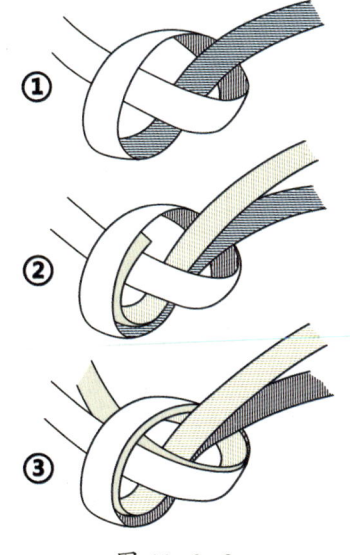

图10-3-9

（七）布林结（图10-3-11）

用途：用来悬挂物品。

打法：布林结也叫称人结，共有两种打法——常用打法（图10-3-10）和单手打法。

1. 常用打法：在绳索中间绕一个环，

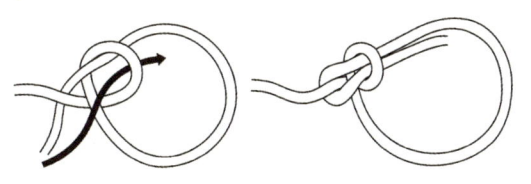

图10-3-10

图 10-3-11

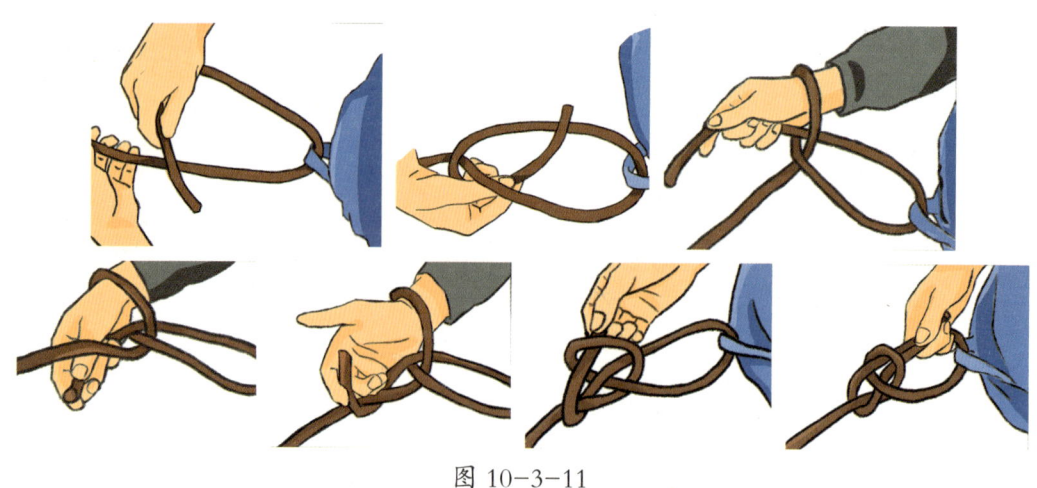

将绳头穿过环,绕过主绳后再穿过环,然后将结拉紧。

2.单手打法:将绳索绕过身体,右手握住绳索末端、在胸前交叉、反扭手腕绕过主绳、在绳内形成环状、用手指将末端绕过主绳、抓住末端从环内抽出,然后拉紧。

(八)普瑞斯克结(图 10-3-12)

由于此结具有滑动环,在索结承重时,滑动环不会打滑,但当力量减小时,可沿绳索移动滑动环,对于有频繁调整索结需求时,如登山、固定帐篷,使用此结的效果较好。

在登山绳索两侧各制作一个普瑞斯克结,在攀登时可滑动此索结帮助向前运动,悬挂时(绳索与地面平行),此结作为支撑,节省体力。

①将附索合并成双股环绕主索,成绳环,而后将附索两端从该绳环中穿越,并保持绳环松散;

②将附索的两端再次穿越同一绳环,并保持附索绳圈部交叉重叠,并收紧;

③此时在主索上出现 4 个环,还可重复上述动作形成 6 个环;

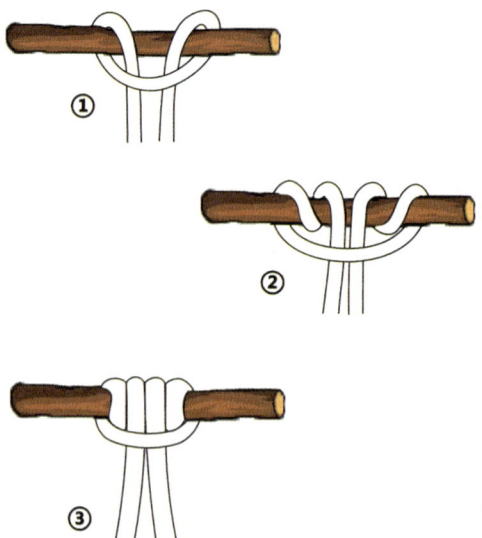

图 10-3-12

> **注意**
>
> 固定不动作为攀爬依托的绳索被称为主索,在主索上移动、打结的绳索被称为附索。

④该索结也可制作用于固定的绞结环,绳环回绕主索,穿越附索本身环圈,而后重复;

⑤如需将附索用以固定悬空状态的主索,可将附索另一端固定在一个固定桩上。

> **注意**
>
> 利用主索攀登或越过峡谷时,可使用绞结环制作成普瑞斯克结最为安全可靠。如无现成绞结环,可将附索首尾两端系紧,制成后绞结环使用。

(九)解脱结

用途:解脱结是沿绳索下降时,解脱绳索所采用的绳结。主要分为单绳式、双绳式两种。

1. 单绳式(图10-3-13)

打法:以短端打一环套,另一端从底部折上,短端折回入长折处并拉紧。

2. 双绳式(图10-3-14)

打法:绳的一端约6米对折绕树,从环套反复掏绳2~3次,拉紧。

图10-3-13

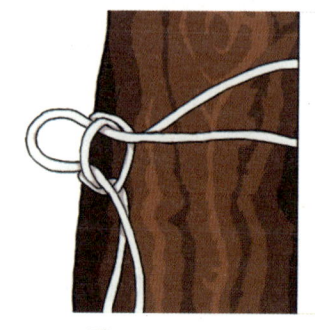

图 10-3-14

二、捆绑技巧

捆绑是合理利用绳索将不同位置的横梁、圆木、木杆等牢固固定的方法。野外环境中，是扎筏、固定、搭建庇护所等工作必需的重要技能之一。

（一）方形捆绑（图 10-3-15）

方形捆绑主要用于捆绑固定交叉（直角）横梁，具体方法为：

1. 用绳索一端在直角横梁的一边打 1 个圆形结，然后沿直角横梁顺时针上下绕 1 周，再沿逆时针上下绕。

2. 一根横木绕好 3~4 周后，转至另一根横木继续缠绕。

3. 另一根横木绕好后，在当前绳索位置打个半节，然后绕到另一根横木打一个丁香结固定绳索。

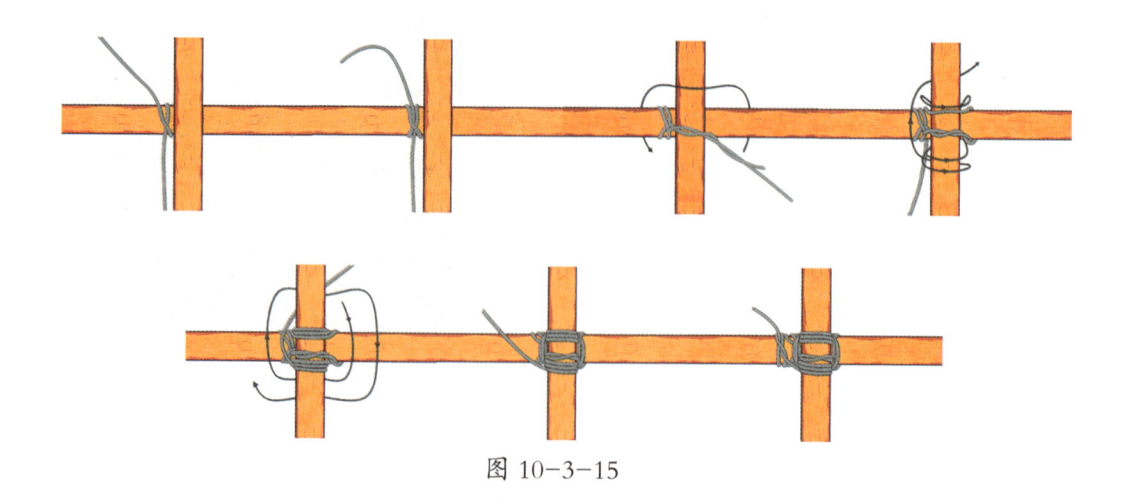

图 10-3-15

（二）圆形捆绑（图 10-3-16）

圆形捆绑主要用于连接横木或固定、加固 2 根及以上的横木。具体方法为：

在两根横木的重叠 a 端打一个丁香结，拉紧绳索并向重叠 b 端缠绕，在 b 端再打一个丁香结。打好结后在绳索下插入楔子，使捆绑绷紧牢固。

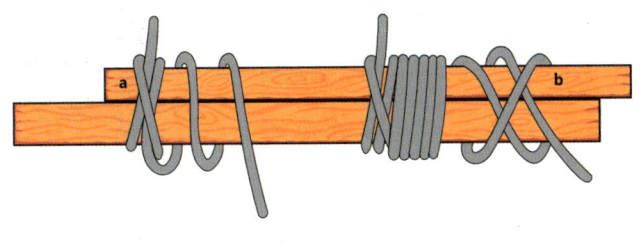

图 10-3-16

（三）对角线捆绑法（图 10-3-17）

对角线捆绑法是固定交叉横木的另一种方法，常用于横木非直角交叉时的固定，具体方法为：

1. 将绳索绕过两根横木打一个圆材结。
2. 继续顺着交叉对角缠绕绳索，缠绕时注意拉紧绳索。
3. 将绳索绕向另外一交叉对角，继续缠绕并拉紧。
4. 沿横木各个边分别缠绕 3~4 圈。最后打 1 个丁香结固定。

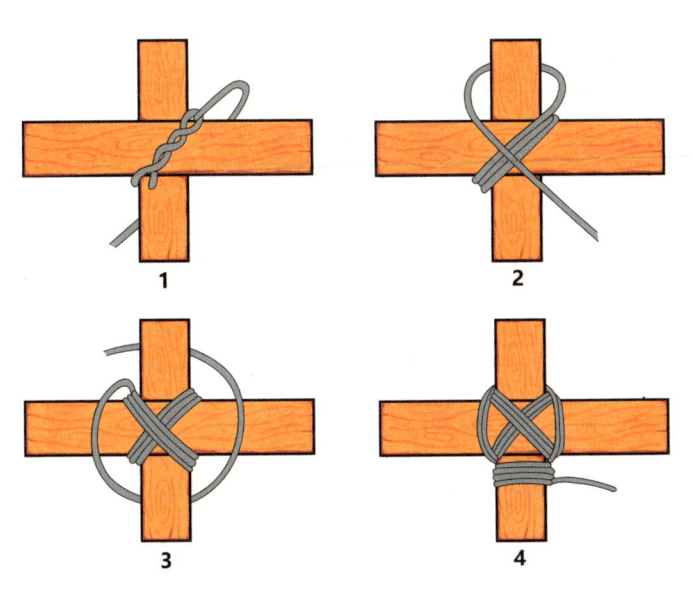

图 10-3-17

（四）剪式捆绑（图10-3-18）

剪式捆绑一般用于连接2根交叉圆木的顶端，用于制作三角支架。

当捆绑两根圆木时：

1. 在原木A处打一个丁香结，然后用绳索自下而上同时缠绕两圆木至B点，缠绕时注意绳索不宜过紧，应使两圆木间留有缝隙。

2. 将绳索沿B点向下缠绕两圆木之间的绳索两圈，并拉紧。

3. 绳索回到B点，在B点处打丁香结固定。两手分别握住圆木下端拉开，使圆木呈图C状。

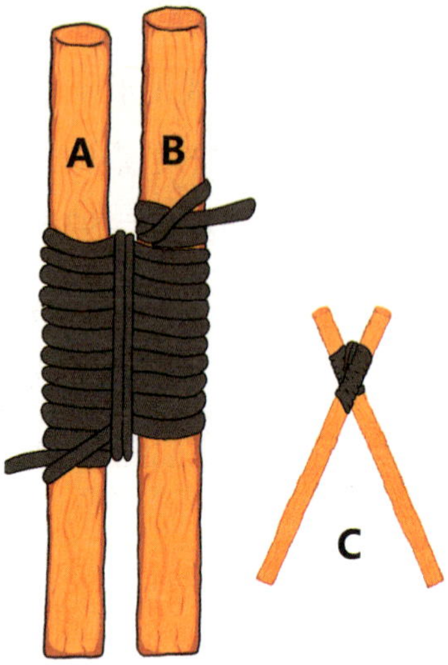

图10-3-18

当捆绑3根或以上圆木时，在第2步中分别缠绕两根圆木间的绳索并拉紧，即可完成三角支架或多角支架的捆绑。

附 录

附件 1　野外生存术语

CAB：务必牢记的急救优先顺序：循环、呼吸道和呼吸。

心肺复苏（CPR）：急救术语，是指人工维持血液循环和呼吸的方法。

方位：从当前位置到地标或目的地的指南针方向。

庇护所：在野外用树枝、绳子等材料搭建的用于休息的场所。

户外背包：用来携带野外求生装备的大背包。

露宿袋：一种便携式、不引人注目的、洞穴状的单人住处。

流星锤：一种武器，在绳子两端绑上重物，抛出时可击倒猎物。

卡路里：将1克水的水温提高1摄氏度需要的热量。

碳水化合物：碳、氢和氧的有机组合。许多食物含有碳水化合物，人体摄入碳水化合物后会分解以提供能量。

漂白粉：一种含氯化合物，可以用作水的净化剂。

循环休克：由于伤病者血压降到安全水平以下的医疗紧急事故。

指南针：利用地球的磁场来指示方向的导航仪器，带有一个总是指向磁北极的指针。

针叶树：是指一种具有锥形和针状叶子的常青树。

等高线：在地图上用于连接两个高度相同的点的线条。

坐标：用来描述某个位置的唯一性的一对数字或字母。

飓风：大气层出现的大规模风压系统，其特点是低压位于中心，北半球呈逆时针循环运动，南半球呈顺时针循环运动。

基准：地图测绘师使用的参考点，在地图或者图表上将从此处开始测量所有的高度和位置。

陷阱：让重物坠落在动物身上而将其杀死的圈套。

磁偏角：在导航中，磁北和实际北方向的差异。

度：角的计量单位。一个完整的圆分成360度，1度分成60分，1分分成60秒。

脱水：人体的液体大量流失，而又不能通过摄入液体来代替。

痢疾：一种慢性腹泻疾病，可能会导致严重脱水甚至死亡。

海拔：海平面之上的高度。

脂肪：自然的油性物质，从食物中获取脂肪并沉积在皮下层和一些主要器官的周围。

北斗卫星导航系统：指的是绕着地球运动的卫星构成的全球卫星导航系统，接收器可以通过它来确定其精确位置（经度和纬度）。

坐标网：地图上用于描述位置的水平和垂直线条，一般分为南北和东西方向。

简易灶具：用空金属罐制成的临时灶具。

体温过高：在某种条件下体温上升到危险水平，又被称为中暑。

体温过低：在某种条件下体温下降到危险水平，又被称为受冻。

碘：一种可以净化水的化学元素。

引火物：小而轻的易燃干燥物，用于生火。

助燃物：干燥的小块物质，通常是细树枝，将其添加到点燃的易燃物中来增加火势。

纬度：赤道以南或以北距离的计量标准。

经度：本初子午线以东或以西距离的计量标准。

分层：在野外生存着装方面，是指采用多层薄衣原则来维持人体热量。

诱饵：捕鱼或打猎时使用的物品，它们可以引诱猎物掉进陷阱或进入特定位置。

磁北：磁北极的方向。

矿物质：人体维持身体健康需要的无机物。

季风：每年5~9月在南亚和东南亚产生的强降雨和强风。

高锰酸钾：一种化学物质，可以用于消毒。

蛋白质：一种有机化合物，是生命体的重要组成部分。此外，它对于身体组织、肌肉和抗体的各种功能都是必不可少的。

猎物：在追踪过程中，被猎杀或追逐的动物。

热带草原：热带和亚热带地区的草原，其地形平坦，树木稀少。

踪迹：追踪者使用的术语，是指在环境中所做的记号，表示曾经有人或动物来过。

烟熏：在火上熏干食物的过程，可增加食物的储存时间。

太阳能蒸馏器：可将塑料薄膜下面的土壤中的水分离出来的设备，可将水分冷凝成饮用水。

围捕：在追踪猎物时悄悄移动的技术，目的是不要惊动前面的猎物。

温带：具有气候温和特点的任何地带。

追踪：通过观察并跟随动物或人留下的痕迹来进行追捕。

照准线：一条假想的贯穿两个地标的直线，通常用作定位线。

蒸发袋：一个绑在植物上的塑料袋，将植物产生的水蒸气汇聚到袋中并凝结成饮用水。

热带：表示赤道以南或以北纬度为 23 度 26 分以内的位置。

正北：地理北极的方向。

维生素：一组有机化合物，是人体营养的重要组成部分，但人体仅需少量。

附件 2　野外天气预测

空气的湿度、温度、压强等物理指标的变化，可以影响天气变化。根据这些指标可以预测天气。我们的祖先也摸索出一些野外观测天气的方法，学会这些方法对野外活动有很大的帮助。

一、根据云彩预测天气

云彩是时刻都在变化的，用千变万化来形容，一点也不过分。在天气变化之前，云层会提前变化。在学会看云之前，先了解五个形容云的关键字。我国地面气象观测规范中把云分为 3 族、10 属、29 类。其中高云族包括卷云、卷积云和卷层云 3 属，中云层包括高积云和高层云 2 属，低云族包括雨层云、层积云、层云、积云、积雨云 5 属。

（一）高云

高云族的云，在中纬度地区云底高通常大于 6 千米。

1. 卷云

卷云云体呈丝状、羽毛状、片状、带状或者钩状，具有纤维结构。云片互不相连，分布通常杂乱无章。云体常呈白色，在天边略带黄色，临近日出日落时，常为鲜明的黄色或者红色，暗夜为灰黑色。在我国北方和西部高原，冬季卷云有时可降零星小雪。

卷云分为毛卷云、密卷云、伪卷云和钩卷云四类。毛卷云呈羽毛状、丝条状，分布零散，纤维结构清晰（图 11-2-1）。密卷云云片的中部较厚，纤维结构不明显，而边缘部分的纤维结构明显（图 11-2-2）。伪卷云由鬃积雨云的云砧脱离其母体而成，云片较大较厚。在热带地区上空出现大片伪卷云时，常伴有晕（图 11-2-3）。钩卷云的云丝方向比较一致，形似逗点符号，向上的一头有小簇或者小钩（图 11-2-4）。

图 11-2-1　毛卷云　　图 11-2-2　密卷云　　图 11-2-3　伪卷云　　图 11-2-4　钩卷云

2. 卷积云

卷积云：既有"积"的意思（形成小块儿），又有"卷"的意思（小块儿连接成线），看上去类似鱼鳞。卷积云云体呈鱼鳞片状，有时部分云块呈絮状、堡状或者荚状，常排列成群或者成行，像水面上的小波纹，云体常呈白色，无暗影，暗夜呈灰黑色，云块很薄，能透日光、月光和较亮的星光。这样的云相，会在几个小时后或一天后下雨（图 11-2-5）。

图 11-2-5　卷积云

3. 卷层云

卷层云云底呈幕状，常见纤维结构，水平分布范围较广，常遮蔽全部天空。云体常呈乳白色，在暗夜则为灰黑色，能透过日光、月光和星光，较厚的云层使日光、月光明显减弱，但可较清楚地看到日月轮廓，常见晕。卷层云出现时，在我国北方和西部高原地区的冬季，有时可降小雪；薄薄的卷云密布，几个小时后会有小雨，且常常

图 11-2-6　毛卷层云　　　图 11-2-7　匀卷层云

是连绵的细雨。

卷层云分为毛卷层云和匀卷层云两类。云幕厚薄不均，纤维结构明显的卷层云为毛卷层云（图 11-2-6）；云幕厚薄均匀，纤维结构不明显的卷层云为匀卷层云（图 11-2-7）。

（二）中云

中云族的云，在中纬度地区云底高通常在 2.5 千~6 千米之间。

1. 高积云

一块块的云团在高空上飘荡，像无边无际的一群绵羊。高积云有很大的不确定性。如果云团被风吹散，则天气转好；如果云团集中，几个小时后就会下雨。一般情况下，云团被吹向西方，天气转好的可能性较大；反之，则容易变天。高积云分为透光高积云、蔽光高积云、荚状高积云、积云性高积云、絮状高积云和堡状高积云六类。

透光高积云的云块个体明显，排列较整齐，云块之间有间隙，可见蓝天或者上层云，即使无缝隙，但大部分云块都比较明亮，能辨别日月位置（图 11-2-8）；蔽光高积云的云块密集，排列不规则，大部分或者全部云层没有缝隙，不能辨别日月位置，偶尔有间歇性降水（图 11-2-9）；荚状高积云的云块呈豆荚形或者椭圆形，轮廓分明，生消变化较快（图 11-2-10）；积云性高积云由衰退的浓积云或者积雨云崩溃解体而

图 11-2-8　透光高积云　　　图 11-2-9　蔽光高积云　　　图 11-2-10　荚状高积云

| 图 11-2-11　积云性高积云 | 图 11-2-12　絮状高积云 | 图 11-2-13　堡状高积云 |

成，云块大小不一致，顶部具有积云的特征（图 11-2-11）；絮状高积云的云块顶部凸起，底部不在同一水平线上，个体破碎似棉絮团，多呈白色（图 11-2-12）；堡状高积云的云块顶部凸起明显，底部并连在同一水平线上，形似城堡或者长条形的锯齿（图 11-2-13）。

2. 高层云

高层云的云底呈均匀的幕状，常有条纹结构。随气压、气流的变化而变化，在短时间里不容易确定天气状况。有时候会打雷并伴随下雨。高层云有时能降雨雪或者产生雨幡、雪幡。高层云分为透光高层云和蔽光高层云两类。

透光高层云的云层较薄，透过云层看日月如同隔着一层毛玻璃，可见日月位置，但其轮廓模糊（图 11-2-14）；蔽光高层云的云层较厚，且厚度差异较大，厚的部分看不清日月位置，薄的部分有时可大致辨别日月位置（图 11-2-15）。

| 图 11-2-14　透光高层云 | 图 11-2-15　蔽光高层云 |

（三）低云

低云族的云，中纬度地区云底高通常在 2.5 千米以下。

1. 雨层云

雨层云的云底呈均匀幕状，模糊不清，常伴有碎雨云，有时两者融为一体。水平分布范围很广，遮蔽全部天空，云层很厚呈暗灰色，无法分辨日月的位置。雨层云常

图 11-2-16 雨层云　　图 11-2-17 碎雨云

降连续性雨雪，有时有雨雪幡（图 11-2-16）。

碎雨云也归为雨层云一属。碎雨云的云体呈破碎的片状或者块状，形状极不规则，云片呈灰色或者深灰色，移动较明显。随着上面云层降水的持续，云量增多，碎雨云也可聚集成层（图 11-2-17）。

2. 层积云

层积云的云体呈块状、团状、片状或者条状，云块较大，有时孤立分散，有时成群、成行，形似大海中的波涛。云体多呈灰色或者灰白色，有时呈暗灰色，云层各部分的透光程度差别很大，可降间歇性雨雪。层积云分为透光层积云、蔽光层积云、荚状层积云、积云性层积云和堡状层积云五类。

透光层积云的云层较薄，云块排列较整齐，云块之间有缝隙，可见蓝天或者上层云，或者虽无缝隙，但是大部分云块都比较明亮，能辨别日月位置（图 11-2-18）；蔽光层积云的云层较厚，云块密集，无缝隙，常布满天空，不能辨别日月位置，有时可降间歇性雨雪（图 11-2-19）；荚状层积云的云体中间厚，边缘薄，形似豆荚，个体分明，孤立分散（图 11-2-20）；积云性层积云由衰退的积云或者积雨云崩溃解体而成，或者由微弱的对流作用直接形成，云块大小不一致，呈扁平的长条形，顶部具有积云的特征（图 11-2-21）；堡状层积云的云块顶部凸起似积云，底部并连在同一水平线上，形似城堡（图 11-2-22）。

图 11-2-18 透光层积云　　图 11-2-19 蔽光层积云　　图 11-2-20 荚状层积云

图 11-2-21　积云性层积云　　　　图 11-2-22　堡状层积云

3. 层云

层云密集，布满天空，预示不久将有小雨或小雪。当层云黑暗时，预示着大雨或大雪。昼间呈灰色或者灰白色，夜间地面有灯光照映或者有积雪反光时，多呈白色或者淡红色，无灯光照映时，呈黑色（图 11-2-23）。

碎层云也归为层云一属。碎层云的云体呈片状，支离破碎，云体常呈灰色或者灰白色。碎层云的云片较薄，有时不易发现，移动特别明显，可在短时间内布满全部天空（图 11-2-24）。

图 11-2-23　层云　　　　图 11-2-24　碎层云

4. 积云

积云的云体像小山和土包，底部平坦，顶部凸起，凸起部分呈弧形或者花椰菜形，云块间互不相连，个体明显。在我国高原和严寒地区，积云可由冰晶构成，云体有纤维结构，呈白色或者灰白色。只有积云的时候，往往是蓝天、白云，预示天气晴朗。积云分为淡积云、碎积云和浓积云三类。

淡积云的云块垂直向上发展不旺盛，其厚度小于水平宽度，从侧面看似小土包（图 11-2-25）；碎积云的云块破碎，中部稍有凸起，形状多变（图 11-2-26）；浓积云的云块垂直向上发展旺盛，庞大臃肿，从侧面看像小山和高塔，云顶成团升起，形似花椰菜，浓积云有时产生阵性降水（图 11-2-27）。

图 11-2-25　淡积云　　　　图 11-2-26　碎积云

图 11-2-27　浓积云

5. 积雨云

积雨云的云体很厚，垂直发展极盛，远看像耸立的高山，顶部具有纤维结构，有时平衍呈马鬃状或者铁砧状，云底混乱，常呈悬球状、滚轴状或者弧状。布满天空时，天空显得非常阴暗，并常伴有雷暴、降水（或者呈幡状），有时会产生飑或者冰雹，偶尔有龙卷，常伴有风和气压等要素的显著变化。我国高原地区，在气温很低的情况下，积雨云全部云体可由冰晶构成，呈纤维结构，颜色灰白。积雨云分为秃积雨云和鬃积雨云两类。

积云顶部圆弧形轮廓的部分或者全部模糊，或者出现了少量的云丝但尚未扩展开来时，为秃积雨云；当积云顶部有明显的纤维结构，且扩展成马鬃状或者铁砧状时，为鬃积雨云。鬃积雨云的云体水平分布范围较广，往往不见云顶，仅见云底。

图 11-2-28　秃积雨云　　　　图 11-2-29　鬃积雨云

二、根据动物行为预测天气

很多动物具有预测天气的本能，通过观察动物的行为也可以判断天气即将发生的变化，正如农谚所云：燕子低飞蛇过道，大雨不久就来到。

1. 蜘蛛：早晨看到蜘蛛网上结有水珠，当天即将是一个晴朗的天气。原因是，在天气晴朗时，昼夜的温差比较大，温湿气流会在遇冷时凝结成小水珠。

2. 青蛙：下雨前夕，空气的湿度增大，青蛙敏感的皮肤会马上感知到。也许是出于高兴的原因，下雨前夕，青蛙会不停地鸣叫，音量会超过平常。

3. 蚯蚓：蚯蚓钻出地面，表示当天有雨。蚯蚓通过皮肤呼吸，太干燥的空气不利于其对氧气的捕捉，下雨前夕，空气湿度增大，蚯蚓会很乐意钻出地面。

4. 蜻蜓：蜻蜓低飞时，即将要下雨。下雨前，低气压使昆虫处在距离地面较近的地方活动，蜻蜓以小昆虫为食，要吃到食物，蜻蜓也必须低飞。

5. 蚂蚁：在大雨即将来临时，蚂蚁会把家搬到较高的地方，因此，看到蚂蚁搬家时，往往预示着要有一场大雨。

6. 蛇：蛇对空气湿度非常敏感，和蚂蚁一样，下雨前，蛇也会从低洼地点转移到高处。

7. 燕子：燕子在飞行时，张着嘴捕捉空中的昆虫。下雨前夕，它们也只有低飞才能吃到昆虫，原因和蜻蜓是一样的。

8. 鱼：鱼频繁跃出水面，可能会下雨。下雨前，空气闷热，鱼群浮出水面呼吸新鲜的空气。

三、根据其他自然现象预测天气

1. 彩虹：阳光照在湿度较大的空气中会形成七彩的弓形霞光。当彩虹出现在早晨时，说明当天的空气湿度过大，空气中的水分子会不断聚集，形成阵雨。当彩虹出现在晚上时，长夜过后，将是一个晴朗的白天。

2. 彩霞：云彩也可以预示第二天的天气。日出时分的彩霞预示着当天有雨或雪；日落前夕的彩霞预示着第二天是一个好天气。这正如俗话所说："朝霞不出门，晚霞行千里。"

3. 风向：闷热的天气里突然起风或者风向突然改变，并且风中夹杂着一股凉爽气息，预示着马上就要变天，立即宿营或者寻找庇护所才是明智之举。

4. 太阳：太阳周围有一圈淡淡的晕，天空也是灰蒙蒙的，表明几个小时后有雨或大风。

5. 植物：植物叶面潮湿，卷曲的小叶逐渐伸开，表明空气湿度开始增加，一天之内必然有雨。

6. 气压：若晚间气压逐渐变低，则第二天将是有雨或有雾的天气。

7. 能见度：晴朗天气时，能见度高，远处的山脉清晰可见，只是略微带有蓝色；湿度较大时，能见度低，远处的山脉无法见到（即无法看到蓝色的山脉），近处的山脉轮廓也不清楚。

8. 烟：气压正常时，烟会自然向上升，并逐渐散去；气压降低或气流不稳定时，烟会显得散乱，有时升腾起来的烟反而又降下来，遇到这种情况则意味着可能要变天。

9. 星空：群星闪烁的夜空预示着第二天的晴朗；没有星星的夜空预示着第二天的阴霾。

10. 在暴风雨将要来临时，木质工具的手柄会变湿。盐会因吸收空气中增加的湿气而板结。

四、根据常见的谚语观测天气

1. "太阳现一现，三天不见面。"春季或者春夏过渡时期，在下雨的日子里，中午云层若一度裂开，太阳露一露，但不久云层又聚积变厚。这通常是对流云变化所造成的暂时现象，阴雨天气仍将持续。类似的谚语还有"太阳笑，淋破庙""亮一亮，下一丈"等。

2. "傍晚日射角，大雨要来到。"太阳从云层的空隙中射下来，称日射角。傍晚出现日射角说明对流作用强烈，预示未来要下雨。

3. "月亮撑红伞，有大雨；月亮撑黄伞，有小雨；月亮撑蓝伞，多风云；月亮撑黑伞，大晴天。"根据无云或少云的夜晚，月亮周围的不同颜色光轮来判断晴雨。月亮周围有红色光轮表示空气中水汽丰沛，黄色次之，蓝色、黑色更少。

4. "大华晴，小华雨。"月亮周围的华（光晕）在增大，说明大气逐渐稳定，云中水滴或冰晶变小，预示晴天；相反，华越小，则预示下雨。

5. "东风急溜溜，难过五更头。"东风风速比较大或逐渐加大，那么当天夜里就要下雨了。

6. "东北风，雨太空。"吹东北风往往是下雨的征兆。

7. "南风吹到底，北风来还礼。"冬季和春季连吹几天南风后，往往要有一次比较强的北风出现。

8. "南风送九九，干死荷花气死藕；北风送九九，水盖江边柳。""九九"大致在三月中旬。江南一带此时吹南风，天气将晴暖一段时间，而吹北风，容易造成下雨。

9. "春南夏北，有风必雨；春东夏西，雨随风起。"春天吹南风，夏天吹北风，预兆有雨；春季吹东风，夏季吹西风，风大了也预示下雨。

10. "一日南风三日爆，三日南风狗钻灶。"春季，当南下的冷空气减弱时，暖空气便乘机北上，转吹偏南风，天气有一段回暖时间，故有一日南风三日曝之说。当连续吹了几天南风之后，又常常是冷空气南下的预兆。道理相同的谚语还有"南风不过三，过三就转冷"等。

11. "寒潮过后天转晴，一转西风有霜成。"我国南部某些地区受寒潮冷空气影响时经常刮东北风，伴有阴雨天气。一旦转为西风或西北风，天放晴，预示次日清晨有霜出现。

12. "久晴大雾必阴，久雨大雾必晴。"在久晴后出现大雾，预示以后天气转连阴雨或雨水较多；久雨后出现大雾，则预示未来天气将久晴或晴天较多。

13. "雾水重，天气晴。"雾是在天晴、风小的稳定天气下产生的，因此露水越重，预示当天很可能是晴天。

14. "霜重见晴天。"在强冷空气过后出现浓霜，则预示在短期内天气晴朗。

15. "霜后南风连夜雨。"春季，早晨出现白霜后，如果转东南风，那么很快就要变天了，很可能当天夜里就要下雨，相同的谚语还有"有霜不隔夜"等。

16. "霜夹雾，旱得井也枯。"冬季的清晨有时霜和雾同时出现，预示天气将继续晴朗。

17. "雷公先唱歌，有雨也不多。"指先打雷后下雨则雨量小。相反，先雨后雷，则雨量较大。

18. "一日春雷十日雨。"春雷是暖湿空气非常活跃所引起的。

19. "东闪日头，西闪雨；南闪火门开，北闪有雨来"。夏季东面闪电预示天晴；西面闪电，雷雨将临；南面闪电，预示天将炎热；北面闪电，即将下雷雨。

五、其他判断天气方法

1. 可以很清楚听到列车的声响，会下雨。原因是天气阴沉时，白天与晚上的温差变小，声音容易传远。

2. 冬天雷鸣，会下雨。面临海岸，冬天有雷鸣时，西北季风吹来，会降大雨。

3. 霜受到朝阳照射，发出灿烂光彩，会大晴。霜的成因是夜晚寒冷，与白天温差大，白天温度高，会天晴。

4. 早晨的雨，容易停。

附件 3　野生植物药材

在大自然中存在许多药用植物，可以加速血液凝固，处理伤口，治疗发烧、感冒、消化不良和其他症状。其中一些植物有多种用途，在这里仅就其最主要的功能进行简要介绍。

一、抗菌的植物药材

1. 小米草。高约 30 厘米，椭圆形叶多绒毛，花白色，伴有紫色叶脉及黄色斑点，多生于亚欧大陆草木繁盛的地点（常为山地）。浸泡整株植物，滤净的汁液治疗眼睛感染效果极佳；也可缓解花粉症、黏膜炎和鼻塞等症状（图 11-3-1）。

2. 大蒜。在温带大部分区域以及当今部分热带地区广泛分布，气味浓而独特，易于辨别，多有长长的条带状叶子从球状茎处生出，高高的茎顶部有粉红色或白色的小花簇。球状茎是强效抗菌剂，将挤压出的汁液用水稀释后，可处理伤口肿胀。食用大蒜可治疗或抑制感冒，它含有天然抗生素（图 11-3-2）。

3. 野生百里香。形体小，气味芳香，有椭圆形小叶，花呈紫红色，多生于亚欧大陆西部草木繁盛的干燥地带，不过其他种属随处可见。浸泡后利用其抗菌成分可治疗咳嗽和感冒，或者用作食用野菜（图 11-3-3）。

4. 玄参。高可达 90 厘米，茎宽扁、叶椭圆，花呈红褐色。多分布于亚欧大陆林中空地及灌木丛中。有许多不同品种，煎煮后可用来消肿，处理扭伤、烫伤和青肿淤血，消除血凝块以及痔疮（图 11-3-4）。

图 11-3-1　　　　　图 11-3-2　　　　　图 11-3-3　　　　　图 11-3-4

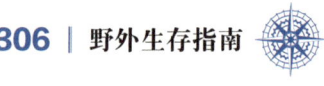

二、止血的植物药材

1. 夏枯草。蔓生，多绒毛，叶椭圆，花呈紫色。分布于亚欧大陆草木丛生的干燥地带或未开垦地域。压挤出的汁液可用来止血，或浸泡后用来治疗内出血（图11-3-5）。

2. 鸽足老鹤草。高达30厘米，茎多绒毛，花形体小，呈粉红色、分成五个花瓣，叶呈裂形。生长于多草木的干旱地带或未开垦地，挤压出的汁液可用来止血，或煎熬出汁液治疗内出血（图11-3-6）。

3. 沼泽疗伤草。气味强烈，多绒毛，高达90厘米，有齿状心形叶。穗状花序，花瓣色调不定，或暗粉色或紫色，且伴有白色污斑病。多生于潮湿地带，在林地边缘或多荫蔽未开垦地域有亲缘种。可挤压出汁液止血，或浸泡后清洗伤口、扭伤处或疼痛处（图11-3-7）。

4. 变豆菜。高可达50厘米，叶呈掌状，叶缘深裂，花瓣微小呈白色或粉红色，在顶部簇聚。广泛分布于亚欧大陆林地中。挤压出的汁液可止血，或浸泡后用来治疗内出血（图11-3-8）。

5. 大长春花。高可达50厘米，叶看似皮革，呈绿色，形似宽大梭镖，花瓣宽大，呈深蓝色，分布于亚欧大陆林地、灌木丛中或者多岩石地域，世界其他地区也有许多种长春花。压挤出汁液外敷止血（图11-3-9）。

6. 车前草。其汁液可用来处理伤口，也可治疗胸腔疾病（图11-3-10）。

图 11-3-5　　　　　　　图 11-3-6　　　　　　　图 11-3-7

图 11-3-8　　　　　　　图 11-3-9　　　　　　　图 11-3-10

三、肠道疾病的植物药材

1. 山地水杨梅。与蔓生的野生草莓较为相似，叶缘浅裂，花瓣白色，花蕊呈黄色，在岩石丛生的山地以及北极地区生长。浸泡茎、叶、花可用来止腹泻，或用作漱口液（图 11-3-11）。

2. 香树脂。有柠檬香味，多绒毛，高可达 60 厘米，叶缘齿状，叶椭圆形，颜色绿中带黄，叶基部轮生白色小花，分布于欧亚大陆气温高的草木丛生地带。可治疗发烧和恶心（图 11-3-12）。

3. 水生薄荷。气味芳香，多绒毛，生长在淡水附近，叶缘齿状，叶椭圆形，茎干紫色，长可达 80 厘米，顶部簇生粉红色花。叶子浸泡液可止腹泻，也可作助消化剂，或加热后饮用使身体出汗以退烧。相似的薄荷品种也有此功效。如果汁液过浓可能变

图 11-3-11　　　　图 11-3-12　　　　图 11-3-13　　　　图 11-3-14

图 11-3-15　　　　图 11-3-16　　　　图 11-3-17　　　　图 11-3-18

成催吐剂（图 11-3-13）。

4. 榆树。树体高大，叶子较大，椭圆形叶，叶缘齿状，树干颜色发灰，呈斑驳状，在树干基部生发出根条。树皮的煎煮液可止腹泻和消除皮疹（图 11-3-14）。

5. 猪秧秧或牛筋草。一种蔓生植物，茎干多刺，较长，叶体轮生且狭长多刺，花瓣小，呈白色，多生于潮湿、林木丛生、未开垦的地域。幼小的猪秧秧烧煮后可食用，味如菠菜。浸泡液可以缓解便秘。伴以等剂量的药用蜀葵混合持续服用可以治疗膀胱炎（图 11-3-15）。

6. 仙鹤草。长可达 90 厘米，茎上丛生绒毛，小叶形似梭镖，边缘齿状，下部为灰色，顶端生有高高的黄色穗状花序。分布于干燥的草木丛生地带，有数个不同品种。整株植物的浸泡液可缓解便秘和胃酸造成的刺激。持续小剂量服用也可治疗膀胱炎（图 11-3-16）。

7. 欧洲毛茛。高约20厘米，叶心形，有光泽，色泽深绿，生有黄色花。在潮湿的林地中以及湿润的地面都有分布，主要位于欧亚大陆。挤压出的汁液外敷可治疗痔疮。不要与其他有毒的亲缘种毛茛属植物混淆（图11-3-17）。

8. 黄精。形体小，茎干弧形，上面开着管状的白绿色花朵，多生于林地和灌木丛生的地域。根部煎熬液外用可治疗痔疮或皮肤青肿，或者用浸泡液缓解恶心。其根部富含淀粉。可食用，味如欧洲萝卜，经沸煮风干可作为临时性代用石膏。浆果有毒性，须提防（图11-3-18）。

四、发烧、咳嗽和感冒的植物药材

1. 黄春菊。蔓生植物，有芳香味，具有多裂叶，花似雏菊。生长于亚欧大陆灌木丛中。整株植物的浸泡液可治疗发烧、头痛、偏头痛以及感冒。经压挤出的花朵汁液对头痛或劳损扭伤有疗效。对于神经性躁动的小孩有特别镇静作用（图11-3-19）。

2. 款冬。在光秃的地表或原生地中的隆冬季节十分常见。茎干似芦笋，顶部开有体大、黄色、与蒲公英相似的花朵。叶心形，位于花下。叶子的浸泡液对于感冒和咳嗽有疗效（图11-3-20）。

3. 疗肺草。多绒毛，高约30厘米，叶子呈梭镖状，上有白色斑点，花朵状似铃铛，色泽粉红或蓝紫色，在欧亚大陆林木灌木混生的地域多有分布。整株植物的浸泡液对于胸腔疾病疗效极佳，治疗腹泻效果也不错。和同等剂量的款冬拌用可以治疗咳嗽（图11-3-21）。

4. 欧夏至草。气味宛如百里香，茎干呈方形，高可达50厘米。叶形略圆，呈淡绿色，叶表多褶皱，花儿略呈白色，轮生。生长于欧亚大陆干燥的灌木丛生地带。植株的浸

图11-3-19 　　　　　图11-3-20 　　　　　图11-3-21

图 11-3-22 　　　　　图 11-3-23 　　　　　图 11-3-24

泡液适用于治疗伤寒和呼吸系统失调等症状。从叶片中压挤出的油汁可缓解耳痛，对于小儿咳嗽疗效很好。加大剂量可通便利泻（图 11-3-22）。

5. 欧蓍。多绒毛，气味芳香，高约 60 厘米，叶有缺裂，似皮革，呈暗绿色。顶端盛开淡白色或粉色花朵，生于多草木地域。植株的浸泡液（记住先除根）可治疗感冒和发烧，也可用于创伤后消散血凝块；还能降低血压，缓解痔痛（图 11-3-23）。

6. 锦葵。高约 90 厘米，植株多绒毛，呈灰色，叶片大，有裂隙，花瓣淡粉色，沸煮后的根部可食用。植株的浸泡液可用来治疗胸腔疾病，根部浸泡液可缓解因缺血造成的头晕症状，还可用于清洗伤口和溃疡处。叶片的浸泡液可减轻或缓解消化系统过敏和炎症（图 11-3-24）。

7. 花葵。长可达 3 米，茎干多绒毛，叶形宛如象耳，花瓣紫红色且伴有暗紫色条纹。分布于欧亚大陆海滨多岩石地带，用法同药用锦葵（图 11-3-25）。

8. 麝香锦葵。生于草地或灌木丛生地域，高约 60 厘米，茎干多绒毛，叶片散裂，多分支，花片大，粉红色，由五片花瓣组成。麝香锦葵的分布较广，用法同药用锦葵（图 11-3-26）。

9. 大毛缕花。覆盖有白色绒毛，高约 2 米，叶片大，呈梭镖形，花朵密集轮生，黄色，有 5 片花瓣。生于干燥、温暖草地。花叶的浸泡液可治疗咳嗽和胸腔疾病，根部的煎煮液可用作漱口液，花瓣的粉末可作镇静药，当作茶叶饮用可舒缓疼痛（图 11-3-27）。

图 11-3-25　　　　　　　　　图 11-3-26

图 11-3-27　　　　　　　　　图 11-3-28

10. 金丝桃。高约 60 厘米，叶形小，呈长椭圆形，缀有半透明斑点，顶部盛放金黄色小花，压挤可渗出红色汁液。分布于开阔的林地及草地、灌木丛中。植株的浸泡液可治疗感冒和胸腔疾病（图 11-3-28）。

参考文献

[1] 金波. 户外生存手册 [M]. 北京：科学出版社，2013.

[2] 亚历山大·斯蒂威尔. 野外生存精神与体能训练 [M]. 王青羽，王珺琳，译. 南京：江苏科学技术出版社，2013.

[3] 王阳，韩佳媛. 美军野外生存手册 [M]. 北京：中国华侨出版社，2018.

[4] 李澍晔，刘燕华. 野外生存手册 [M]. 北京：中国轻工业出版社，2014.

[5] 亚历山大·史迪威. 英国陆军生存手册 [M]. 张莉，朱禹丞，译. 北京：人民邮电出版社，2015.

[6] 维恩·T.斯帕拉诺. 露营与户外生存全书 [M]. 李桂丽，王鹤，乔宏宇，译. 北京：电子工业出版社，2021.

[7] 戴夫·皮尔斯. 荒野求生秘技 [M]. 李翔，高歌，译. 北京：人民邮电出版社，2019.

[8] 亚历山大·尼林. 俄罗斯野外生存 [M]. 于国祥，译. 北京：解放军出版社，2013.

[9] 美国陆军部. 美军生存手册 [M]. 陈浩，译. 北京：现代出版社，2013.

[10] 刘星华，陆建勋. 野战生存基本知识与技能 [M]. 北京：地质出版社，2022.10.

[11] 杰弗里·巴德沃斯. 终极结绳全书 [M]. 苏莹，译. 南昌：江西人民出版社，2018.

[12] 孙学金，王晓蕾，李浩，等. 大气探测学 [M]. 北京：气象出版社，2009.